高等院校工商管理专业系列教材

网络企业文化

李盛竹 主 编

清华大学出版社
北京

内 容 简 介

随着数字化、网络化、智能化时代的到来，企业文化也展现出发展新理念、新形态和新特质的趋势。那么，数智化网络背景下企业文化具有什么样的内涵与特征？如何理解传统企业文化和网络企业文化的区别与联系？企业文化将如何演进和发展？相信这些都是新时代学习和研究企业文化时需要直面的问题。本书从这些问题出发，介绍了网络企业文化的概念、发展环境、结构、功能、兴起、演进和建设方向，以便为读者全面展示泛在网络环境下的企业文化知识。

本书在知识结构方面分为四大部分。第一部分是网络企业文化理论概述，主要介绍企业文化的内涵、特征和意义等；第二部分是网络企业文化发展环境研究，审视泛在网络的企业外部环境和内部环境，进而揭示影响企业文化生成的基本因素；第三部分是网络企业文化发展态势分析，在勘察网络企业文化的兴起和演进历程的基础上，刻画企业文化的结构与功能；第四部分是网络企业文化建设策略设计，从企业文化与企业形象的关系出发，阐释泛在网络环境下的企业文化建设之道。

作为工商管理系列教材之一，本书以企业文化的内涵、属性和功能为本，内容涉及企业环境、企业资源、企业精神、企业伦理、企业家、企业形象等诸多理论，以及它们与企业文化的内在联系和如何促进企业文化建设。另外，本书的各章还配有案例和思考题，以帮助读者更深刻地掌握泛在网络环境下的企业文化知识。

本书可作为本科生、研究生教材，也可作为企业文化研究者与爱好者的参考书。

本书封面贴有清华大学出版社防伪标签，无标签者不得销售。
版权所有，侵权必究。举报：010-62782989，beiqinquan@tup.tsinghua.edu.cn。

图书在版编目(CIP)数据

网络企业文化 / 李盛竹主编. -- 北京：清华大学出版社, 2024.11.
(高等院校工商管理专业系列教材). -- ISBN 978-7-302-67418-4
Ⅰ. F272-05
中国国家版本馆 CIP 数据核字第 2024AC4577 号

责任编辑：	石 伟
封面设计：	刘孝琼
责任校对：	周剑云
责任印制：	曹婉颖
出版发行：	清华大学出版社
网　　址：	https://www.tup.com.cn, https://www.wqxuetang.com
地　　址：	北京清华大学学研大厦 A 座　　邮　编：100084
社 总 机：	010-83470000　　邮　购：010-62786544
投稿与读者服务：	010-62776969, c-service@tup.tsinghua.edu.cn
质量反馈：	010-62772015, zhiliang@tup.tsinghua.edu.cn
印 装 者：	三河市铭诚印务有限公司
经　　销：	全国新华书店
开　　本：	185mm×260mm　　印　张：15.25　　字　数：369 千字
版　　次：	2024 年 11 月第 1 版　　印　次：2024 年 11 月第 1 次印刷
定　　价：	49.00 元

产品编号：099910-01

前　言

党的二十大报告指出，全面建设社会主义现代化国家，必须坚持中国特色社会主义文化发展道路，增强文化自信，激发全民族文化创新创造活力，增强实现中华民族伟大复兴的精神力量。文化自信是对文化的作用、生命力、创造力、影响力的深度认同和执着信念。国家如此，企业亦如此。"文以载道而致远，化而行之方得益"，企业文化已成为一种极具社会影响的企业竞争能力。大量案例证明，在不同的历史时期和不同的发展阶段，特色鲜明的企业文化是推动企业前进的不竭动力，也是企业能持续创新和长远发展的原因所在。当今时代，以大数据、物联网、云计算、区块链、人工智能等为代表的现代信息技术发展与应用日新月异、方兴未艾，现代社会正经历着巨大的变革，对企业文化的形态、内涵、结构与功能等，带来了深远的影响和全面的冲击，并由此呈现出新的特质和表征。因此，与时代同行，与历史同向，深化对企业文化的理解、塑造和建设，无论是对社会经济发展，还是具体企业运作，抑或组织成员的成长，都具有十分重要的现实意义。

本书内容彰显如下特点：一是统筹兼顾教与学两个层面的需要，既在内容体系设计上呈现出完整的理论知识体系，又在篇章布局和表现形式上力求直观、形象和生动；二是在企业文化大纲的普遍要求基础上，注重泛在互联网背景下的现代信息技术发展与应用所赋予企业文化的时代性、创新性和变革性；三是企业的理论知识与实践案例相结合，既系统全面地介绍了企业文化的基本理论与知识体系，又编排了丰富的、具有代表性的企业文化实践案例及典型企业背景资料；四是注重课堂教学与课后训练内容间的合理分配，以更加适合新时代现实教学的需要，帮助读者提高掌握理论知识、解决实际问题的能力。

本书由李盛竹担任主编，负责整体撰写和统稿工作；赵志营撰写了教材部分章节的框架稿；任俊霖、向聪、杨单、薛枫参与文献资料的收集整理、内容研讨与完善工作。

在本书编写过程中，我们参阅了国内外众多专家学者的著作和文献资料，并从中采编了一些符合网络企业文化体系编写要求的内容，相关参考引用文献附于书后的参考文献中。在此，我们对这些参考文献的作者表示崇高的敬意和由衷的感谢！

由于编者本身能力有限，书中难免存在不准确、不恰当甚至错误之处，恳请读者批评、指正。

编　者

目 录

第一篇　网络企业文化理论篇

第一章　企业文化与网络企业文化概论……3

第一节　文化与企业文化……3
一、文化的定义……3
二、企业文化的定义……4
三、文化与企业文化的联系……6
四、企业文化的类型……7
第二节　网络企业文化的内涵……8
一、网络企业文化的源起……8
二、网络企业文化的意蕴……10
第三节　网络企业文化的特征……11
一、独特性……11
二、继承性……11
三、凝聚性……12
四、约束性……12
五、激励性……12
六、创新性……12
第四节　网络企业文化的意义……13
一、对于成员的意义……13
二、对于企业的意义……15
本章小结……17
思考题……17

第二篇　网络企业文化环境篇

第二章　网络企业文化的外部发展环境……23

第一节　企业宏观环境分析……23
一、政治与法律环境……24
二、经济环境……29
三、社会文化环境……33
四、技术环境……36
第二节　企业微观环境分析……38
一、行业环境分析……38
二、市场环境分析……43
三、竞争对手分析……46
本章小结……49
思考题……49

第三章　网络企业文化的内部环境……51

第一节　企业资源分析……51
一、有形资源……52
二、无形资源……53
三、人力资源……54
第二节　企业家与企业文化……55
一、企业家价值观……55
二、企业家精神……58
三、企业家与企业文化建设……61
第三节　企业精神和企业伦理……62
一、企业精神……63
二、企业伦理……66
三、企业精神、企业伦理和企业文化的联系……69
第四节　企业内部环境的分析方法……70
一、价值链分析法……70
二、内部因素评价矩阵……71
三、雷达图分析……73
四、SWOT分析法……74
本章小结……75
思考题……75

第三篇 网络企业文化发展篇

第四章 网络企业文化的兴起 81
第一节 企业文化的兴起背景 81
一、网络企业文化的兴起 81
二、企业文化的发展 82
三、企业文化概念的发展 85
第二节 国外典型的企业文化 87
一、"兼收并蓄"的日本企业文化 87
二、崇尚冒险的美国企业文化 92
三、其他国家的企业文化 98
第三节 我国企业文化的发展 99
一、传统文化的历史积淀 100
二、企业文化的萌芽勃兴 101
三、企业文化的创新发展 102
本章小结 105
思考题 106

第五章 网络企业文化的结构与功能 108
第一节 企业文化的要素 108
一、企业使命 109
二、企业愿景 111
三、企业价值观 112
四、企业经营宗旨 114
第二节 企业文化的分类 116
一、基于成员关系的分类 116
二、基于运行形式的分类 118
三、基于建设发展的分类 120
第三节 企业文化的结构 122
一、企业文化之"容"——物质文化 123
二、企业文化之"躯"——行为文化 124

三、企业文化之"源"——制度文化 126
第四节 企业文化的功能 127
一、企业文化的正向功能 128
二、企业文化的负向功能 135
三、企业文化功能的二重性 136
本章小结 136
思考题 137

第六章 网络企业文化的演进 139
第一节 企业文化的全球化 139
一、全球化 140
二、逆全球化 140
三、企业文化全球化 141
四、网络环境下的企业文化全球化 144
第二节 企业文化的民族化 146
一、民族文化 146
二、民族文化与企业文化的关系 146
三、民族文化在企业文化中的应用 148
第三节 企业文化的时代化 152
一、新时代企业文化的特点 152
二、新时代企业文化的使命担当 154
三、新时代企业文化的原则 155
第四节 企业文化的个性化 158
一、企业家的个性化 158
二、企业环境的个性化 159
三、企业成长的个性化 160
本章小结 163
思考题 163

第四篇 网络企业文化建设篇

第七章 网络企业文化与企业形象 169
第一节 企业形象 169
一、企业形象的内涵 169
二、企业形象的功能与作用 171

三、企业形象的发展 175
第二节 企业文化与企业形象 177
　一、企业文化与企业形象的联系 178
　二、企业文化与企业形象的区别 183
第三节 企业形象建设 184
　一、企业形象战略 184
　二、企业形象建设体系 190
　三、企业形象评价方法 192
　四、企业形象建设过程 195
　五、企业形象的维护 196
本章小结 198
思考题 198

第八章　网络企业文化建设 201

第一节 企业文化建设重点 201
　一、明确建设战略 201
　二、完善组织制度 203
　三、优化流程 204
　四、设立激励措施 205
　五、检视考核评价 206
第二节 网络企业文化建设流程 207
　一、启动阶段 207
　二、实施阶段 209
　三、持续阶段 211
　四、变革阶段 213
第三节 企业文化建设评估 214
　一、企业文化建设评估的目的和意义 214
　二、企业文化建设评估的原则 215
　三、企业文化建设评价体系 218
　四、企业文化建设评估方法 220
本章小结 224
思考题 225

参考文献 227

第一篇

网络企业文化理论篇

第一章　企业文化与网络企业文化概论

　　"一定的文化(当作观念形态的文化)是一定社会的政治和经济的反映,又给予伟大影响和作用于一定社会的政治和经济;而经济是基础,政治是经济的集中体现。"

——毛泽东《新民主主义论》

　　当世界经济由野蛮竞争迈向文明竞争时,一种全新的企业管理思维与行为的科学——"企业文化"应运而生,并逐步形成国际性的企业文化潮流。企业文化发端于国际企业管理经验,以人文管理、团队管理、运作管理等为核心的企业文化学说已成为学术界和企业界的管理新视点和新视角。企业文化思想在理论与实践的不断修正、不断碰撞、不断融合以及不断促进过程中得到更深入的升华。今天的企业文化与其说是一种学说,不如说是一种管理的思想与手段,正在从不同的视角、高度、空间,影响着企业的管理思维与行为,甚至影响着整个经济社会的发展与变化。近三十年来,互联网极大地改变了传统的生产与生活模式,渗透到了经济和社会发展的各个领域。在一大批基于互联网的新形态公司勃兴的同时,各种类型的组织均不同程度地受到无处不在的互联网的影响。因此,企业文化从其概念、内容到付诸实践的管理行为过程中,经历着时代的淬炼,与现代信息技术融合并产生嬗变,进而又影响到社会文化及企业文化本身的发展。当前国际格局和国际体系正经历着深入的调整,全球治理体系发生着深刻变革,国际力量对比产生了近代以来最具革命性的变化,世界范围内呈现出影响人类历史进程和趋向的重大态势。因此,在百年未有之大变局中,建设注重长期、特色鲜明、价值明晰的企业文化,是一项攸关企业前途命运的至关重要的战略任务。

第一节　文化与企业文化

　　"青春虚度无所成,白首衔悲亦何及""穷理以致其知,反躬以践其实""立志而圣则圣矣,立志而贤则贤矣"……党的十八大以来,习近平总书记在很多重要讲话中旁征博引,治国理念中浸润着中华优秀传统文化的深厚智慧。"泱泱中华,历史悠久,文明博大。中华民族在几千年历史中创造和延续的中华优秀传统文化,是中华民族的根和魂。"习近平总书记站在坚定文化自信、实现民族复兴的高度,为传承和发展中华优秀传统文化注入固本培元、立根铸魂的思想力量。

一、文化的定义

　　"文化"一词在今天看似是一个时髦的词语,在现实生活中我们经常听到各种各样的被冠以"文化"头衔的称谓的现象，例如互联网文化、餐饮文化、酒文化、茶文化等。那么如何定义文化呢？从广义上说，文化是人类在社会发展过程中所创造的物质财富与精神财富的总和；从狭义上说，文化是社会的意识形态以及与之相适应的组织机构与制度，包括一切社会意识形式。但是，目前来说如何理解文化的时代价值和社会意义可以说是一个具有挑战性的任务，所以真正理解"文化"内涵的要义是一个需要首先解决的问题。

国际上使用的"文化"一词，来源于拉丁文 culture，意为"耕作、培养、教育、发展、尊重"的意思。也就是说，它最初是指土地的开垦及植物栽培，后指对人的身体发育、精神发展的培养，再后来就进一步指人类社会在改造自然和自我发展的过程中所创造的物质财富和精神财富。国外最先给"文化"下定义的是英国文化人类学家泰勒，他在《原始文化》里写道："文明或文化，就其广泛的民族学意义来说，乃是包括知识、信仰、艺术、道德、法律、习俗和任何人作为一名社会成员而获得的能力与习惯在内的复杂整体。"换句话说，文化就是习得的能力的综合体。

我国对"文化"的认识要追溯到五千年历史文明的源头。有古代学者从哲学的角度对于象形文字的"文"和"化"作了这样解释：前者是指古代先人在占卜天意的变化，从而把握人与自然的关系，表现了古代先人"天人合一"的朴素唯物论思想；后者是指人、人群、社会的变化。因此，"文化"就是人们在占卜天意，追求"天人合一"的过程中产生的自身的变化，此变化包括自我改造过程。

综上所述，文化是人类在文明进程中，不断习得和积累的并为自身所默认且潜在地主导人的思想、行为和习惯等的一系列知识、经验、感受等的总和；从其共性来看，在某一群体以共性而相对持久地存在着；从其能动性看，表现为向文而化的动态过程。因此，对文化的定义总结如表 1-1 所示。

表 1-1 文化的定义

国　际	国　内
习得的能力的综合体	"天人合一"的自我改造过程
不断积累并且主导和改造思想、行为习惯的这一过程的总和	

二、企业文化的定义

企业文化，通常也被称为组织文化(corporate culture 或 organizational culture)，是一个组织由其价值观、信念、仪式、符号、处事方式等组成的其特有的文化形象。企业文化在一定程度上也可视为成员文化，企业以组织成员为出发点，根据人员素养而形成的管理文化。企业文化是 20 世纪 70 年代美国管理学家比较研究日本企业管理经验得出的产物。学术界和企业界对企业文化定义的理解，经历了一个较为漫长的发展变化过程。

(一)20 世纪 80 年代以前

威廉·大内(William G. Ouchi)认为，企业文化是"进取、守势、灵活"，即确定活动、意见和行为模式的价值观。他强调一个公司的文化由其传统和风气所造成，此外，文化还包括一个公司的价值观。托马斯·彼得斯(Thomas Peters)和罗伯特·沃特曼(Robert Waterman)

在合著的《成功之路——美国最佳管理企业的经验》中,对企业文化的内涵进行了界定,指出企业文化是一个企业独特的价值观、传统、习惯和作用,它与我们通常所理解的作为社会意识形态及其相应的组织和制度总和的社会、国家或民族的文化不尽相同。特伦斯·迪尔(Terrence E. Deal)和艾伦·肯尼迪(Allan A. Kennedy)合著的《企业文化——现代企业的精神》一书认为,企业文化有别于企业的制度,企业文化包含四个要素,即价值观、英雄人物、习俗意识和文化网络。埃德加·沙因(Edgar H. Schein)则强调,企业文化是由一些被认为是理所当然的基本假设所构成的范式。

(二)20世纪80年代以后

随着经济全球化的快速发展,对于企业文化的定义,很多学者提出了自己的见解,不同时期、不同背景的学者们提出的定义也不同。有学者提出:"企业文化虚脱是指企业文化理念与员工实际行为'两张皮',甚至相背离,恰似人的灵魂与肉体相分离,此即典型的'企业文化魂不附体症'"。那么企业文化对于一个企业有多重要?概念只有这些吗?美国哈佛大学教育研究院教授合著的《企业文化——企业生存的习俗和礼仪》一书中提到企业文化的内涵,该书也成为当时最具影响力的10本管理学专著之一。书中指出,企业文化,即全体员工共同遵守,往往是自然约定俗成的而非书面的行为规范,并有各种各样用来宣传、强化这些价值观念的仪式和习俗。这里的企业文化有非技术、非经济因素的影响,影响企业决策、经营和生产。对于人力资源方面,员工的举止、态度都属于企业文化的范畴,对企业发展有一定的影响。

约翰·科特(John Kotter)和詹姆斯·赫斯克特(James L. Heskett)认为,企业文化是指一个企业中各个部门,至少是企业高层管理者们所共同拥有的那些企业价值观念和经营实践。这里的各个部门包括企业中一个分部的各个职能部门,不同地理环境的部门所拥有的共同文化理念。

(三)现代的综合定义

以现代观点来说,首先,企业文化不仅包括文化现象的内涵,还包括一种管理手段;其次,企业文化是一种组织文化,拥有共同的战略目标、共同的群体和共同的制度;最后,企业文化离不开生产经营活动,更离不开管理活动。广义上说,企业文化是指企业所创造的具有自身特点的物质文化和精神文化;狭义上说,企业文化是企业所形成的具有自身个性的经营宗旨、价值观以及道德准则的综合体。在企业经营管理中,企业文化则是在企业生产经营中逐渐形成的,为企业全体成员必须遵守的使命、价值观和企业经营理念等。换句话说,企业文化是企业的"个性"和"形象",左右企业在内部和外界的行为影响。比如,华为公司的"狼性"企业文化,蒙牛公司的"小胜凭智,大胜凭德"企业文化。众多长寿企业的管理者认为,企业文化是"静悄悄的企业革命"和"现代管理的成功之道",是走向"企业革命"的成功道路的一种作用力。企业文化归结起来是一种管理艺术,其本质是以人为本,核心是人文管理和团队精神。

我国学者刘刚在《现代企业管理》一书中给出了企业文化的定义:企业文化,就其本质来讲,主要是一种经济文化,反映着人们从事经济活动的观念和方式;就其具体内容来看,它取决于企业的发展历史、企业所处的社会环境和地理环境、企业的生产经营特点、员工中特别是高层管理人员的价值取向等要素。

综合学者们的观点，我们总结出对企业文化要素的普遍认知：它是企业层面的理想、使命、宗旨、哲学、伦理、价值观的融合，也是员工层面的理念选择、道德规范、行为准则和行动指南。

> **企业文化的要素**
> ◆ 企业精神、企业价值观
> ◆ 观念、行为、人物的凝聚
> ◆ 企业理想的具象化、行动化
> ◆ 成员共同的信念和具体的实践
> ◆ 指导企业制定员工和客户政策的宗旨
> ◆ 在竞争中的生存"原则"
> ◆ 企业运行的"内在规律"

三、文化与企业文化的联系

文化与企业文化是相互关联的，文化是企业文化的外在土壤和营养源泉，企业文化是文化的具体实践、表现形式和重要载体，如图1-1所示。

图1-1　文化与企业文化

人们对于企业文化的理解有着不同的认知，一些人认为企业文化是深奥的、神秘的，也有人认为企业文化是广泛的、浅易的。但普遍都有这样的共识，即企业文化影响着企业的"灵魂"和"精神"，决定着企业的"性格"和"气质"。因此，企业文化的形成过程，亦即企业灵魂的铸造过程，是以文化为基础的。例如："求赚钱"和"谋价值"是两种不同阶段的状态和不同境界，它们对企业文化的形塑和建设有何影响？攫取财富与展现价值，这两种不同的文化境界的企业，成功与否、长远与否？它们之间有什么联系呢？无论是民营企业还是国有企业，都应当有自己新的思考。由赚钱型企业转向价值型企业是一个痛苦的转变过程，也是企业之精神和灵魂的铸造过程，企业以事业为基础，从容果决地坚持以价值为导向的文化铸造，企业才可能走向长远；如果始终把"赚钱"特别是"赚快钱""赚热钱""赚大钱"作为企业的存在目的和激励手段，而没有事业理想、家国情怀的内在驱动，那么往往就会从只想多多赚钱走向难以长期生存，进而走不出"其兴也勃焉，其亡也忽焉"的企业成长陷阱，即急功近利、目光短浅的企业文化不具有可持续性发展的土壤条件。对于持"人生在世，当有所作为"想法的创业者来说，如果在创业之初就有着成就事业的雄心，那么企业的经营便随着企业灵魂的铸造而奠定了走向长远的基石。因此，企业文化的形成或企业之魂的铸造，需要企业的缔造者先具有一颗"做事业"的心，即精神文化的衬托。有一颗事业心是员工内在文化的表现形式，为企业文化的发展奠定了基础和起保障作用。以上是对两者概念所做的比较，由此也可以看出它们之间的联系。随着时代的发展和环境的变化，企业与企业文化的内在联系与相互作用，也发生着演变和调整，两者之间的异同，如表1-2所示。

表1-2 文化与企业文化的异同点

		文化	企业文化
相同点	定义	指导人们主观思想的综合过程	
	外部环境	通过外界习得的并不断改造的过程	
	内部环境	影响人们自身的思维活动	
不同点	定义	思想行为习惯的综合	一种管理文化
	外部环境	外界习得	习得并自身改造
	内部环境	广泛性地影响个体	指向性地影响企业和成员

四、企业文化的类型

准确、全面地认识企业文化类型，对于处于"百年未有之大变局"环境中的当代企业来讲，有着重要的现实意义。经过大量的企业多年来的经营管理实践，已形成了较具代表性的企业文化类型。基于企业文化的运行特点和表现形式视角，可把企业文化分为五种基本类型：民主型、集权型、伦理型、制度型、权变型。

(一)民主型

"民力可依，民心可恃，民智可用。"民主型是企业文化最基础的类型之一，在拥有共同的价值观条件下，员工能够知晓企业的重大事项，参与讨论企业的重大决策等。企业赋予员工的责任是广泛的，形成一种横向和纵向的责任网络结构。在这种类型下，当企业遇到外部环境复杂多变的情形时，员工们能沉着冷静应对，勇于面对挑战，主动承担责任。

(二)集权型

"事无巨细，事必躬亲"，是集权型企业决策者最典型的特质。集权型主要体现在权力高度集中，个人决策占主导地位，决策意识和民主型相反。从企业制度上看，集权型结构严谨、层次分明、组织任务明显。从企业管理上看，决策人权力绝对集中、管理严厉、赏罚分明，对于员工的管理相对严厉。在这种情况下，员工参与企业运作效率低，不能有效地实施头脑风暴，集权主义主导着这个企业的运作，阻碍了人员交流，缺乏共同理解的氛围。

从现实层面来看，许多个人创办的民营企业在成长过程中，都具有集权型企业文化特质，领导通常积极地承担着企业决策的关键职责。在开展经营活动时，领导引领成员面对任何挑战，但当领导因意外事件而不能正常履行职责时，组织成员会发现进行决策是非常困难的。总的来说，集权型企业文化的优点是决策制定与执行的速度很快，缺点是下属对领导的依赖性大，领导压力大，员工的创造性较为有限。

(三)伦理型

诚如"修身、齐家、治国、平天下"所蕴含的哲理,伦理型企业文化力求把人与人、人与企业、人与社会等关系和道德伦理联系起来,在此基础上推动企业的发展。也就是说,把伦理关系作为维系企业秩序和保障企业运行的基础。这种伦理在中国传统文化——儒家思想中体现,主要是协调人与人之间、人与社会之间的关系,避免一些不必要的矛盾或冲突。在外部激烈的竞争环境下,当涉及人的个体利益时,道德伦理往往在中间起到相当重要的角色。

(四)制度型

"不别亲疏,不殊贵贱,一断于法",制度型企业文化主要体现在对企业规章制度的权威性和强制性,最大限度地限制了员工违背企业道德的行为,约束企业员工行为并使他们的行为趋于规范化和标准化。在这种约束的条件下,企业每一个员工都在法纪认可的范围内,努力地为彰显自己在企业制度化评判中的价值而贡献个体的力量。

总的来说,制度型企业文化的优点在于能够培养组织成员树立正确的制度理念,养成良好的行为规范,最大限度地提高企业的整体效率。其缺点是企业规章制度是有限的,因此,制度只能在一定的范围内有效,而覆盖整个企业的每一个体、每一过程、每一环节是难以实现的,否则就有可能出现规章制度的滥用。

(五)权变型

"变化计无穷,生死竟不止。"权变型企业文化的特点是没有固定不变的企业管理模式,在不同的条件、不同的生产方式以及不同的领导风格下,企业的工作特点有着明显的不同,综合这些不确定性,往往有些企业称之为混合型企业文化。

权变型企业文化的优点是能够适应内外部环境的变化,缺点是不能形成适合时代背景的特色文化,有时随波逐流,创新能力较差。这种文化在中小型企业里表现较为明显。

第二节 网络企业文化的内涵

一、网络企业文化的源起

企业文化的本质,是通过企业制度的严格执行衍生而成,制度上的强制或激励最终促使群体产生某一行为自觉,这一群体的行为自觉便组成了企业文化。但这种文化并非凭空产生,也不是无本之源,它必然地产生和存在于特定的环境与空间之中,既受到国家、民族、历史、地域文化等传统层面因素的影响,也受到来自政治、经济、技术、社会等现实层面因素的影响。近30年来,互联网以划时代的力量颠覆性地改变了人类生产生活方式,极大地冲击和影响了全球80多亿人的沟通交往模式和经济社会运行发展模式。从技术本身来看,万维网一横空出世,就迅速成为一种改变传统模式的最重要推手,它所带来的变化正如产业界所预测的,Web1.0时代的信息共享、及时传播最大程度地打破了人们在社会活动中的信息不对称格局。生活在Web2.0时代的人们,则完全实现了彼此之间跨越自然、地

第一章 企业文化与网络企业文化概论

理、时间、空间等条件的限制和约束，做到了几乎毫无壁垒和束缚的即时通信，并充分享受到"科技让生活更美好"的网络化便利，大大提高了整个社会活动的效率。当今时代，众多国家和地区都在试图利用 Web3.0 技术实现人工智能(AI)、3D 虚拟现实(VR)、基于用户偏好的个性化聚合服务等。这一切都在重新塑造整个世界。早在 2014 年，央视在纪录片《互联网时代》中就指出，互联网技术在技术、社会、文化和制度等多重因素的作用下，逐步发展为连接起每个人的互联网，此即学者们所强调的无处不在、无物不联、无时不有、无所不包的"泛在互联网"。回望人类发展的历史长河，科学技术带给经济社会发展的巨大作用，如同农耕文明、工业文明和互联网创造的社会变革，以大数据、物联网、区块链、融合通信、虚拟现实、人工智能为代表的现代信息技术正在开创人类下一个全新的时代。

当今时代，对信息技术的应用已经成为不可阻挡的时代潮流和必然趋势，任何企业都无法避免泛在网络的影响。相较于企业对市场份额的渴求和竞争，信息技术的运用也越来越多地成为企业核心竞争力的重要组成部分，网络从方方面面改变了人们的生活，同时也在深刻地影响着企业文化建设的内涵、功能和认知。

在文化内涵上：网络时代以前的企业文化以价值取向为中心，更偏重对稀缺的有形资源的关注，经营理念注重满足市场发展需求。随着网络经济的蓬勃发展，企业关注的已不仅仅是机器设备、厂房楼宇等传统有形资源，而是将目光投向更具爆发力、传播力、创造力的新型人才资源和网络资源，无形资产越来越成为企业发展不可或缺的主要推动力之一。

在文化功能上：除了传统的企业文化所具有的激励功能、凝聚功能和协调功能之外，为了更好地适应泛在网络环境下现代企业经营管理的需要，新时代的企业文化功能更丰富。一是更加重视以人为本的导向功能，鼓励员工成为"英雄""精英""顶流"，体现人的价值和潜力，努力创建有利于产生创意、创新、创造的企业氛围，推进学习型组织的建设，以软管理、人性化管理代替机械式的刚性管理；二是更加重视基于网络渠道的传播功能。网络媒体改善了人们的生活质量，促进了人类的发展。网络已深刻融入人们的日常生活与工作当中，利用网络不仅可以即时沟通、广交朋友，还可以跨越地理和时空限制，做许多与现代生活密切相关的事情，如网上娱乐、网上购物、网上求职、网上办公、网上订餐等，因此企业文化的网络传播，受到了众多企业的普遍重视。

在文化认知上：毫无疑问，网络已成为企业文化发展的高效载体和有力支撑，具有强大的正向效应和社会功能。然而，网络是一把典型的双刃剑，它同时冲击和改变了传统的社会结构和文化规范，给社会的健康发展和安全方面带来了挑战。因此，企业文化发展要正视网络负向效应的存在。网络的虚拟世界可能使真正的文化与人们渐趋疏远，使优秀文化的内涵虚拟化、空壳化、戏谑化、异质化或泛娱乐化，思想的厚重含义被光怪陆离的享乐文化所替代，传统文化的意义、价值被迅速解构，人们一贯倡导的人文精神可能会遭遇到轻慢和淡漠，甚至抛弃最基本的伦理道德、文化价值判断。而对精英文化、高雅文化、主流文化、优秀传统文化的偏离，是对文化本身所蕴含的教育价值意义的疏离，这就直接威胁到健康的企业文化的发展，威胁到国家和民族的文化安全，等等。因此，企业需要防范和控制网络负向效应，在网络环境中建构新型文化价值观念，培育新型的企业文化精神，强化企业及企业成员在网络空间也遵纪守法的意识。

网络企业文化

二、网络企业文化的意蕴

　　网络企业文化，是现代经济社会文化的一个重要内容。网络企业文化实质上就是一种网络环境下的现代企业文化，也就是说，它是现代企业在泛在网络环境中，经过一定时期的积淀和塑造，逐步形成的宗旨、理念、活动、方式、影响等企业文化因素的集合。网络企业文化概念所涉及的企业，并不区分是所谓的"传统企业""制造企业"还是"IT企业""互联网企业"，它囊括了不同领域、不同规模、不同类型、不同发展阶段、不同经营模式的现代企业，强调的是在数智化泛在网络环境中形成的各具特色的、带有鲜明时代特征的企业文化。网络企业文化既是现实社会文化的延伸和多样化的展现，同时也形成了企业自身独特的文化行为特征、文化产品特色和价值观念、思维方式的特点。当今社会一个最突出的特点就是，网络的泛在化、信息的巨量化、知识的爆炸化、消费的便利化、沟通的迅捷化，这些都促进了现代企业发展路径的融合。网络在很大程度上改变了传统的计划、组织、领导和控制组织活动的方式，极大地改善了企业不同层级员工之间以及企业与客户之间的交流效率，为现代企业文化的建设与传播提供了极大的空间与众多的手段，进而推动了企业的组织文化管理变革，并因此对企业文化建设产生了深远影响。企业文化的内容形态、展现方式、开发载体、传播路径等无一不与数智化网络的发展密切相关，它改变着人们的生产和生活方式，改变着企业的价值观念和成长方式，并为社会文化的发展注入了新的活力。

　　因此，我国的网络企业文化，是在现代文明、当代信息技术应用和市场经济全球化的基础上形成和发展起来的一种管理思想和经营理念，是社会主义核心价值观的有机组成部分和重要体现。

　　当今时代，每个组织都处于泛在网络环境之中。网络企业文化就是企业为适应泛在网络环境，根据其内部条件而设定的具有该企业特色的精神财富和物质形态。它是企业理念、目标、行为、形象、价值观、社会责任等的总和，因此需要在精神层面和物质层面两个层面进行整体、系统的规划。

【实例】百度的"简单"文化

　　网络时代思维的一个重要特质就是突破与超越，不断地审视、挑战和超越企业自身。
　　百度CEO李彦宏认为，百度文化的精髓就是"简单"二字。百度的"简单"文化是百度十年飞跃式发展的核心精神，浓缩了百度人的灵魂，已融入每个百度人的性格之中，成为百度人最自然的行为方式。
　　产品简单。百度将"让人们最平等、便捷地获取信息，找到所求"作为自己的使命，公司秉承"以用户为导向"的理念，不断地坚持技术创新，致力于为用户提供"简单，可依赖"的互联网搜索产品及服务，"让产品简单、再简单"。
　　决策简单。决策的方式有很多种，也是很多企业和管理者头疼的问题：听上级的会不会被认为是马屁精？总是自己拍板会不会给人独断专行的印象？全凭下属的建议会不会显得自己无能？百度实行一个简单可执行的标准："听多数人的意见，和少数人商量，自己做决定。"

第一章　企业文化与网络企业文化概论

流程简单。李彦宏非常注重系统性思维，一件事情如果发生过两次以上，就要考虑用系统的方法来解决它。百度员工延续了这种思维，他们已经无数次从系统化流程中体会到了一时复杂、一直简单的好处。因此在百度有约定俗成的一条理念是"用流程解决共性问题"。

（资料来源：谢芪. 互联网时代的企业文化建设转型.
http://www.360doc.com/content/12/0121/07/15477063404545869.shtwl.）

第三节　网络企业文化的特征

如果追溯到20世纪70年代，问任何一个著名公司总裁在公司扮演着怎样的角色，毫无疑问的回答是领导者、决策者。如果追溯到20世纪90年代，那些业绩比较好的公司领导者首先把自己看作是某种特定文化的塑造者或引导者。而处于数字化、网络化、智能化的当今时代，集创始人与管理者于一身的领导者，无疑在公司发展和壮大的历程中，给企业打上了深深的个人烙印，就比如华为与任正非、腾讯与马化腾之间的关联。由此可见，企业文化在不同时期有不同的定义，企业文化的本质特征随着时代的改变而改变。考察近30年来企业文化发展变化的历程，网络环境下的企业文化特征主要表现为独特性、继承性、凝聚性、约束性、激励性和创新性等层面。

一、独特性

"世上没有两片完全相同的树叶。"企业文化具有鲜明的个性和特色，并呈现出相对独立性。因为企业是否具有独特的文化积淀，是由其生产经营管理特色、企业传统、企业目标、企业员工素质和企业内外部环境情况所决定的。因此，不同企业的情况迥异，企业文化具有鲜明的独特性特点。企业在千变万化的外部环境中，在生产经营中形成具有一定特征的内部共同观念，是企业文化的具体体现，显然不同的企业内部共同观念是不同的。以凭短视频起家、盈利模式也大同小异的抖音与快手为例，两者企业文化就呈现出显著的差异性。企业文化的独特性决定了企业的战略目标和未来发展方向，是区分企业"身份"和影响力的重要标志。

二、继承性

企业在一定的时空条件下创立、成长和壮大，并经历一定时期的发展，方能形成较具自身特色的、可识别的企业文化，因此企业文化是企业发展历史的产物。企业文化的继承性体现在三个方面：一是对优秀的民族文化精髓的继承和弘扬；二是对宝贵的企业精神财富的传承和发扬；三是对行业内外的其他企业文化实践和成果的借鉴与吸收。继承这三方面的文化精髓扩大了企业未来发展空间，继承历史优良的文化，创新并总结实践中的企业文化。比如，抖音倡导"坦诚清晰"的企业文化，鼓励员工敢当面表达真实想法，能承认错误，不虚妄不虚荣；实事求是，暴露问题，反对"向上管理"；准确、简洁、直接，有

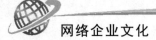

条理、有重点。这就表明抖音不仅仅是简单的短视频社区平台,也是重视并传承了《论语》所强调的"君子不重则不威;学则不固。主忠信。无友不如己者;过则勿惮改"文化的互联网企业。

三、凝聚性

"乘众人之智,则无不任也;用众人之力,则无不胜也。"《淮南子·主术训》中的这句话强调的是利用众人的智慧,就没有不能胜任的,运用众人的力量,就没有不能战胜的。企业文化的凝聚性主要体现在全体员工团结与合作形成一体化。企业也把这种凝聚力视为决定企业成败的关键。这种凝聚力主要来自企业内部的凝聚,包括行为规范、工作氛围和奋斗目标等。它像一条无形的纽带,把企业员工的个人追求和企业目标统一成一个发展趋势,使分散的力量形成整体。当企业遇到挑战甚至危机时,企业上下能够万众一心、同舟共济、共克时艰。如果没有企业文化作为精神支撑,企业员工人心涣散、各自为战、一盘散沙,这样的企业是没有生机和活力的。

四、约束性

"不以规矩,无以成方圆",企业文化的约束性主要体现在三个方面:一是各项规章制度的约束作用,规章制度是企业员工共同制定的,因而必须共同遵守,只有以相应的规章制度来约束员工,他们才能最大限度地发挥聪明才智,为企业做贡献;二是职业道德的约束作用,这里的职业道德即为行为规范,企业讲究文明经营、平等交换、诚信待人的正确行为规范;三是社会公德的约束作用,这里的社会公德范围比较广泛,只有员工认真遵守社会公德,才能使企业全面健康发展。

五、激励性

"亦余心之所善兮,虽九死其犹未悔。"两千多年前的伟大诗人屈原表达了对美好理想执着追求的精神。而在企业中引导、鼓舞员工坚持如此境界的理想信念,正是企业文化的独特功能所在。企业文化需要一种自我价值实现的满足,这种满足必将形成强大的激励作用,激励员工最大限度地为企业做贡献,价值观达成一个共同的理念。从领导者到基层员工,每个人都需要一份精神上的满足感,从而振奋精神、奋力拼搏。企业对员工的奖励与表扬、评优制度等都是激励的一种体现,使得优秀工作者对其他员工产生榜样的示范、带动和促进效应。最重要的一点,良好的企业文化对企业员工有着极大的鼓舞作用,他们会渐渐产生强烈的自豪感和满足感,从而发奋工作,以实际行动维护企业的声名和荣誉。

六、创新性

"苟日新,日日新,又日新。"这是商朝的开国君主成汤刻在澡盆上的警词,旨在激励自己自强不息、创新不已。创新是一个民族进步的灵魂,是国家兴旺发达的不竭动力。

创新既是时代的呼唤，又是企业文化自身的内在要求。优秀的企业文化往往在继承中创新，随着企业环境和国内外市场的变化而改革发展，引导大家追求卓越、追求成效、追求创新是企业主要的战略目标。企业文化在发展过程中，消除消极、落后的文化，继承优秀、积极的文化，随着时代的发展，因地制宜地用新的视野、新的思路、新的价值观来构建企业文化，建设成学习型、组织型并有核心竞争力的企业文化。

◆ 企业文化是一种独特的文化，实践沉淀下来的文化精髓，凝聚人们思想的精神力量，它将不自觉地进入人们脑海中，实行的是"个性文化"。

◆ 企业文化是一种激励的文化，通过激励让组织成员获得自身满足感，从而使他们心甘情愿地为企业做贡献。

◆ 企业文化是一种环境约束的文化，注重与环境的关系，即企业处理内部环境与外部环境之间关系所表现出的战略预见性和风险性。

总的来看，企业文化作为企业性质和特征的集合，不仅是企业自身特征的系统总结，也是企业在市场经济大潮中身份识别的显著标志。因此，既要重视外在的、显性的、表面的形象状态，更要认识到企业文化内在的、隐性的、本质的影响力量。只有从企业本质的角度出发，企业文化才是真实的和可靠的，也才能在激烈的市场竞争中独树一帜。企业只有有效地把这六个特性结合在一起，正确地审视、探察、塑造、建设、维护、强化企业文化，才能发挥文化对企业发展的推动、促进和保障作用。

【自检】你所了解的企业，有哪些给你留下深刻印象的企业文化？

第四节　网络企业文化的意义

一、对于成员的意义

文化是一个企业的灵魂，一个人若没有灵魂，那么他只不过是一具行尸走肉，一个企业也一样。企业文化表现在一个企业的价值观和价值体系上，若员工的价值观和企业价值观相同，那么员工就会有一种强烈的归属感，以及自身价值的存在感。作为企业的客户在选择与其合作的时候，一般要先了解对方企业文化所展现出来的"风貌"和"品行"，如同我们选朋友一样，先看看自己与朋友之间的价值观是否相近。网络企业文化对于组织成员而言，蕴含着以下五个层面的理论价值与现实意义。

(一)树立正确价值观，激发企业成员的使命感

企业管理的模式与机制直接映射着该企业的文化秉性和特质，其中最突出的核心要素就是价值观，价值观是企业长期发展、强大的根本依托，也是保障企业文化合理性和有效性的关键所在。对于企业来说，首先应促使管理人员了解企业价值观念，梳理其重点、要点、关键点之所在，思考如何与实际工作紧密结合起来，如何使企业在该文化理念中得到发展，最大限度地把企业发展和价值观融为一体，从而使企业自身的价值能得到更大程度的发挥。在确定企业价值观的基础上，激发员工使命感是必不可少的工作。不管是什么企

业都有它的责任和使命，企业使命感是全体员工工作的目标和方向，是企业不断发展或前进的动力之源。员工有了动力，有了目标，才能激发自身斗志，全身心地投入工作，最大程度地发挥自身价值，更好地为企业做贡献。

(二)增强企业凝聚力，提升企业成员的归属感

"人心齐，泰山移。"一个企业如果处于一盘散沙、员工各自为战的状态，那么必然一事难成。在激烈的市场竞争中，松开的十指对紧握的双拳，其决斗结果不难想象。无论时空环境如何改变，当代企业没有不重视成员凝聚力建设的。增强企业凝聚力对于任何一个发展中的企业来说，都是一个极其重要的核心内容，然而，只有保障企业员工具备较强的归属感才能提升企业凝聚力，进而最大限度地为企业的发展服务。一方面，在企业经营管理中，企业文化必须作为一种重要的应用手段，对企业的未来发展产生重要影响。对于企业文化在内部的传播效应，以企业文化为标准，具体来说，企业只有通过举办一些具体活动使员工切实地感受自身归属感，比如企业团队建设、员工满意度调查、优秀项目小组的评选。另一方面，企业文化的作用就是通过企业价值观的提炼和传播，让一群来自不同地域、不同背景、不同基础的人共同追求同一个梦想。归属感是自我存在的体现，员工作为企业的有机组成单元，强烈的归属感使得他们以更高的热情投入工作中去，进而增强企业凝聚力。

(三)引导个体的行为，培养企业成员的责任感

从哲学上讲，人具有双重属性，即自然属性和社会属性。责任心为人类所独有，是个体对于自己和他人、家庭和集体、国家和社会应有的角色与责任的认识、情感和信念，以及与之相应的遵守规范、承担责任、践行承诺和履行义务的自觉态度。它是一个人应该具备的基本素养，是健全人格的基础，是家庭和睦、组织发展、社会安定的保障。具有责任心的员工，会认识到自己的工作在组织中的重要性，进而把实现组织的目标当成是自己的目标。"天机云锦用在我，剪裁妙处非刀尺。"员工责任感是员工对自己在企业中所担负的责任、义务的高度自觉，表现为对本职工作的自我驱动和尽职尽责，充分发挥自己的积极性、主动性、创造性。对于企业管理者来说，构建科学合理的、蕴含企业文化特色的规章制度体系，引导员工最大程度地强化其自我控制、自我约束、自我激励、自我发展意识和行为，为企业作出应有的甚至超出企业期望的价值贡献，无疑是一项极具挑战性又富有深远影响的工作。基于这一点，企业文化是规范员工行为，增加员工责任感的支柱。企业通过制度建设与活动宣导员工的责任感，管理人员要引领员工增强责任意识、危机意识和团队意识，要让成员们清楚地认识到责任感对于个体职业生涯和企业发展的重要意义。在责任感的驱动下，员工能够更好地完成自己的任务，可以以长远的发展观来强化自己对企业的服务意识。

(四)拓展品牌影响力，增强企业成员的荣誉感

以企业发展战略为依托，企业文化的应用能够促使企业发展战略得到完美实现。企业长效发展主要通过品牌效益来实现。对具体的品牌来说，企业必须切实加强相应管理，促使企业品牌得到大众认可，这不仅为企业营造好的经营环境，还推动了企业文化建设，使

企业在企业文化的驱使下长效发展。对于员工来说，每个人都要在自己的工作岗位、工作领域上多做贡献，多出成绩，追求荣誉感。个人价值和企业价值的融合，即企业的荣誉就是员工自身的荣誉，营造了良好的内部环境。换句话说，当企业的荣誉感和个人荣誉感一致的时候，员工不仅是为自己工作，同时也是为企业工作，这样就会产生强大的集合执行力。企业有再好的发展战略目标、再好的管理机制、再细的管理制度，如果不付诸实践并动态修正，那么也只能是沙盘上的宏伟蓝图、贴在墙壁上的标语和挂在嘴边的伟大口号，永远不会得以实现。员工执行力的强弱则取决于员工的能力和工作态度，能力是基础，态度是关键。

(五)打造命运共同体，培养企业成员的成就感

"古之欲明明德于天下者，先治其国；欲治其国者，先齐其家；欲齐其家者，先修其身。"家国情怀作为中华传统文化的重要组成部分，通过精神理念、生活方式、国家制度等形式对民众产生了巨大影响，融入了民族血脉，在当今时代和未来社会都闪耀着灿烂光辉。市场竞争不断驱动企业全面、延伸式地发展，员工个人在竞争市场的压力下只有不断提高工作能力，才能保证自身能够适应外部环境的动态变化，进而为企业的创新发展做贡献。一个组织的繁荣昌盛与否，与组织成员的活动效益及其自身利益直接相关。企业的茁壮成长和开花结果会让成员们引以为豪，进而会更积极努力地进取，荣耀越高，成就感就越大、越明显。企业成就和个体成就形成了一致性，在命运共同体的基础上，共同的努力为成就感增添了筹码。

二、对于企业的意义

(一)企业文化是现代企业管理的制度需要

在实践中，人们常说："制度是死的，人是活的。"一个企业的管理单靠完善的制度来推动是不够的，更需要员工具有维护制度严肃性的自觉意识和行动。如果企业缺乏员工普遍认同的价值观、职业道德规范，再好的规章制度也缺乏贯彻落实的驱动力。如果制度与文化偏离，那么这样的制度也只是摆设而已，得不到大家的认同。企业文化倡导什么，就应当在制度中体现什么，这样才能构建起适合自己企业的规章制度。因此，一套好的制度，需要与企业文化相辅相成，二者之间不能相背离。"制度管人，流程管事，文化管心"，要加强企业管理，既要重视管理制度的建立和完善，更要重视企业文化的影响和作用。将企业文化渗透和融合到企业制度建设之中，引领员工增强遵章守纪的自觉性，促进良好思想作风和职业道德的养成。

(二)企业文化是塑造核心竞争力的内在需要

在激烈的市场竞争中，企业要想保持可持续发展，从根本上讲取决于企业的竞争优势，而企业持续竞争优势来源于企业所拥有的物质优势和精神优势。所谓精神优势，即具有自身特色的企业文化。一个企业如果没有员工共同信奉的价值观，没有一种强大的精神动力，没有一个良好的文化氛围，那么这个企业就彰显不出应有的生命活力，难以想象会有超强的创造力去提供一流的产品和服务，来丰富和改善民众的生活。因此，只有通过加强具

自身鲜明特色的企业文化建设，才能逐步形成经得住时间考验的企业价值观念、独特的企业精神、合理的经营之道、崇高的经营境界，以及为广大员工所认同，并自觉遵守的道德规范和行为准则。这就好比企业有了"软件"和"硬件"的支撑，才具有双重动力。

(三)企业文化是打造一流人才队伍的现实需要

以万物互联、量子计算、人工智能、机器学习等为代表的科学技术日新月异，并高速发展着。专业化分工日趋明显，导致企业间竞争更加激烈化与精深化，最终对核心、高端人才的需求也越是强烈。企业竞争本质就是人才的竞争。建设先进的企业文化，说到底是做人的工作，是帮助和引导组织成员树立正确的世界观、人生观、价值观、荣辱观。建立共同的理念和价值体系，有利于培养和强化成员的契约精神、理性思维和创新意识，增强企业凝聚力和团队精神，有利于实施"人才强企"战略，有利于营造尊重劳动、尊重知识、尊重人才、尊重创造的企业氛围，使人力资源优势得到充分的发挥。

(四)企业文化是塑造良好企业形象的必然需要

企业形象是企业最宝贵的财富之一。考察一个公司的企业形象，可以感知文化的系统概貌和整体水平，也可以洞察它在市场竞争中的真正实力。一个企业良好的形象主要表现在：企业环境形象、产品形象、领导和员工的形象。企业要在公众心中树立起良好的企业形象，并非一朝一夕之功，是产品与服务、承诺与实力、表现与内在、营销与本质，经过一定时期甚至是长期的检视与考验，才逐渐在公众的潜意识中留下对企业的认同和信任。企业将良好的企业形象呈现在公众面前，才能在激烈的市场竞争中脱颖而出，赢得社会和市场的信任和支持。良好的企业形象是企业的一笔无形资产。企业形象的树立和维护，需要从战略层面的高度予以重视并加以谋划。优秀企业总是极注重塑造良好的企业形象，以赢得社会的承认和信赖。展示企业的文化内涵、并对全体工作人员统一进行岗前培训、规范文明用语、明确服务规范等，这些都对向社会传播企业文化、践行服务承诺、树立企业良好形象起到了关键作用。可见，企业文化是企业形象的有效载体，它具有最直观的宣传作用。

【实例】福耀玻璃"四品一体"树立行业典范形象

"事业者，人也。"凭借"一片玻璃"为全球行业树立典范、推动工业生产进入"数字先行"阶段的福耀玻璃集团，以"产品、人品、品质、品位"的"四品一体"作为核心，以人文驱动人品终身提升、创新驱动产品持续迭代，推动企业发展，树立起行业优秀典范形象，被国家工业和信息化部认定为"单项冠军示范企业"，其"四品一体双驱动"模式已在全球11个国家及中国16个省区市的56个"产销研"基地复制，综合运行效率和综合绩效远超同地区企业平均水平。有了"高性能、高稳健、高绩效"的"三高"质量保障，福耀先后研发出轻量化超薄玻璃，镀膜可加热隔热玻璃，带网联天线的 ETC、RFID、5G 玻璃，智能全景天幕玻璃等数十款功能型新品，不断拓展一块玻璃的边界，产品得到全球知名汽车制造企业及主要汽车厂商的认证和选用，被各大汽车制造企业评为"全球优秀供应商"。

第一章 企业文化与网络企业文化概论

本 章 小 结

近30年来,互联网极大地改变了传统的生产与生活模式,渗透到了经济和社会发展的各个领域。企业不论其所处领域和规模的大小,均存在于泛在化的数智化网络当中。因此,企业文化从其概念、内容到付诸实践的管理行为过程中,经历着时代的淬炼,与现代信息技术融合并得到升华,进而又影响到社会文化及企业文化本身的发展。

企业文化是一个企业的灵魂,企业文化与企业发展是相互关联的,文化是企业文化的外在土壤和营养源泉,企业文化是文化的表现形式和重要载体。经过大量的企业多年来的经营管理实践,已形成了较具代表性的企业文化类型。基于企业文化的运行特点及表现形式视角,可把企业文化分为五种基本类型:民主型、集权型、伦理型、制度型、权变型。

网络企业文化,是现代经济社会文化的一个重要内容。网络企业文化实质上就是一种网络环境下的现代企业文化,也就是现代企业在泛在网络环境中,经过一定时期积淀和塑造,逐步形成的宗旨、理念、活动、方式、影响等企业文化因素的集合。网络企业文化概念所涉及的企业,并不区分是所谓的"传统企业""制造企业"还是"IT 企业""互联网企业",它囊括了不同领域、不同规模、不同类型、不同发展阶段、不同经营模式的现代企业,强调的是在泛在网络环境当中形成的各具特色的、带有鲜明时代特征的企业文化。

网络环境下的企业文化特征主要表现在独特性、继承性、凝聚性、约束性、激励性和创新性等层面。建设网络企业文化,有利于激发成员的使命感、提升成员的归属感、培养成员的责任感、增强员工的荣誉感、培养成员的成就感,有助于企业完善现代管理制度、塑造核心竞争力、打造一流人才队伍、塑造良好企业形象。

思 考 题

1. 如何理解企业与企业文化之间的关系?
2. 为什么说文化是企业的灵魂?
3. 如何理解网络环境对企业文化的影响?
4. 列举三个有代表性的公司,谈谈它们的企业文化。
5. 在清华大学的一次演讲中,孟晚舟提到了华为的人才观:"用最优秀的人,培养更优秀的人",华为不按学历而是按价值和潜在贡献定薪,"牛人"年薪不封顶。请你谈谈华为的人才观,它反映了华为企业文化的什么特点?
6. 假如你是一位今年毕业的大学生,已签约一家知名的软件开发企业,结合网络企业文化的含义和本质,你能为公司给出什么样的企业文化建设建议?
7. 我国新能源汽车行业发展各阶段具有什么样的特征?企业文化对其的影响是什么?总结一下我国新能源汽车行业发展道路上的经验教训。

本章案例

娃哈哈——企业文化的与时俱进

著名歌手王某某的美好形象轰然崩塌，商界一位二代的风评却因此陡然反转。2018年，杭州娃哈哈集团有限公司创始人、董事长宗庆后之女——宗馥莉上任公关部部长的第一把火，就"烧掉"了娃哈哈20年的形象代言人王某某，让多少人替王某某叫屈。然而，彼时有多少意难平，此时就有多大快人心。王某某的一系列丑闻被曝出后，外界对于宗馥莉的评价从"任性妄为"直接变成了"果断英明"。作为中国最大的食品饮料集团之一——娃哈哈的二代掌门人，宗馥莉在如今这个网络新时代，如何经营公司、如何塑造娃哈哈新的企业文化更值得被关注。

虽然2021年娃哈哈依旧能够跻身中国民营企业500强，但2020年440亿元的营收已降至十年来最低。娃哈哈不免被贴上"中年危机"的标签。39岁的宗馥莉能否让35岁的娃哈哈重焕活力？泛在网络背景下，老牌企业如何创新？又该塑造什么样的企业文化？

出于不同的成长背景，宗庆后和宗馥莉也存在着诸多"对立"之处。多年的留学经历让宗馥莉尊重规则，而宗庆后则将"家文化"注入企业。在新零售浪潮的冲击下，AD钙奶、营养快线等许多人的童年回忆逐渐被边缘化。娃哈哈的包装饮用水更是被农夫山泉、百岁山、怡宝等围追堵截。元气森林作为"气泡水"流派的典型代表，狠狠地抢夺了包括娃哈哈在内的诸多传统饮料品牌的风头。娃哈哈的业绩也开始缩水。数据显示，2014年到2017年，娃哈哈营收分别为728亿元、677亿元、529亿元、464.5亿元，4年缩水近300亿元。娃哈哈的没落其实是中国消费升级的结果。当整个以农村市场为核心的娃哈哈没有跟上消费升级速度的时候，它会被消费者所抛弃。现在的娃哈哈存在品牌老化、产品老化、客户老化、团队老化、渠道老化等问题，业绩连年下降符合商业逻辑。宗庆后自己也总结称，公司产品老化、创新不足，爆品的优势没能延续，而新品的研发则没有规划，没能准确把脉市场变化。只是，宗庆后能够总结问题，却难以解决问题。2018年，宗馥莉自告奋勇，出任娃哈哈品牌公关部部长，正式进入娃哈哈集团。新官上任，宗馥莉积极推动娃哈哈的形象焕新，融入新国潮趋势。除了与王某某解约，在产品和营销上也玩儿出了很多花样。例如，先后推出AD钙奶味奶心月饼、炫彩版营养快线、跨界彩妆盘、"盲水"等，更与钟薛高、泡泡玛特以及英雄联盟职业联赛等IP联名，打入二次元、电竞、潮玩等圈层。就在宗馥莉出任娃哈哈品牌公关部部长的这一年，娃哈哈终于结束了五连跌的局面。

娃哈哈的企业文化是怎样形成的？有什么特征呢？"齐心协力，共闯难关"是娃哈哈企业文化和企业精神的集中表现。娃哈哈在创业之初，步履艰难。那时资金紧张，条件简陋，娃哈哈的员工分秒必争，抓住一切机会发展。娃哈哈人根据企业所处的环境和娃哈哈发展历程的特点，提出了振奋精神的娃哈哈形象口号：励精图治、艰苦奋斗、自强不息。事实上，娃哈哈已经有30多年历史，管理模式和产品开发、销售保持了极大的稳定性，这与他们传统的企业文化是分不开的。但在如今这个信息化、网络化年代，市场风格和消费者口味变幻莫测，以逸待劳虽是一种有效策略，但也有被迭代覆盖的风险。对于娃哈哈来说，创新和年轻化是未来企业文化塑造的重点，人们也希望在宗馥莉的带领下，娃哈哈会变得越来越好。

第一章 企业文化与网络企业文化概论

讨论题:

1. 如何评价娃哈哈公司的企业文化?
2. 新形势下娃哈哈公司的企业文化呈现出什么特征?
3. 企业文化对企业竞争力的影响表现在哪些方面?
4. 娃哈哈公司未来企业文化建设重点在哪里?
5. 基于本案例,请你谈谈网络企业文化在企业管理中的必要性如何体现。

(资料来源:姚悦. 娃哈哈进入"宗馥莉时代"!东方财富网. https://caofuhao.eastmney.com.)

第二篇

网络企业文化环境篇

第二章　网络企业文化的外部发展环境

审度时宜，虑定而定，天下无不可为之事。

——明·张居正《答宣大巡抚吴环洲策黄西》

《元史·拜让传》有言："盘圆则水圆，盂方则水方。"一切外部环境都会给组织活动带来影响。对于企业而言，企业外部环境是影响企业经营策略及相关决策的关键因素，著名系统管理学派代表人物弗里蒙特·E. 卡斯特(Fremont E. Kast)也曾说过："成功的管理艺术有赖于在一个充满偶然性的环境里为自己的活动确定一个理由充分的成功比率。"所以企业需要在充满变化的外部环境中发展，在发展中求创新，才能使企业从一个辉煌走向另一个辉煌。在数字化、网络化、智能化大潮的洗礼中，企业文化也是随着企业的动态发展，持续地演进，不断地完善，从而更加彰显企业文化的特色和优势。

网络企业文化是时代的产物，21世纪以来网络的泛在化，使得竞争、开放、融合、共享、创新、变革、跃迁等成为极具时代意蕴的热词，为企业文化带来了前所未有的影响，并注入了全新的元素和强大的动力。企业发展环境分为内部环境和外部环境，对于现代企业的发展，实际上就是要通过观察外部环境、升华企业文化，来重新审视企业所应遵循的价值观体系，根据企业的长远发展战略重新建立起一套可以共享、传承的理念，促进并保持企业正常运作以及长足发展，从而确立企业的价值理念、思维方式和行为准则。"适者生存，优胜劣汰"，决策者必须要有勇立潮头、胸怀大局、把握大势、着眼大事的宏观环境意识，从社会大的环境出发，跳出办公室、跳出公司，站在"高山之巅"俯瞰整个企业，进行全面的判断与决策。宏观环境就像大海，微观环境就像海浪，企业就是航船，当船只被大浪影响时，为了确保船能够平稳行驶，必须进行综合分析与判断，做到因势而谋、应势而动、顺势而为，如此才能为企业文化的形塑带来最有力的支撑。

第一节　企业宏观环境分析

企业是一个开放系统，不能脱离社会环境而存在。同样地，网络企业文化也不能超然于社会环境之外而生成。因此，要想塑造良好的网络企业文化，就必须认真分析影响网络企业文化生成的环境因素。网络企业文化环境由宏观环境和微观环境构成，影响网络企业文化的宏观环境主要包括社会政治制度、社会经济发展状况、社会科技发展水平、民族文化传统、自然地理条件等；影响网络企业文化的微观环境则主要包括企业所处行业、所在地区的经济发展战略、社区文化、风俗习惯、乡土人情等。一个企业只有很好地把握了企业内部环境和外部环境的特性，才能制定并实施有效的企业文化建设方案，从而推动企业文化的健康长远发展。本节将对影响网络企业文化的宏观环境进行分析，一般来说，其宏观环境包括政治与法律环境、经济环境、社会文化环境、技术环境，即 PEST(political，economic，social，technological)，因此企业宏观环境分析也称 PEST 分析，其分析要素如表 2-1 所示。

表 2-1 PEST 分析要素

政治与法律环境(P)	经济(E)	社会文化(S)	技术(T)
政治稳定性	经济周期	收入分布	政府研究开支
行业相关的法律制度	利率	人口统计与增长率、年龄分布	产品技术关注
国家或地区财税政策	人均收支	社会流动性	新型发明与技术发展
外贸法规	就业、工资水平	工作职业取向的辩护	产品和技术创新
合同法、消费者保护法	贸易赤字或顺差	对待工作与休闲态度	技术更新速度、生命周期
劳动与社会保障法	汇率、价格水平	教育、价值观	能源利用与成本
专利保护	通货膨胀率	潮流与风尚	万物互联的技术环境
医疗和安全法规	财政赤字或顺差	健康意识、社会福利及安全感	人工智能发展与应用
产品安全标准	商业储蓄率	环境意识	研发费用的流向

企业为了长期地、健康地发展，无论企业规模大小，都应重视对网络企业文化环境以下几个方面的审视。

一、政治与法律环境

政治与法律环境(political and legal environment)是指在国家法律和规章制度共同影响和制约下，影响企业发展的一种环境模式。政治环境包括国家的政策法规、政党制度、政治形式、国内外政治事件和社会和谐程度等；法律环境包括国家制定的法律法规、法令条例等。在政治和法律相互渗透的环境下，企业要想保持长期持续地发展，首要的条件就是严格遵守政治与法律规定，并善于预判、分析和适应政治与法律环境的动态变化。

(一)政治环境

政治环境(political environment)是指企业生产经营活动的外部政治形势。一个国家的政局稳定与否，会给企业活动带来直接而重大的影响。如果政局稳定，人民安居乐业，社会秩序井然，就会给企业带来良好的外部发展环境；相反，政局不稳，社会矛盾尖锐，秩序十分混乱，就会严重影响到经济和市场的稳定，企业经营的不确定性、不可持续性风险巨大。特别是在跨国经营活动中，企业一定要充分考虑东道国政局变动和社会稳定情况可能造成的影响。

此外，政治环境分析主要包括国内的政治环境和国际的政治环境两个层面。

1. 国内政治环境

国内的政治环境包括以下要素。

(1) 政治制度。
(2) 政党和政党制度。
(3) 政治性团体。
(4) 党和国家的方针政策。
(5) 政治战略。
(6) 政治氛围。

影响企业文化发展的重要因素首先是政治制度。我国实行以工人阶级领导的、以工农联盟为基础的人民民主专政的社会主义制度，是社会主义初级阶段的基本政治制度。这样的政治制度决定了我们有别于其他国家，这也为我国的企业文化建设指明了成长和发展的方向，应当建设坚定"四个自信"，彰显中国特色的企业文化。

"物之不齐，物之情也。""一山有四季，十里不同天。"建设现代化强国，并不是只有唯一的西方制度模式可参照。实现人民群众对美好生活的向往，我国已经走出一条属于自己的道路。事实上，只有扎根本国土壤的制度，才最可靠，也最管用。只有汲取充沛养分的制度，才行得通、有生命力、有效率。新时代的制度自信，就是要在坚持党的领导和社会主义制度这一治国理政根本的基础上，不断推进国家治理体系和治理能力现代化，坚决破除一切不合时宜的思想观念和体制机制的弊端，推进中国特色社会主义制度更加科学规范、更加成熟完备、更加持久有效。

对于一个政党、一个国家、一个民族而言，自信是十分宝贵的精神基石。放眼百年，中国共产党领导人民探索出中国特色社会主义道路、理论、制度和文化，并验证了道路的正确、理论的科学、制度的优越、文化的先进，垒筑起不可动摇的"四个自信"。

◆ 道路自信：坚信中国特色社会主义道路是实现社会主义现代化的必由之路，是创造人民美好生活的必由之路。

◆ 理论自信：坚信中国特色社会主义理论体系是指导党和人民沿着中国特色社会主义道路实现中华民族伟大复兴的正确理论，是立于时代前沿、与时俱进的科学理论。

◆ 制度自信：坚信中国特色社会主义制度是当代中国发展进步的根本制度保障，是具有鲜明中国特色、明显制度优势、强大自我完善能力的先进制度。

◆ 文化自信：坚信中国特色社会主义文化是面向现代化、面向世界、面向未来的，民族的、科学的、大众的先进文化，是中国人民胜利前行的强大精神力量。

2. 国际政治环境

国际的政治环境主要包括以下要素。
(1) 国际政治局势。
(2) 国际关系。
(3) 国际秩序。
(4) 国际机制。
(5) 目标国的国内政治环境。

在国际经济与贸易实务中，不同的国家和地区通常会制定一些有针对性的产业政策，来干预和管制外国企业在本国的经营活动，主要措施有以下几方面。

(1) 进出口限制。

(2) 财政税收政策。

(3) 价格管制。

(4) 外汇管制。

(5) 投资领域与业务范围限制。

(6) 国有化政策。

世界正经历百年未有之大变局，与十多年前相比，中国所处的国际政治环境几乎发生了翻天覆地的变化，不仅深刻改变着国际地缘政治现状，而且从微观层面对企业的活动产生了巨大影响。2010年，中国成为仅次于美国的世界第二经济大国，奠定了中国"世界工厂"的地位，"中国制造"带来了全球性影响。在此大背景下，以美国为首的西方发达国家，抱持复杂心态，对"中国崛起"现象产生了所谓的"压缩性"感觉，进而大力兜售"中国威胁论"。2016年美国总统特朗普上任后，打着"美国优先"旗号，以中美贸易逆差为借口，执意挑起与中国的"贸易战"，并迫使美国跨国企业回流本土。2021年以来，拜登政府仍然基于冷战和阵营对抗思维，视中国为"美国21世纪需要面对的最大的地缘战略竞争对手"，以"打破中国依赖""重构全球供应链"为借口，"特规拜随"地继续实施一系列遏制中国发展的战略计划，首当其冲的就是芯片制造业。2022年，美国主导构建所谓"芯片四方联盟"，以制约和管制中国芯片供应链。美国这些"逆全球化"和反市场机制的手段，毫不隐讳地致力于降低对中国相关产业供应链的依赖，以期实现与中国"全面脱钩"，以"技术霸权"和排他形式对中国实施"筑墙""断链"要挟，图谋扼住中国高端制造业创新发展的"喉咙"。美国一系列违反国际规则的"政治—技术霸权"行为，不仅阻碍了美国高新技术产品进入中国市场，限制了中国企业在美投资发展，加剧了中美贸易结构性不平衡状态，也极大地威胁着中国供应链产业链的安全和稳定。

国际政治风云变幻，变局之下，危机丛生。在可预见的未来，美国对中国的态度不会产生大的变化。历史进程浩浩荡荡，面对挑战，我国政府制定了以国内大循环为主体、国内国际双循环相互促进的双循环发展战略。所以，我国企业应积极响应国家转变经济发展方式、优化经济结构、转换增长动力的部署，以实际行动推动实现产业的转型升级和企业的高质量发展的进程。

(二)法律环境

法律环境(legal environment)是指国家或地方政府所颁布的各项法规、法令和条例等，它是企业经营活动的基本准则。企业只有依法依规开展各种经营活动，才能受到国家法律的有效保护。近年来，为适应改革开放和大力发展数字经济的需要，我国陆续制定和颁布了一系列法律法规，例如《中华人民共和国网络安全法》《中华人民共和国电子商务法》《中华人民共和国数据安全法》《中华人民共和国个人信息保护法》《互联网信息服务管理办法》《中华人民共和国电子签名法》《关于加强互联网信息服务算法综合治理的指导意见》《生成式人工智能服务管理暂行办法》等。企业管理者必须熟知有关的法律条文，才能保证企业经营的合法性和持续性，才能运用法律武器来保护企业与消费者的合法权益。

法律环境分析主要分析的因素有以下几方面。

1) 法律规范

法律规范特别是和所有的企业经营密切相关的经济法律法规，如《中华人民共和国民法典》《中华人民共和国公司法》《中华人民共和国劳动法》《中华人民共和国专利法》《中华人民共和国商标法》《中华人民共和国税法》《中华人民共和国企业破产法》《中华人民共和国国家安全法》等。企业要做大、做久、基业长青，就应该以严格遵守国家的法律规范为导向，积极塑造符合自身发展的企业文化。

企业所得税法的变化对企业的影响尤为重要。1991年7月实施的《中华人民共和国外商投资企业和外国企业所得税法》，对外商投资企业和外国企业实行了优惠的所得税政策，促进了外商企业进驻我国。自2008年1月1日起，《中华人民共和国外商投资企业和外国企业所得税法》和《中华人民共和国企业所得税暂行条例》合并，实行新的企业所得税税率，税率由外资企业所得税税率的15%和内资企业所得税税率的33%统一调整为内外资企业所得税税率的25%。这时所得税税率的调整对内资企业来说又是一大利好因素。2016年3月24日，财政部、国家税务总局向社会公布了《营业税改征增值税试点实施办法》《营业税改征增值税试点有关事项的规定》《营业税改征增值税试点过渡政策的规定》和《跨境应税行为适用增值税零税率和免税政策的规定》，至此，营改增全面推开的实施细则及配套文件全部出台。之后，营业税改征增值税全面推开。2018年12月29日第十三届全国人民代表大会常务委员会第七次会议通过了《中华人民共和国企业所得税法》，明确界定了中国境内企业和其他取得收入的组织缴纳企业所得税。2019年1月1日实施的新《中华人民共和国电子商务法》规定，电子商务经营者应当依法履行纳税义务，包括增值税及所得税等，即电商卖家是需要纳税的。在电子商务法制定之前，从法律的角度来说，电子商务其实与门面店家在经营性质上是没有区别的，并没有得到过免税待遇。因此，网络企业必须紧跟政策的更新不断加强内部的相关规章制度的改变，修订企业的战略。

【实例】带货主播偷逃税被罚

近年来，随着网络直播等新业态快速兴起，部分主播不仅没有严于律己发挥榜样作用，还心存侥幸偷逃税款，其行为是对社会公平正义的破坏与践踏，于己自毁前程、于社会扰乱了正常市场秩序和公平竞争环境、于国家造成税款的损失，不仅冲破了道德的底线，更践踏了法律的红线。

2021年12月20日，税务部门公布消息，网络主播薇娅因偷逃税款6.43亿元、少缴税款0.6亿元，被杭州市税务部门依法追缴税款、加收滞纳金并处罚款共计13.41亿元。该案件的曝光，再次传递出税务部门依法持续打击网络主播偷逃税行为、维护税法权威和公平税收环境的坚定决心，体现了对涉税违法行为"零容忍"的态度，在对铤而走险偷逃税款的不法分子敲响警钟的同时，将有力推动网络直播行业健康发展，为守法者营造出公平公正的税收环境。

2) 国家司法执法机关

我国司法执法机关主要包括公安机关、人民检察院、人民法院以及各类行政执法部门。与企业关系较为密切的行政执法部门有市场监督管理、人力与社会保障、税务、消防、专利、生态环境、审计等部门。外贸型企业及跨国公司还涉及海关(进出口报关)、商检(商品检验检疫)、外汇管理(外汇收付汇、核销)、国税(出口退税)、商务(许可证、配额)等部门。

另外，具体的还需要根据行业不同而定，比如卫生监督局、物价局、安监局等。

为适应网络经济迅猛发展的需要，司法机关的设置也发生了动态变化。2017年8月18日，杭州互联网法院正式挂牌成立，这是中国乃至全世界第一家专业互联网法院。一年后，2018年9月，北京互联网法院、广州互联网法院相继成立。如今，三家互联网法院运转平稳、备受大众好评，在中国司法改革和网络治理创新的光辉历程中，写下了浓重一笔。

3）企业的法律意识

企业的法律意识是企业的法律观、法律感和法律思想的总称，是企业对法律制度的认识和评价。企业的法律意识，最终都会物化为一定性质的法律行为，并造成一定的行为后果，从而构成每个企业都需要直面和适应的法律环境。增强法律意识有利于企业的公平有序竞争，加快现代企业的制度建设，减少企业经营中的纠纷，促进企业依法正确地履行责任。

4）国际法律环境

泛在网络时代，商务活动的跨国跨地区早已成为司空见惯的常态。对于从事国际业务活动的企业来说，不仅要遵守本国的法律制度，还要了解、遵守国外的法律制度和有关的国际法规、惯例和准则。从总体上看，一些国家制定的国际贸易法律、制度和做法合乎国际法和国际关系基本准则，但也有严重违反国际法和国际关系基本准则、伤害他国企业合法权益的霸权主义行径。

十多年来，美国为谋求"制造业回归"，先后推出了多个遏制和打压中国制造业发展的系列法案，如《重振美国制造业框架(2009)》《先进制造业国家战略计划(2012)》《国家安全战略(2017)》《促进美国在5G领域的国际领导地位法案(2019)》《2021年中国技术转让控制法案》《反制不可信海外电信法案(2023)》等；自2018年以来，美国对中国的进口商品采取了加征关税、限制出口、制裁等措施，不仅对中国经济造成了影响，也给全球的供应链带来了一定的震荡和不确定性；截至2023年4月，中国已经有600多家企业被美国政府列入出口管制"实体清单"。

美国打压被列入制裁名单的中国企业的手段主要有以下几种：第一，在市场准入上进行限制，即禁止被制裁的中国企业产品进入美国市场，参与美国市场的招投标；第二，投资筛选，即禁止美国资本投资被列入制裁名单的中国企业，包括购买这些公司的股票；第三，禁止被制裁的中国企业及机构的高管和技术人员进入美国，禁止美国高校和科研机构与制裁清单上的中国企业进行正常的学术交流；第四，在未获得美国商务部出口许可的情况下，禁止美国企业、使用了美国技术的企业为被制裁的中国企业提供零配件；第五，在国际上构建围堵中国的"科技联盟"，比如美国在全球兜售"清洁网络"计划，由美国对各国电信企业进行审核，只要使用了中国产品或零配件均被视为"不干净"，就会被美国政府列入不予合作甚至制裁的清单。"清洁网络"名为维护数据安全和隐私，实则旨在打压遏制他国通信、互联网企业，巩固美国在高科技领域的垄断地位。

◆ 网络企业文化受到哪些宏观环境因素的影响？
◆ 宏观环境的因素中哪些是时代的特征？
◆ 宏观环境对企业的长期发展有哪些预见性？
◆ 在未来几年，宏观环境的变化趋势是什么？
◆ 企业发展的目标方向与使命价值是什么？

二、经济环境

经济环境(economic environment)是指构成企业生存和发展的社会经济状况以及国家或者地区的经济政策,包括经济发展速度、社会经济结构、人均国内生产总值、宏观经济政策等。衡量这些因素的主要指标有利息率、汇率、通货膨胀率、消费者物价指数等,这些指标的微小波动对企业的影响都是广泛的,经常带有连锁反应。

(一)国内生产总值(GDP)

衡量经济发展水平最常见的指标就是国内生产总值(Gross Domestic Product,GDP),它是指一个国家或一个地区在一定时期内运用生产要素(包括劳动力、土地、资本、技术、信息等)所生产的全部最终产品和劳务市场的价值总和,反映了一个国家的经济总量和市场规模。一个国家GDP的变动会影响所有行业的运营。自从美国前总统特朗普挑起中美贸易战以来,再加上突发的新冠疫情影响和俄乌冲突,全球经济一直处于疲软状态,下行压力大,我国GDP增速也面临着放缓的压力。当前国内外形势存在着很多不稳定性、不确定性因素,形势更趋复杂严峻。从外部形势看,全球通胀、供应链扭曲、国际局势紧张等问题短期内难以完全解决,经济复苏和增长仍面临不确定性。从内部形势来看,我国经济发展面临需求收缩、供给冲击、产能过剩等压力。具体来看,我国经济发展面临着"三大战争"和"三重挑战",如图2-1所示。

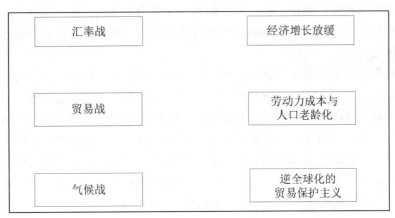

图2-1 "三大战争"和"三重挑战"

1. "三大战争"

一是汇率战。根据央行公布的数据,人民币已然成为世界第三大货币。由于中国经济的稳定性,人民币也会逐步成为其他国家的选择,这样可以有效地削弱美元的称霸地位,为世界经济做出重要贡献。目前,美元仍然是全球最重要的储备货币,而人民币虽然在国际化进程中取得了一定的成绩,但仍有较长的路要走。为了稳定国内的国际资本,我国一直坚守底线,人民币兑换美元坚持"保7"的策略。近年来,美国经济社会发展受到了一些负面影响,由此也掀起了一场针对中国的"汇率战"。

二是贸易战。近几年美国推行"单边主义，美国优先"，先后启动"301调查"，陆续把我国600多家企事业单位列入其所谓的"实体清单"，以逆全球化的方式对我国的进出口贸易进行干预，严重地破坏了国际经贸秩序和贸易规则；其次，美国还联合其他一些发达国家对我国进行"筑墙""断链"式的贸易限制，这就意味贸易大战不会在较短时间就能结束。

三是气候战。全球有没有变暖？这个曾经争论不休的问题，如今已经板上钉钉。2023年3月，联合国政府间气候变化专门委员会(IPCC)在瑞士因特拉肯发布了第六次气候变化评估报告的综合报告《气候变化2023》。联合国秘书长古特雷斯向各国警示："气候定时炸弹正在嘀嗒作响。"由于气候应对行动涉及全球范围内的能源转型和政策调整，因此气候问题早已突破了科学领域，在全球范围内掀起了一场持续近30年的气候论战。如今，全球已坚定走上了碳中和的道路。IPCC报告被称为"拆除气候定时炸弹的指南"，人类的"拆弹行动"可能需要坚持数百年甚至上千年。气候变化是全人类面临的共同挑战。我国一贯高度重视应对气候变化工作，坚定不移地走生态优先、绿色发展之路，是全球生态文明建设的重要参与者、贡献者、引领者。因此，我国致力于提高国家自主贡献力度，制定实施了更加有力的政策和措施，二氧化碳排放力争于2030年前达到峰值，努力争取2060年前实现碳中和。

2. "三重挑战"

2021年年底的中央经济工作会议明确强调，在充分肯定成绩的同时，必须看到我国经济发展面临需求收缩、供给冲击、预期转弱三重压力。党的二十大报告指出，我国发展进入战略机遇与风险挑战并存、不确定性难以预料因素增多的时期。具体来讲，当前我国面临着三重挑战。

一是经济增长放缓带来的挑战。中国经济从高增长时代回落，并不能表明中国经济发展的长期动能将减弱。中国经济增速放缓，主要受基数效应等因素影响，这是经济发展到一定阶段后的正常现象。1983年中国GDP约为2300亿美元，当时只需230亿美元就能实现10%的高增长；中国今天的经济体量已超18万亿美元，每实现1%的增长都需要1800亿美元。在人口、自然资源和基础科技没有爆炸式增长的前提下，任何经济体都不可能永远保持经济的超高速增长。但创造的绝对体量却仍将越来越大。从更长周期来看，当前中国经济正处于新的换挡转型期。经历过去40多年的高速增长，中国经济的未来发展将更加依靠"从零到一"的基础性、颠覆性创新和产业升级，而非劳动力、土地、原材料等要素的简单累积。要想实现这一目标，中国经济需要降速提效，稳步前进。应对经济增长放缓的局面，政府积极采取了推动经济增长转型升级、鼓励企业加强技术创新和变革、增强国内市场的活力和竞争力等政策措施，为经济增长提供新的动力。

二是劳动力成本和人口老龄化带来的挑战。我国是世界人口大国，人口问题始终是我国面临的全局性、长期性、战略性问题。长久以来，我国在参与国际贸易和分工时，依靠的主要优势是低廉的劳动力成本，发展的产业也是以劳动密集型为主的制造业产业。随着社会生产力发展，劳动力的供给和需求结构发生了较大改变，附加值较低的劳动力的薪资水平大幅度提高，这也意味着低端劳动力成本的上涨。劳动力成本和人口老龄化的双重压力将给企业带来更大的挑战。因此，政府积极地引导企业进行"智能化"和"数字化"转型，提高生产效率和产品质量水平，以应对人工成本的上涨。此外，政府还加强了对老龄化社会的照顾和保障，为老年人提供更多的福利和服务，缓解老龄化对经济的影响。党的二十大报告提出："优化人口发展战略，建立生育支持政策体系，降低生育、养育、教育成本。实施积极应对人口老龄化国家战略，发展养老事业和养老产业，优化孤寡老人服务，推动实现全体老年人享有基本养老服务。"

三是"逆全球化"的贸易保护主义带来的挑战。"逆全球化"是指与经济全球化完全相悖的发展趋势，其出现于 21 世纪伊始，并在西方发达国家孕育而成，最终不断发酵、席卷世界。英国"脱欧"、美国前总统特朗普的"美国优先""特规拜随"式的"筑墙、断链、脱钩"，则正是与市场经济规则和人类命运共同体精神相背离的充分体现。毫无疑问，"逆全球化"的兴起和美国挑起的中美贸易战，给国际和平环境与世界经济，以及现有的国际贸易体系与规则乃至全球治理都带来了严重的负面影响与巨大冲击，中国经济发展面临的挑战也在不断增加。面对挑战，中国政府采取了积极的反制措施，保护自身的产业和经济自主权。在贸易战的关键节点，中国对美国商品进行了反击，对美国的大豆、汽车等商品加征关税。同时，中国在投资管理、知识产权保护等多个领域开展改革，在与世界经济的互动中提升其自身的国际地位和竞争力。比如积极开展多边贸易合作，并通过加快"一带一路"建设，加强与周边国家的经贸合作，拓展国际市场，提高中国出口的竞争力。

(二)宏观经济调控

宏观调控(macro-economic control)也称国家干预，是政府对国民经济宏观运行的总体管理，是一个国家政府特别是中央政府的经济职能。国家在经济运行中，为了促进市场发育、规范市场运行，对社会经济总体进行调节与控制。宏观调控的过程是国家依据市场经济的一系列规律，实现宏观(总量)平衡，保持经济持续、稳定、协调增长，而对货币收支总量、财政收支总量、外汇收支总量和主要物资供求的调节与控制。运用调节手段和调节机制，实现资源的优化配置，为微观经济运行提供良性的宏观环境，使市场经济得到正常运行和均衡发展的过程。政府的宏观调控主要是国家利用经济政策、经济法规、计划指导和必要的行政管理，对市场经济的有效运作发挥调控的作用。

1. 个人收入

个人收入是指一个国家个人一年内得到的全部收入，即个人从各种途径所获得的收入的总和，包括工资、租金收入、股息及社会福利等。个人收入反映了该国个人的实际购买力水平，预示了未来消费者对于商品、服务等需求的变化。从国家统计局信息网可以了解到，2022 年全国居民人均可支配收入 36 883 元，比上年名义增长了 5.0%，扣除价格因素实际增长了 2.9%，与经济增长基本同步。按常住地分，城镇居民人均可支配收入 49 283 元，比上年名义增长了 3.9%，扣除价格因素实际增长了 1.9%；农村居民人均可支配收入 20 133 元，比上年名义增长了 6.3%，扣除价格因素实际增长了 4.2%。全年全国居民人均消费支出 24 538 元，比上年名义增长了 1.8%，扣除价格因素实际下降了 0.2%。个人可支配收入的变化从不同程度反映出市场的购买力和企业的运营情况，企业为了获得更多的利益，需要

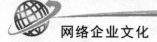

满足市场的需求，了解和掌握这些因素变化及发展的趋势，构建符合消费者和员工需求的企业文化，并将这种理念渗入企业各个角落。

2. 汇率

汇率是一个国家货币对其他国家货币规定的一个兑换率。当一国汇率贬值，该国产品的价格相对比较低，出口规模将扩大，国外进口商品规模较小，企业经营范围扩大，反之亦然。大的汇率波动率可能会增大该类企业的出口，而非传统上认为的抑制出口。企业文化代表企业形象，汇率波动率会增大企业获利的可能性，不仅能增加商品的使用价值，还可以增加企业文化的价值。

企业面对汇率波动时，应正确地面对挑战，这往往会带来更高的预期收益，关键在于企业能否利用这一隐藏的机遇——期权。为了增大企业盈利概率和抗风险能力，企业必须做到以下几点。

(1) 能够自由灵活地安排自己的产品在不同市场的资源配置，建立一个完整的销售渠道。

(2) 产品类型必须符合国内外需求。

(3) 产品具有一定的独特性，当汇率向不利于出口方向变化时，产品应大量进入国内市场，反之亦然。

(4) 企业应该根据实时的汇率作出相应的销售政策。

3. 通货膨胀

通货膨胀是反映国家物价总水平的提高程度，一般来说，通货膨胀率越高，收入越低，消费者购买力下降，商品价格上升。这时，市场需求增加，接下来将面临通货膨胀和需求之间的相互调控。因此，企业应高度重视通货膨胀问题。一方面，通货膨胀造成物价上涨，企业的库存可以以更高价值出售，导致账面利润虚增。同时企业负债减少，企业估价增加。另一方面，对于依赖原材料的企业，材料价格增加，但成本后的价格上涨慢，利润减少，若通货膨胀稳定，企业可以制定相应的战略以免面临不确定性的危机。与货币贬值不同，整体通货膨胀为特定经济体内的货币价值的下降，而货币贬值为货币在经济体之间相对价值的降低。前者影响此货币在国内的使用价值，而后者影响此货币在国际市场上的价值。

(三)经济周期

经济周期一般是指经济活动沿着经济发展的总体趋势所经历的有规律的扩张和紧缩，是国民总产出、总收入和总就业的波动，是国民收入或总体经济活动扩张与紧缩的交替或周期性波动变化。把它分为繁荣、衰退、萧条和复苏四个阶段，表现在图形上叫衰退、谷底、扩张和顶峰更形象，也是现在普遍使用的名称，如图2-2所示。

因此，企业无力决定它的外部环境，但可以通过内部条件的改善，来积极适应外部环境的变化，充分利用外部环境，并在一定范围内，改变自己的小环境，以增强自身活力，扩大市场占有率，企业文化才能充分体现其价值。作为企业家，对经济周期波动必须了解、把握，并能制定相应的对策来适应周期的波动，否则将在波动中丧失生机。

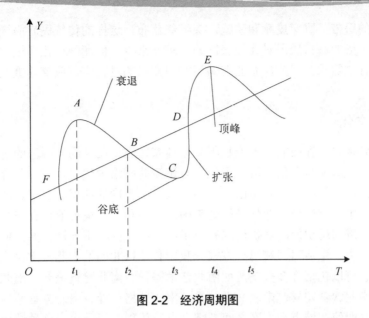

图 2-2 经济周期图

三、社会文化环境

社会文化环境(social cultural environment)是指企业所处社会的结构、风俗习惯、信仰、生活方式等。社会文化涉及的范围非常广泛,即使是同一个地区也有着不同的风俗习惯、地域文化、人口状况等。因此,企业面对社会环境因素应加强重视。

(一)风俗习惯

企业管理的核心是对人的管理。作为企业文化主体的企业全体员工,同时又是作为社会成员而存在的,在他们创办或进入企业之前,已经长期受到社会民族文化的熏陶,并在这种文化氛围中成长。作为自然人的个体在进入企业以后,不仅会把自身所受到的民族文化影响带到企业中来,而且由于其作为社会人的性质并未改变,他们将继续承受社会民族文化传统的影响。因此,要想把企业管理好,绝不能忽视民族文化对企业文化的影响。建设有本民族特色的企业文化,这不仅是个理论问题,更是企业管理所面临的实际问题。处于亚文化地位的企业文化植根于民族文化土壤中,这使得企业的价值观念、行为准则、道德规范等无不打上民族文化的深深烙印。民族文化传统是企业经营宏观环境的重要因素,民族文化对企业的经营思想、经营方针、经营战略及策略等也会产生深刻的影响。

不仅如此,网络企业为了经营的成功和今后的进一步发展,还要努力去适应民族文化环境,去迎合在一定民族文化环境下所形成的社会心理状态,否则企业将容易陷入不必要的困境和本应避免的危机。需要注意的是,企业文化对民族文化养分的汲取,必须有所区别,不能良莠不分。从另一方面来看,企业文化作为民族文化的微观组成部分,也随着企业生产经营的发展不断地发展变化,优良的企业文化也会对民族文化的发展起到积极推动的作用。

不同的风俗习惯影响着人们的消费方式、购物偏好、产品价值观等,这样往往会对企业盈利产生一定的影响。比如,蒙古族的传统服饰很有特色,男女都喜欢穿镶边的蒙古袍子，腰扎彩色的缎带，脚穿皮靴和毡靴，头缠红蓝布。这样的传统民族服饰在现代化城市里很难买到，一般的城市居民对此类服饰的需求非常少，但在网络化环境中，仍然能聚集起一定规模的订单需求。因此，企业在满足客户需求的过程中，应该尊重这种特有的服饰文化传统。

(二)地域文化

地域性差异是客观存在的，无论是国家与国家之间，还是同一国家的不同地区之间，都存在很大差异，即使是在信息流通极便利与迅捷的网络时代，地域的差异依旧对于各类环境保持着极为深刻的影响。正是由于不同地域有着不同的地理、历史、政治、经济和人文环境，必然产生文化差异，即使是同处美国的纽约和加利福尼亚也存在很大差异；德国的东西部由于经济和历史原因，价值观有所不同；在法国，不同地方的人们都保留着自己的特点，包括语言、生活习惯和思维方式。我国长江以北的属于北方文化，长江以南的属于南方文化。它可以包括许多分支，如南北艺术差异、南北建筑差异、南北服饰差异、南北风俗差异、南北饮食差异、南北文学差异、南北性格差异、南北方言差异、南北商业差异等。文化差异即使在城市和郊区之间，都会有所体现。正是由于这种地域差异产生的文化差异，企业在建设和发展时应充分地考虑地域因素。

不同地域的人们的价值观和生活方式由于不同地域的经济结构、地理环境的不同也会表现出差别，企业在新的地域建立新厂时就要考虑到这方面的问题，为企业文化的修订做好准备。相比于社会主义市场经济建设发展的初期，在泛在环境网络化的当下，许多企业的价值观已发生了巨大的变化，如表2-2所示。

表2-2　企业价值观的转变

原来的价值观	现在的价值观
制造	智造
利润	价值
产销量	流量
产品	创新
竞争	竞合

(三)人口状况

联合国的《2022年世界人口展望》显示，2023年印度人口预计将超过中国，成为世界上人口最多的国家。与此同时，该报告还指出，世界人口在2022年11月15日达到80亿，在2030年增长到85亿左右，到2050年将达到97亿。预计到21世纪80年代，全球人口数量将达到峰值，约为104亿，并将一直保持到2100年。但是由于许多国家的生育率下降，全球人口增长速度正处于自1950年以来的最低水平。与此同时，一些分析也对人口增长能否可持续表示担忧。

在我国人口也逐年增长，2009年到2021年的人口总数变动情况如图2-3所示。

众多的人口将会给企业带来两种不同的结果：其一，人力资源管理将更加严格，就业率下降，对员工的要求不断增加，企业对资源的供应下降，材料、市场、物流等问题将渐渐凸显。其二，消费市场的扩大和廉价劳动力资源的丰富，廉价而丰富的劳动资源可以增加出口产品的竞争力，尤其是劳动密集型产品的竞争能力。

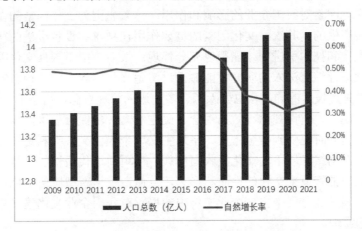

图2-3　2009—2021年中国人口总数变动情况

年龄构成又称人口年龄构成，通常用百分比表示。人口年龄构成是过去几十年甚至上百年自然增长和人口迁移变动综合作用的结果，又是今后人口再生产变动的基础和起点。它不仅对未来人口发展的类型、速度和趋势有重大影响，而且对今后的社会经济发展也将产生一定的作用。

根据第11次全国人口普查结果，2020年11月1日零时，全国人口中，0～14岁人口为25 338万人，占17.95%；15～59岁人口为89 438万人，占63.35%；60岁及以上人口为26 402万人，占18.70%，其中65岁及以上人口为19 064万人，占13.50%。与2010年第六次全国人口普查相比，0～14岁人口的比重上升1.35个百分点，15～59岁人口的比重下降6.79个百分点，60岁及以上人口的比重上升5.44个百分点，65岁及以上人口的比重上升4.63个百分点。

人口因素的变化给企业的未来发展提出了挑战，比如工期、工作内容、工作强度等。城镇化逐步向建筑业、房地产开发业等行业扩散，老龄化的趋势使得社会走向医疗业、旅游业等领域。

(四)外来文化

严格地说，从其他国家、其他民族、其他地区、其他行业、其他企业引进的文化，对于特定企业而言都是外来文化，这些外来文化都会对该企业文化产生一定的影响。随着世界经济社会发展的交融和全球化的不断深化，不同国家之间在文化上的交流和渗透也日益频繁。战后的日本，不仅从美国引进了先进的技术和设备，也从美国接受了现代的经营管理思想、价值标准、市场意识、竞争观念、时间观念等，特别是美国的个人主义观念对日本年轻一代产生了非常大的影响，连日本企业长期以来行之有效的"年功序列工资制"也因此受到了严峻的挑战。可以这样认为，日本的企业文化中既有以中国儒家思想为中心的根，又有美国文化影响的叶，最终形成了如"洋葱头"一样的日本企业文化。

中国实行改革开放以来，从西方发达国家引进了大量的技术和设备，在引进、消化、吸收外国先进技术的同时，也引进了国外的文化。从引入的国外文化形态来看，可以分为三个层次文化，即民族层次的文化、企业层次的文化以及个体层次的文化，它们都会对我国的企业文化产生不同程度的影响。过去我们在引进中较多地注意到技术、管理、人才等因素，而忽视文化因素对我国企业的影响和作用。这首先因为文化因素的作用是通过某种技术或设备间接产生的；其次，文化因素的重要作用在技术和设备引进的初期并不明显，而是在高层次人才和技术引进中才能得以充分体现；最后，由于国外文化因素的作用是错综复杂的，必须进行综合深入的研究才能够探讨清楚文化因素上的这种影响。应该看到，我们从国外引进先进技术的同时，也引入了许多先进的管理思想，增强了企业的创新精神、竞争意识、效率观念、质量观念、效益观念、民主观念、环保意识等，成为我国企业文化中的新鲜血液，但同时也受到拜金主义、享乐主义、个人主义、唯利是图等腐朽落后思想的冲击，尤其是在网络环境下的文化吸收与创新，当更新迭代极快的网络文化混入了文化糟粕，便会极大地摧垮原来文化的性质和形态，从而衍生出新型庸俗文化，严重地浪费社会资源，其中尤其是西方资本主义企业文化中的糟粕对我国企业文化建设有相当大的破坏作用，应当引起警惕。

在从国内其他地区、行业或企业进行技术转移的过程中，也会对一个企业的企业文化产生影响。例如，军工企业在转向民品生产的技术转移过程中，其严肃、严格、严密、高质量、高水平、高效率、团结、自强、艰苦创业等优良的企业文化因素，会对从事民品生产的企业文化建设产生十分积极的影响。又如，新兴的信息技术产业极为重视技术、创新、人才，这些积极的观念已经对其他行业的企业文化产生了很大的影响。当然，即使是同行业内企业与企业之间由于地区、环境及其他原因也会有相当大的差距，因此地区之间、行业之间、企业之间的技术转移是非常必要的，这种转移自然会伴随企业文化的渗透和转移。

总之，在经受外来文化影响的过程中，必须根据本企业的具体环境条件，有选择地加以吸收、消化、融合外来文化中有利于本企业的文化因素，警惕、拒绝或抵制对本企业不利的文化因素。

四、技术环境

技术环境(technical environment)是指一个国家或地区的技术水平、技术政策、新产品开发技术能力等，如科技研究的领域、科技成果的门类分布及先进程度、科技研究与开发的实力等。国家科技水平是企业形成物质生产力的保证，在知识经济兴起和科技迅速发展的情况下，技术环境对企业的影响可能是创造性的，也可能是破坏性的，企业必须预见这些新技术带来的变化，并采取相应的措施予以应对。科学技术对企业文化的影响表现为以下几方面。

第一，科学技术直接影响企业的经济活动，进而对企业文化的发展产生影响。生产力水平的提高，主要是依靠设备的技术开发(包括原有设备的革新，改装以及设计、研制效率更高的现代化设备)，创造新的生产工艺、新的生产流程。同时，技术开发也扩大和提高了劳动对象的利用广度和深度，不断创造新的原材料和能源。这就不可避免地影响到企业管理程序和企业管理活动。科学技术既为企业文化的建设、管理提供了科学理论和方法，又为企业文化的发展、创新提供了物质条件。

第二，科学技术加快产品更新速度，形成具有竞争优势的企业文化。科学的进步为企业文化的发展提供了规范的建设方式，技术的发展不断丰富企业文化的内容，技术的进步是创新的源泉，科学、技术和文化就像一个三棱塔一样只有保持一定的距离，三者才能相互促进、相互发展，共同推动企业的不断前进。科学技术的突飞猛进，新原理、新工艺、新材料等不断涌现，使得刚刚炙手可热的技术和产品转瞬间成了过往云烟。企业必须不断地进行技术革新，赶上技术进步的浪潮，否则，企业的产品跟不上更新换代的步伐，跟不上技术发展和消费需求的变化，就会被市场无情地淘汰。

第三，提升企业的文化凝聚力。企业的快速发展需要具备相对较强的企业文化凝聚力，随着科技创新的不断进步与发展，企业文化凝聚力应该得到更大程度的发挥。科学技术的创新为企业的文化繁荣奠定了基础，各类电子设备平台、网络平台等能够更好地塑造企业的精神文化和物质文化，企业可以通过网络平台建立一定的奖励制度，举办各类文化培养的活动与项目，企业员工能够更好地融入其中真正感受到企业的魅力，体验企业文化发展给自身带来的充实与快乐。通过技术创新能够更好地评估企业文化凝聚的特色，只有完善了具备企业凝聚性的相关管理制度，才能够体现出企业所独有的文化。

第四，提升企业的创新能力。企业中超过半数的企业员工认为科技创新对企业文化的贡献，应该体现在对员工创新意识的培养和企业创新激励机制的建立上。科技创新的背景下，企业员工都希望企业文化能够促进自身创新意识的提高，并且通过一定的机制进一步强化企业的创新能力，提升员工创新意识建立的创新鼓励机制。

第五，科学技术的创新对企业文化起到推动作用。注重技术创新的企业，企业的环境必定会发生一定的变革，技术能力越高的企业，物质文化水平也会越高，技术的创新还会带动企业的制度文化的变革，主要表现在企业的管理模式和组织模式两方面。比如，现在企业内部应用的信息处理平台、计算机工具，科技化的生产线等，最终都会推动企业组织结构的变革。通过技术创新产生的各种新型工艺，能够促进企业更好地维护法规制度并将其纳入到企业文化中，从而进一步促进企业文化的创新。另外，科学技术的创新还能够对企业文化道德行为文化产生影响，随着技术创新不断地深入，会潜意识地改变员工的日常生活，能够帮助员工完成之前难以实现的价值。在创新意识的作用下，企业员工会自发地提高自我职业素养，进而影响到企业文化，进一步会促进企业精神文化的全面发展。可以认为一个重视技术创新的企业所创建的企业文化一定能够在市场中占据核心优势。最后，科学技术的创新还能影响到企业的精神文化，技术的创新最直接的影响是企业概念层的变化，企业经营过程中的创新性活动可以保证企业形成相对积极的价值观，进一步形成具有竞争性的企业精神，相对于企业的价值观科技的创新同样也能让企业员工从上到下产生较强的感召力和引导力，最终会促进其"转化"为生产力。

企业的科技创新为企业文化建设提供了源源不断的动力，与此同时，企业文化的建设更是助力于企业的科技创新与稳定发展。科技创新视角之下，企业必须在充分了解员工对创新的期待和需求的基础上，进行企业文化的完善。科技创新时代，企业文化应该在对企业精神的提炼与表达上下功夫，同时要形成创新的环境，积极发扬企业家精神等方式，提高企业的竞争力和影响力。

【实例】实现"三大突破"的华为

华为手机曾是"国货之光"，因为在最巅峰的时候，华为在国内市场占据了超过40%的市场份额，即便是在国际市场表现也很强势，曾经有很长一段时间稳居全球第二，距离三星也仅有一步之遥。但由于美国为遏制华为的发展而采取了芯片断供，在很长一段时间内，华为手机始终处于"休眠状态"，即便发布了几款新机，也由于不支持5G和缺芯导致产能不足，没法很好地满足市场需求。到了2022年，华为手机的情况明显发生了好转，在售旗舰P50系列全系放量，还推出了P50 Pocket、P50 E等多个衍生版本。而华为手机业务能够持续转好，在外界看来，主要是取得了三大突破，分别来自产业链、软件和5G。

首先是产业链，因为美方修改了规则，导致很多欧美供应链都与华为彻底脱节了，在这样的情况下，华为加大了对国内产业链的投资扶持，推动国内产业链的崛起。华为旗下的哈勃投资公司，截至2022年2月的投资就超过了70笔，被投资企业超过60家，涵盖半导体材料、射频芯片、光电芯片、传感器、滤波器、半导体设备等完整产业链。加大产业链扶持的华为，推出的手机国产率也达到了史上最高，华为P50系列除了采用骁龙芯片以外，其余部分几乎全部由国内企业供应。

其次是软件突破，由于美方的制裁，导致华为无法使用谷歌应用服务，在这样的情况下，华为早在2019年就启用了鸿蒙系统，如今鸿蒙系统已经更新到第四代。

最后是5G得到了解决，2021年发布的华为P50系列旗舰就是4G手机，由于不支持5G网络，直接导致很多消费者不愿意购买。不过2022年有相关方案提供商解决了这个问题，推出了一款"5G通信壳"，这款产品与华为P50 Pro适配之后，就能让华为4G手机变成一款可以连接5G网络的手机。

(资料来源：王石头. 华为手机取得"三大突破"，事关产业链、5G和软件.
https://baijiahao.baidu.com/s?id=1741333925303846131&wfr=spider&for=pc.)

第二节　企业微观环境分析

微观环境是指除了宏观环境外，对企业服务其顾客的能力产生直接影响的各种力量的一种环境约束，包括企业本身及其市场营销渠道、市场、竞争者和各种公众等。微观环境是企业生存与发展的具体环境，尤其是处于具备易操作性、公平性、全球性、互动性以及能动性等多项特点的网络环境中，微观环境对于企业的影响更直观。与宏观环境相比，微观环境因素更能够直接地给一个网络企业提供更有用的信息，同时也更容易被网络企业所识别，所以微观环境有时也称直观环境，直接影响企业的利益或价值，是企业成长于此、竞争于此的一个重要环境。

一、行业环境分析

企业是在一定行业中进行生产经营活动的，研究企业外部环境必须掌握行业特点，这也是在快节奏网络环境下企业竞争中所需掌握的核心能力。其中，行业分析主要包括行业概况分析和行业竞争结构分析等方面。行业概况分析主要掌握该行业所处的发展阶段、行业在社会经济中的地位、行业的产品和技术特征等。行业竞争结构分析主要掌握该行业的竞争态势。

(一) 行业结构分析

对网络企业所在的行业结构进行分析是企业在市场中定位的前提，行业是企业的集合体，网络环境下的企业只有打赢信息战，充分了解行业内的企业现状才能更好地为企业定位、确立企业文化，为企业的发展作出合理的战略规划。

在行业内部，企业数量越多，集中度就越低，竞争则越激烈；若行业内企业数量不多，集中度相对较高，企业间竞争力处于一种均衡的状态，但是竞争也会很激烈。面对这两种情况，企业若没有占据优势地位，将面临很大的挑战，对企业文化的定位也将基于狭隘的角度进行分析。如果行业里只有一个或少数几个大型企业共同控制整个市场，行业集中度非常高，企业间的竞争虽然不是很激烈，但若是企业对自身的定位不是很清晰，也很难长久立足。

其次，行业发展的快慢也将影响企业创新能力的发展。比如手机、智能终端、仿生机器人等电子产品发展相当迅速，相关企业要想在未来更激烈的市场竞争中求得生存和发展，仅凭价格战或广告策略是不能支撑创新发展的。在这种技术更新迭代速度较快的行业，企业一方面有着更多的发展空间、更多的利润源泉，另一方面更需要营造一种以人为本、鼓励创新、突破束缚、实现超越的创新环境条件，而这正是企业文化建设的功能所在。

最后，企业生产能力的高低对企业的发展战略的制定起着决定性作用。企业的生产能力可以概括为实践和理论两方面，实践是指技术水平，企业的科学技术水平越高，生产能力也将会有大规模的提高，反之亦然。理论是指企业文化思想，若公司有适合内外部环境的企业文化，则生产能力高，若企业文化违背公司生产理论，导致一定时期内产能缺乏或过剩，则行业间竞争加剧。

在一个行业中，企业的经营状况取决于其所在产业的整体发展状况和该企业在产业中所处的竞争地位。分析产业发展状况的常用方法是认识产业所处的生命周期阶段。产业的生命周期阶段可以用产品的周期阶段来表示，分为开发期、成长期、成熟期和衰退期四个阶段。只有了解产业目前所处的生命周期阶段，才能决定企业在某一产业中应采取进入、维持或撤退何种战略，才能作出正确的投资决策，才能对企业在多个产业领域的业务进行合理组合，从而提高整体盈利水平。

(二) 行业竞争结构

1. 行业竞争的压力源

有市场的地方就有竞争，这是任何企业都不可避开的市场机制规则。根据迈克尔·波特(Michael Poter)的五力模型分析，企业都要面临来自五个方面的竞争压力：潜在进入者、替代品生产厂商、消费者、供应商和现有竞争者。行业间的竞争结构如图2-4所示。企业与供应商、现有竞争者之间的关系较为直观。下面简要分析来自其他三个方面的力量给企业带来的竞争压力情况。

1) 潜在进入者的威胁

潜在进入者是对行业内竞争强度产生重要影响的力量，潜在进入者在进入行业后，将通过与现有企业瓜分原有市场、激发新一轮竞争，对现有企业形成巨大的威胁。其威胁的程度主要取决于行业的吸引力和进入障碍的大小。行业发展快、利润高，进入障碍小，潜在进入者的威胁就大。进入障碍包括：规模经济，新进入者规模不经济则难以进入；产品差异优势，新进入者与现有企业争夺用户，必须花费较大代价去树立企业形象和产品信誉，一旦失败，将丧失全部投资；现有企业对关键资源的控制，一般表现为对资金、专利技术、原材料供应、分销渠道等关键资源的积累与控制，对新进入者形成障碍；现有企业的反击程度等。网络企业应对潜在竞争者的威胁有效的措施就是建立有竞争力的网络企业文化。

2) 替代品的威胁

替代品是指与本行业产品具有相同或相似功能的其他产品，如洗衣粉可以部分代替肥皂。替代品产生威胁的根本原因往往是它在某些方面具有超过原产品的优势，比如价格低、质量高、性能好、功能新等。若替代品的盈利能力强，对现有产品的压力就大，会使本行业的企业在竞争中处于不利地位。

3) 消费者的压力

消费者对本行业的竞争压力表现为购买要求提高，如要求低价、高质、一流服务等；还表现为消费者利用现有企业之间的竞争对生产厂家施加压力。影响消费者议价的基本因素有：消费者的购买批量、对产品的依赖程度、更换厂家时的成本高低以及掌握信息的多少等。消费者通过购买满意的高质量产品来体会企业文化价值。

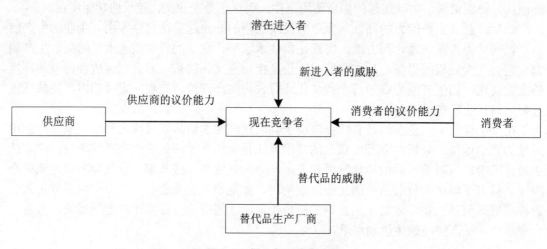

图 2-4 行业间的竞争结构

2. 买方文化的形成影响因素

关于买方文化的形成，买方素质和议价能力尤为关键，并取决于以下几个因素。

1) 买家的规模大小

在交易市场里，我们都知道购买数量比例大，买方购买的成功率就越高。换句话说，大规模的采购，会对行业形成大的压力，议价能力越强，网络企业文化越能得到充分体现。比如苏宁电器，结合线上线下多渠道推广活动，以大规模促销吸引消费者，家电成交量一度排列全国前茅。

2) 企业产品的差异

如果产品差异较大的服装、首饰行业等，买方议价能力较弱，阻碍网络企业文化的发展；如果产品差别较小，如钢铁，买方议价能力较强，产品下降速度快，促进网络企业文化的发展。

3) 买方对价格的敏感度

像购买燃油汽车，性能好的发动机价格越高，因为发动机成本占整辆汽车成本的比重较大，发动机在很大程度上由技术水平决定。因此，如果购买的产品在其成本中所占的比重较大，买方对价格的敏感程度也就越高，反之亦然。

4) 买方掌握信息的多少

信息是买方了解产品的方式，信息掌握得越多，议价能力越强，从而促进网络企业文化的发展。比如像服务、医疗、互联网行业，信息常常被对方掌握，因此掌握可靠的信息是企业发展的重要途径。

5) 买方后向一体化的可能性

来自企业自制产品品牌的后向一体化决策。比如我国一些零售企业销售自主品牌产品，以取代供应商提供的产品，这样就会增加买方的议价能力，进而对企业文化的发展产生影响，主要形式如表 2-3 所示。比如一些食品企业利用网络效应实现经营规模扩张后，积极地推动后向一体化，以保证食材的品质可控性和稳定性，进而营造起可信可靠的产品文化。

表 2-3　后向一体化的主要形式

序　号	主要形式
1	买方购买数量占行业很大比例
2	产品或服务成本较高
3	采购人员有较强的谈判技巧
4	买方自行制作产品或服务
5	掌握大量的数据信息

【实例】在全球范围内自建种植基地的洽洽瓜子

洽洽食品成立于 2001 年，经过 20 多年的发展，现已成为我国炒货零食领域的龙头企业，产品出口至近 50 个国家和地区。这和洽洽食品一直以来都非常注重品质文化的打造息息相关。从原材料种植、筛选、采购，到产品生产加工、再到包装运输，瓜子的加工存在众多关乎食品安全的环节。为了从各个环节把控产品质量，洽洽实行全链条的新鲜管控。洽洽在全球范围内自建种植基地，拥有百万亩原料基地，有效地提高了从采摘环节到生产环节之间的运输效率，也从源头保证了食品安全主动权。洽洽还在全球建设了十大工厂，国家级绿色工厂更是通过统一育种、统一用肥、统一收购、统一管理，实现了可溯源的质量。

另外，洽洽与央视网携手打造"透明工厂"直播，直播中，主持人带观众探访瓜子自动化工厂，让观众跟随央视镜头看到层层把关的原料筛检、超常智能化的保鲜氮气系统、精确到克的称量以及包装自动化机械臂系统等。在探访过程中，主持人还对产品种植到生产环节提出疑问，工作人员对此逐一解惑，进而引发大众的高度关注，越来越多的人看到了洽洽产品的高品质。据统计，2023 年洽洽"透明工厂"直播央视网多终端及站外平台累计观看和阅读量达 1267 万次，"透明工厂"直播已经成为大众认识洽洽品质文化的新途径。

3. 卖方文化的形成影响因素

企业从事生产经营所需的各种资源一般要从供应商处获得，供应商一般要从价格、质量、服务等方面入手谋取更多的利润，从而给企业带来压力。为了赚取更高利润，在卖方看来，掌握熟练的议价能力是非常重要的。影响卖方文化形成的因素主要包括以下几方面。

1) 产品差异性

如果卖方提供的产品差异性大，那么买方对产品的依赖性就越大，则卖方议价能力强，企业文化提升空间大。

2) 产品的转换费用

如果产品的差异性间接突出产品的特色，那么转换费用增加，卖方议价能力增强。

3) 前向一体化的可能性

前向一体化的实质就是产供销一体化，一般把有关的前向企业合并起来，组成统一的经济联合体。例如：主要生产汽车的企业同时还提供维修服务，这样增强了其在本行业(包括文化)的竞争力。

4) 信息掌握程度

如果能掌握大量的数据信息，卖方就能在本行业内拥有主动权，在交易市场处于主导地位，有较强议价能力(即企业文化水平高)。其影响谈判的因素的主要方面如表2-4所示。

表2-4 影响谈判的因素

序 号	主要方面
1	产品的独特性，转化成本高
2	良好的售后服务
3	卖方能够抢占市场
4	采购量低
5	无替代品，无相同供应商
6	所处行业由较少企业主导，销售范围较广

5) 行业内现有企业间的竞争

行业内现有企业间竞争的主要方式为价格竞争、广告战、新产品推广等。这种竞争的激烈程度取决于多种因素，如竞争者的多少及其力量的对比、行业发展的快慢、利润率的高低、行业生产能力与需求的对比、行业进入或退出障碍的大小等。当行业发展缓慢、竞争者多、产品同质性高、生产能力过剩、行业进入障碍低而退出障碍高时，竞争就会比较激烈。

(三)交易平台

交易平台是一个第三方的安全保障平台，主要是为了保障双方交易安全地进行，这是网络环境下引起的又一次信息技术革命，旨在通过电子手段建立新的交易秩序。像众所周知的"京东""拼多多"等，都是通过交易平台实现交易的，其文化对于网络企业文化的建立与组成都具有深远的影响。同时对于交易平台文化而言，有以下几个影响因素。

第二章 网络企业文化的外部发展环境

1. 公共资源交易的管理

构建公共资源交易管理体系,形成一定的治理结构,调节所属部门的权责关系,为市场机制在公共资源优化配置的过程中充分发挥作用创造有利条件。

2. "两法"并行的法律环境

这里所说的"两法"分别指《中华人民共和国政府采购法》和《中华人民共和国招标投标法》,它们共同履行对公共资源交易活动的管理职责。"两法"是当前我国对交易管理的法律依据和基础,对规范公共资源交易活动,减少交易中权力滥用等现象起到相当大的作用。

3. 交易平台的运行特点

统一电子交易,有助于减少人工操作,实现招标高效化、投标简单化、统计智能化,对电子化交易规范发展有重要意义。当前我国交易平台应正视和有效解决运营中存在的一些问题,如过于追逐获利、忽视社会责任、自律不足、内控失效和技术创新不够等。

【实例】网络交易平台霸主的产生

在2000年,当时的eBay和亚马逊是商业媒体的焦点,人们很难想象中国不久将取代美国,成为全球电子商务的领导者。然而,在2016年,中国的线上交易量就已经超过了美国,全年网购人数达到4.5亿人,交易金额达7500亿美元;而中国电商市场虽然已经巨大,但接下来几年的增长依旧迅猛,截至2022年12月,我国网络购物用户规模达8.45亿人。其中淘宝网位居亚洲网络零售商圈前十,由阿里巴巴集团于2003年5月10日投资创办,是目前为止中国电子商务平台里面品牌最大、影响力最强的一家电子商务公司,也是到目前为止中国电子商务平台里面浏览量最大的电子商务平台。

要想了解电商是如何在中国发展壮大的,可以从淘宝与eBay之间的差异入手。首先,淘宝网和经典的eBay的C2C模式有很大的不同,它执行的是B2B2C,其业务跨越C2C(个人对个人),B2C(商家对个人)两大部分。其次,它的免费政策降低了买卖双方进行网上个人交易的门槛,并因此积聚了人气,取得了飞速的发展,同时淘宝网使用的诚信认证系统与支付宝支付系统,为商家与个人的交易体系提供了保障。最后,不同于eBay将目光单纯地集中在购物者身上,淘宝将第三方卖家也纳入了客户范畴,并提供可定制化的店铺与本土化的网站设计服务,并为顾客和卖家提供沟通工具与社区空间,为淘宝网提供更社会化特征、更符合国内需求的交易平台。正是这些让淘宝在初期击败了eBay公司在中国的子公司eBay易趣,将这一头电商行业的"领头羊"打倒,以后来居上的势头,成为中国C2C市场的霸主。

(四)其他

当企业进入新的领域,需要大量的投资,因而对资本的需求量加大。像电子产业、石油、制造业等对规模资本量需求明显增多,存在着资本壁垒等问题。对于政府政策,政府可以通过特殊方法对特定行业进行控制,比如汽车、烟酒、药品等行业,必须要有营业执照才能营业,而对于网络环境下信息化时代的特殊行业,其可能遭受的大规模网络技术威

胁和互联网治理的复杂性,更加需要国家的主导作用。对于这些有特殊条件的企业,对于它们的企业文化的提升和建设必须依赖于政府政策的实行,由政府创立适应性的治理形式,进而主导互联网信息安全。

二、市场环境分析

市场环境是指影响产品生产和销售的一系列外部因素,与企业的市场营销活动密切相关。市场环境的变化,既可以给企业带来市场机会,也可能会形成某种威胁。对市场环境的调查、分析,是企业开展经营活动的前提。

(一)市场

经济学中将市场结构分为四类:完全竞争、垄断竞争、寡头垄断和完全垄断,进而可以对市场竞争者的性质加以准确的估计。严格定义的完全竞争市场在现实生活中并不存在,但这一市场中激烈的价格竞争使价格趋向于边际成本的描述在许多消费品市场中却屡见不鲜。垄断竞争市场中,产品的差异性为企业确立了固定客户,并且允许企业对这些固定客户享有价格超过边际成本的一些市场权力。寡头垄断市场中,企业的决策依赖于其他企业的选择,决策主体的行为发生直接相互作用条件下的决策均衡问题日益受到广泛重视。完全垄断市场上,垄断厂商控制操纵价格和产量的行为因损害了消费者的利益受到了反垄断政策的制约,但企业通过创新来取得垄断力量和实现高额利润的努力也存在一定的合理性,从长期看,垄断对消费者是不利的,因为它限制了竞争。

市场需求状况,可以从市场需求的决定因素和需求价格弹性两个角度来分析。人口、购买力和购买欲望决定着市场需求的规模,其中生产企业可以把握的因素是消费者的购买欲望,而产品价格、差异化程度、促销手段、消费者偏好等影响着消费者购买欲望。影响产品需求价格弹性的主要因素有产品的可替代程度、产品对消费者的重要程度、购买者在该产品上的支出在总支出中所占的比重、购买者转换到替代品的转换成本、购买者对商品的认知程度以及对产品互补品的使用状况等。

产业内的战略群体,确定产业内主要竞争对手战略诸方面的特征是市场分析的重要方面。一个战略群体是指某一个产业中在某一战略方面采用相同或相似战略的各企业组成的集团。战略群体分析有助于企业了解自己的相对战略地位和企业战略变化可能产生的竞争性影响,使企业更好地了解战略群体间的竞争状况、发现竞争者,了解各战略群体之间的"移动障碍",了解战略群体内企业竞争的主要着眼点,预测市场变化和发现战略机会等。

作为企业在特定市场获得盈利必须拥有的技能和资产,成功的关键因素可能是一种价格优势、一种资本结构或消费组合,或是一种纵向一体化的行业结构。不同产业的成功关键因素存在很大差异,同时随着产品生命周期的演变,成功关键因素也会发生变化,即使是同一产业中的各个企业,也可能对该产业成功关键因素有不同的侧重。

(二)市场营销环境

市场营销环境也称市场经营环境,是指在营销管理职能外部影响市场营销活动的所有不可控因素的总和。企业营销活动与其经营环境密不可分,泛指一切影响和制约企业市场营销决策与实施的内部条件和外部环境的总和。市场营销环境是指企业在其中开展营销活动并受之影响和冲击的不可控行动者与社会力量，如供应商、客户、文化与法律环境等。同时网络时代的到来使企业的市场营销面临一个全新的环境，网络营销逐渐成为企业市场营销的重要部分。

研究企业营销环境的目的是：通过对环境变化的观察来把握其趋势，以发现企业发展的新机会和避免环境的剧烈变化所带来的威胁。营销者的职责在于正确识别市场环境所带来的可能机会和威胁，从而调整企业的营销策略以适应环境变化。市场营销环境有以下几个独有的特征。

1. **客观性**

企业总是在特定的社会、市场环境中生存、发展，并不以营销者的意志为转移，具有强制性与不可控制性的特点。也就是说，企业营销管理者虽然能认识、利用营销环境，但无法摆脱环境的制约，也无法控制营销环境，特别是间接的社会力量，更难以把握营销环境自己的运行规律和发展趋势。企业营销管理者对营销环境变化的主观臆断会导致营销决策的失误。另外，营销环境存在差异主要是因为企业所处的地理环境、生产经营的性质、政府管理制度等方面存在差异，不仅表现在不同企业受不同环境的影响，而且同样一种环境对不同企业的影响也不尽相同。如俄乌冲突所导致的能源危机，造成国际石油市场的巨大波动，对石化行业企业的影响十分显著，而对那些与石油关系不大的企业影响则较小。

2. **相关性**

相关性是指各环境因素间的相互影响和相互制约。相关性表现在两个方面：其一，某一环境因素的变化会引起其他因素的互动变化，如在中国共产党第二十次全国人民代表大会上，国家提出了"建设现代化产业体系，坚持把发展经济的着力点放在实体经济上"，相继制定了加强第二产业建设的一系列方针政策，这些政策的实施，势必影响其中重点制造业产业结构调整，推动其向产业链高端位置前进，为制造业的进一步发展提供了重要驱动力。其二，企业营销活动受多种环境因素的共同制约，企业的营销活动不仅受单一环境因素的影响，还受多个环境因素共同制约。如企业的产品开发，就要受制于国家环保政策、技术标准、消费者需求特点、竞争者产品、替代品等多种因素的制约，如果不考虑这些外在的力量，生产出来的产品能否进入市场是很难把握的。

3. **多变性**

外界环境随着时间的推移经常处于变化之中。比如外界环境利益主体的行为变化和人均收入的提高均会引起购买行为的变化，影响企业营销活动的内容；外部环境各种因素结合方式的不同也会影响和制约企业营销活动的内容和形式。

4. **不可控性**

影响市场营销环境的因素是多方面的，也是复杂的，并表现出不可控性。从空间上看，营销环境因素是一个多层次的集合：第一层次是企业所在的地区环境，例如当地的市场条件和地理位置；第二层次是整个国家的政策法规、社会经济因素，包括国情特点、全国性市场条件等；第三层次是国际环境因素。几个层次的外界环境因素与企业发生联系的紧密

 网络企业文化

程度是不相同的。

另外,网络环境对企业营销的影响主要有三个方面。其一,网络环境对企业营销带来双重影响作用。第一,给企业营销带来的威胁。营销环境中会出现许多不利于企业营销活动的因素,由此形成挑战。如果企业不采取相应的规避风险的措施,这些因素会导致企业营销困难,甚至带来威胁。为保证企业营销活动的正常运行,企业应注重对环境进行分析,及时预见环境威胁,将危机减到最低程度。第二,给企业营销带来的机会。营销环境也会滋生出对企业具有吸引力的领域,带来营销的机会。对企业来讲,环境机会是开拓经营新局面的重要基础。因此,企业加强应对环境的分析,当环境机会出现的时候善于捕捉和把握,以求得企业的发展。其二,网络环境是企业营销活动的资源基础,企业营销活动所需的各种资源,如资金、信息、人才等都是由环境来提供的。企业生产经营产品或服务需要哪些资源、多少资源,从哪里获取资源?企业必须分析研究营销环境因素,以获取最优的营销资源来满足企业经营的需要,实现营销目标。其三,网络环境是企业制定营销策略的依据,企业营销活动受制于客观环境因素,必须与所处的营销环境相适应。但企业在环境面前绝不是无能为力、束手无策的,能够发挥主观能动性,制定有效的营销策略去影响环境,在市场竞争中处于主动,从而占领更大的市场。

企业营销环境对营销管理者来说可能是外部因素,但对于企业的高层管理者是影响企业经营的主要因素之一,应给予足够的重视,纳入到企业文化之中,从员工的日常工作渗透到企业的各个方面,以避免企业会遇到各种的威胁,抓住有利的发展机遇。

(三)自然地理环境

企业经营面对的第一个问题就是选址,企业所处的行业特点、商品的性质和企业要经营的规模都影响着企业的经营位置,同时也受到自然地理环境的影响,即使网络化在一定程度上为企业经营规避了自然地理环境所带来的负面影响,但在竞争激烈的网络环境中则需要"团结一切可以团结的力量",在每一个方面为网络企业寻找竞争优势。自然环境主要包括气候、季节、自然资源、地理位置等,从多方面对企业的市场营销活动产生着影响。比如,地区的海拔高度、温度、湿度等气候特征,影响着产品的功能与效果;人们的服装、食品也受气候的明显影响。同样,人们的消费模式也受到地理因素的影响,进而对经济、社会发展、民族性格产生复杂的影响。企业必须熟悉不同市场自然地理环境的差异,才能更好地应对市场的变化,结合当地人文特征构建企业文化。

三、竞争对手分析

竞争对手是网络企业文化的直接影响者,决定了竞争对手在外部环境分析中的重要作用。竞争者常常被视为网络企业文化的威胁者,但实际上合适的竞争者对企业文化的运用和传播起着重要作用,比如激发企业员工的创造性、增强企业竞争优势、改变产品结构以及改善供应、生产、销售环节的可行性等。

根据迈克尔·波特的五力模型,针对竞争对手对企业文化及战略的影响分析,切实地回答了以下四个问题:一是竞争对手的动力是什么——长远目标;二是竞争对手能做些什么及正在做些什么——现行战略;三是关于自己和关于产业的假设——发扬公司企业文化;

四是能力——企业的优势和弱点在哪。

(一)竞争对手的企业文化

《道德经》说："知人者智，自知者明；胜人者有力，自胜者强。"在数智化网络环境的不确定性因素加剧、国际经济发展动荡变化的大背景下，"内卷"式的竞争状况愈演愈烈，企业的发展面临的问题更加突出，对竞争对手分析的重要性在企业战略中发挥着越来越重要的作用。竞争对手的企业文化分析主要通过其现行的企业战略为基础，评估战略方向和战略影响，然后对其所反映出来的文化进行分析和对行业进行判断。

> **审视竞争对手的企业文化**
> ◆ 竞争对手目前主要的战略是什么？强调了怎样的企业文化？
> ◆ 这些竞争对手的企业文化和我们有什么不同？
> ◆ 这些企业文化背后隐含着怎样的战略意图？
> ◆ 这些企业文化主要传播了怎样的文化内涵？

企业清晰地了解竞争对手的发展战略和经营文化，是进行市场细分的关键一步，然后才能明确地对市场进行定位，确定企业的发展战略和企业文化，并且把企业的经营风险降到最低。分析竞争对手的企业文化，不仅能加强自身企业文化的建设，还能够更多地学习到对方的优点，看到自身的不足，并进行有针对性的弥补和改善，进而不断强化自身的企业建设。

(二)竞争对手的能力

竞争对手能力分析可从两个方面着手，一是从职能角度评估，包括对手的产品质量、研发能力、财务报告以及营销策略等方面的能力；二是从综合角度评估，包括对手的核心能力、发展能力、快速反击能力、适应变化的能力以及持久力等方面的能力。下面我们从综合角度来评估竞争对手的能力。

1. 核心能力

核心能力主要是指竞争对手最主要的竞争力，包括各职能部门的业务能力，确定其优势和劣势，但是随着企业的发展，这些能力也会发生变化，如果发生变化，其能力是增强还是削弱？是否符合企业文化的发展？每个企业都值得去深度思考这些问题。

2. 发展能力

发展能力主要是看企业的发展方向，如果企业发展方向与该企业文化方向一致，那么企业处于快速正当时发展状态；如果企业发展方向与该企业文化不一致，那么企业处于逆境发展状态。

3. 快速反击能力

快速反击能力主要是看竞争对手是否对其他公司采取的行动作出相应的反应，比如当企业呈逆境发展状态时，企业是否能够快速组织防御能力等。

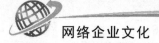

4. 适应变化的能力

适应变化的能力主要是指企业自身能力对敏感环境的应变能力。以自身拥有的资源为基础，适应敏感的环境，以企业文化为核心思想，找出适合自身的环境因素。

5. 持久力

持久力是公司长期生存的关键，主要是由公司现金储备和管理人员一致性相结合。不受股票市场干扰，是企业长期生存的能力。另外，企业文化是公司持久力发展的重要途径之一。

(三) 综合分析

对于竞争对手各方面的特点，可以试图从预测竞争对手的反击能力、预测竞争对手的防御能力、竞争主战场的分析三方面来综合分析。

1. 预测竞争对手的反击能力

对竞争对手反击能力的预测是制定下一步企业战略和对企业文化改进的重要步骤，通过对竞争对手反击能力的分析，可以预测出其对企业自身的威胁程度。

2. 预测竞争对手的防御能力

通过预测竞争对手的防御能力，可以判断出其对哪些环境的敏感程度较大，从而制定出有利于该企业发展的目标和战略。

3. 竞争主战场的分析

竞争主战场的分析能让该企业占据有利的位置，选择战场时应注意选择对方准备不充分或忽略细节的市场，在这样的战场上获胜的概率会比较大，同时发挥该企业文化的作用，实现双赢的局面。

> **【实例】小红书的竞争对手**
>
> 互联网领域的明星公司，或多或少都有一两个举足轻重的"友商"，比如拼多多、京东之于淘宝天猫，快手之于抖音，饿了么之于美团。小红书却是一个神奇的存在，在抖音和快手的围剿中，居然还能做到日活6000万，且没有直接竞品。2021年11月，小红书完成新一轮融资，融资额达5亿美元，融资后估值超过200亿美元，由淡马锡和腾讯、阿里领投。在同类社区平台中，小红书的估值是最高的——微博市值的4倍，是知乎市值的20倍，是B站的两倍还多。
>
> 2018年开始，小红书的用户增长进入了快车道，仅仅一年，其用户数增加了2亿多，相当于过去多年的用户总和的3倍还多。这让更多人意识到这家互联网公司的商业价值，跟随者蜂拥而至。据Tech星球不完全统计，从2018年至今，互联网大厂们至少有15次尝试打造另一个小红书。最新的消息来自网易，它研发了一款名为"彼应"的App，产品的自我介绍是：一款年轻人的情绪视频互动社区。在小红书的众多追随者中，淘宝和抖音是其中两个最值得关注的对手。2020年年底，淘宝逛逛上线，并占据首页一级入口，成为以图文、短视频形式为用户提供种草信息的内容聚合平台。抖音的目标是赶超"小红书"，除了在抖音App内上线图文发布功能外，还计划推出一款生活类的社区产品。

第二章　网络企业文化的外部发展环境

本 章 小 结

　　企业发展环境主要包括宏观环境和微观环境两个层面。对于外部发展环境分析时，通常采用 PEST 分析法，分别从政治、经济、社会、技术四个方面进行相关的分析，并对企业的外部环境与企业文化所发挥的作用进行了阐述。另外，PEST 分析法在外部环境分析中发挥了重要作用，以此审视外部环境给企业文化带来的机遇与挑战。然而宏观环境的范围是很广泛的，影响因素极多，不同的企业拥有不同的企业文化，因此企业必须通过宏观环境分析找到适合企业发展的战略，使网络企业在激烈的现代化竞争环境中更好地生存。

　　企业微观环境分析主要围绕行业文化间的竞争、企业之间的竞争以及竞争对手分析三方面研究的。运用迈克尔·波特的五力分析模型，讨论了买方、交易平台、卖方间的关系，并总结出一个合理的组织结构来衡量一个行业对客户的吸引力和内部威胁力量的形态，从而为企业制定出一个优化后的企业战略和完善的企业文化，更大程度地吸引消费者。

　　以宏观环境和微观环境相结合，进行网络企业外部发展环境分析与适应的过程是漫长的，对于每个企业来说，只有符合消费者心理的发展战略和企业文化才能在竞争激烈的市场中长久生存，加上对竞争对手的分析，理解每个竞争对手可能的战略和成功的概率，作出相应的反应，以适合网络企业文化和战略目标的发展。

思 考 题

1. 试用 PEST 方法分析当前我国芯片企业面临的宏观环境。
2. 谈谈你对企业文化创意行业进入壁垒的理解。
3. 运用迈克尔·波特的五力模型分析我国直播电商的竞争程度。
4. 网络环境下企业新进入一个行业时，如何确立自身的企业文化？
5. 网络企业文化在市场竞争中的作用是什么？
6. 如何依据所处的网络环境尽快形成具有自身特色的企业文化？
7. 如何利用外部环境能够更好、更快地在市场中长久发展？
8. 我国跨国公司在国外设立分支机构时需要考虑的外部环境有哪些？

本章案例

最高人民法院：加强对平台企业垄断的司法规制

　　2022 年 7 月 25 日，最高人民法院发布《最高人民法院关于为加快建设全国统一大市场提供司法服务和保障的意见》(以下简称《意见》)，并举行《意见》及配套典型案例新闻发布会。

　　在加强市场主体统一平等保护上，《意见》提出，助力实行统一的市场准入。依法审理涉市场准入行政案件，支持分级分类推进行政审批制度改革，遏制不当干预经济活动，特别是滥用行政权力排除、限制竞争行为。加强市场准入负面清单、涉企优惠政策目录清单等行政规范性文件的附带审查，推动行政机关及时清理废除含有地方保护、市场分割、指定交易等妨碍统一市场和公平竞争的规范性文件，破除地方保护和区域壁垒。

在打造统一的要素和资源市场上，《意见》提出，支持建设统一的技术和数据市场。加强科技成果所有权、使用权、处置权、收益权司法保护，妥善处理因科技成果权属认定、权利转让、权利质押、价值认定和利益分配等产生的纠纷，依法支持科技创新成果市场化应用。同时，支持建设全国统一的能源和生态环境市场。研究发布司法助力实现碳达峰碳中和目标的司法政策，妥善审理涉碳排放配额、核证自愿减排量交易、碳交易产品担保以及企业环境信息公开、涉碳绿色信贷、绿色金融等纠纷案件，助力完善碳排放权交易机制。研究适用碳汇认购、技改抵扣等替代性赔偿方式，引导企业对生产设备和生产技术进行绿色升级。

在助力推进商品和服务市场高水平统一上，《意见》提出，依法保护劳动者权益。研究出台涉新业态民事纠纷司法解释，加强新业态从业人员劳动权益保障。支持提升消费服务质量。完善网络消费、服务消费等消费案件审理规则，服务保障消费升级和消费新模式新业态发展。优化消费纠纷案件审理机制，探索建立消费者权益保护集体诉讼制度，完善消费公益诉讼制度，推动建立消费者权益保护工作部门间的衔接联动机制，促进消费纠纷从源头得到治理。

在维护统一的市场竞争秩序上，《意见》提出，依法打击垄断和不正当竞争行为。强化司法反垄断和反不正当竞争，加强科技创新、信息安全、民生保障等重点领域不正当竞争案件审理。加强对平台企业垄断的司法规制，及时制止利用数据、算法、技术手段等方式排除、限制竞争行为，依法严惩强制"二选一"、大数据杀熟、低价倾销、强制搭售等破坏公平竞争、扰乱市场秩序行为，防止平台垄断和资本无序扩张。

(资料来源：罗沙. 最高法：加强对平台企业垄断的司法规制. 新华网. 2021-10-29.)

讨论题：

1. 国家对平台企业权力监管的重要性体现在哪些方面？
2. 平台企业如何将社会、环境、道德、员工的发展等因素融入自身运营与核心战略之中，从而不仅为股东创造投资价值，也把保护劳动者、用户、供应商、社区居民、新闻媒体、生态环境与公序良俗作为企业的道德自觉和发展标配。
3. 从本案例中我们发现外部政策环境对于企业文化有着哪些影响？
4. 你认为应如何依靠伦理标准、行为准则等，以企业文化为内生力量和重要载体，发挥互联网平台自我约束的独特优势和特定作用？

第三章　网络企业文化的内部环境

知己知彼，百战不殆；不知彼而知己，一胜一负；不知彼不知己，每战必殆。

——《孙子兵法·谋攻》

随着数字化、网络化、智能化的深入发展，数字经济成为实现资源的快速优化配置与再生、实现经济高质量发展的经济形态，数字技术与企业管理深度融合，企业内部治理面临着新的挑战。企业作为一个系统，总是在一定的环境下运行的，与企业相关的环境分为内部环境和外部环境，企业对外部环境的研究在于"知彼"，对企业内部环境的研究则是"知己"的过程。企业内部环境是指企业内部的物质、文化环境的总和，包括企业资源、企业能力、企业文化等因素，它构成了组织的基本氛围，是促进企业生存和良性发展的基础条件。在泛在网络环境下，企业通过实施良好的内部环境管理，能够最大程度地规避市场多变带来的风险，降低经营过程中的风险，从而更好地满足企业战略发展的需要。

第一节　企业资源分析

在网络化时代之前，企业往往更加注重对稀缺的自然资源的关注，经营理念注重满足市场发展需求。但在网络时代到来之后，企业的经营管理活动发生了巨大变化，随着数字化经营、网络化销售和智能化管理等经营管理手段的引入，其关注的范围已不仅仅是有形资源，而是将目光投向更具潜力的创造资源和人才资源，无形资源越来越成为企业发展不可或缺的主要推动力之一。

企业的经营实力首先反映在企业的资源基础之上。企业资源包括企业所拥有的资产、技术、能力与技能，贯穿企业经营、生产制造、技术开发、市场营销等各环节的物质与非物质要素，如厂房、设备、商誉、资金、品牌、专利权、企业文化、人才等(见表3-1)。不同的学者对企业资源的分类有着不同的观点，本教材把企业资源分为有形资源、无形资源和人力资源三种，企业资源的不同组合对企业起着不同的作用。同样的资源，改变了组合方式，就像一场比赛，队员没有变化，改变了策略，或是换了领导者，采用了新的训练方法和技术，比赛结果可能大相径庭。

企业的资源是构建企业竞争优势的源泉。企业无论规模大小，都有多种资源，这些资源有着不同的特点和作用，不同企业的企业资源构成也会有所不同，这些资源能否产生竞争优势，取决于它们能否形成综合能力。围绕着企业的战略目标，对企业资源进行有效的组合配置，能够形成高效益的竞争优势，从而实现企业利润最大化，最终有利于企业的可持续成长发展。资源、能力和竞争优势之间的关系如图3-1所示。

表 3-1 企业资源的分类

类别	细分	主要指标
有形资源	实物资源	基础设施、厂房、机器设备、原材料储备等
	财务资源	现金、债券、股权、信用等级、融资渠道与手段等
	组织资源	组织机构、各种规章制度等
无形资源	技术资源	技术状况、技术储备、技术开发能力、知识产权等
	创新资源	创新能力与科技能力等
	信誉资源	品牌、美誉度、企业形象、企业价值观、企业文化等
	信息资源	信息技术资源、信息人才资源、信息网络资源等
人力资源		员工的专业知识、专业资格、培训情况、工资水平等

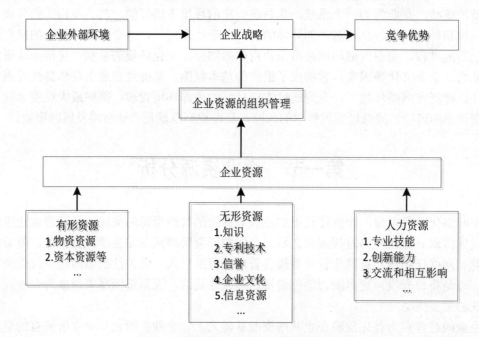

图 3-1 组织资源、能力和竞争优势关系图

一、有形资源

企业的有形资源(tangible resources)是比较容易确认和评估的一类资源,主要包括实物资源和财务资源两类。实物资源是以物质形态显示或者表现出来的资产,如厂房、基础设施、机器设备、原材料等固定资产,以及它们的寿命和运行情况。财务资源包括债权、现金、融资渠道和手段、股权等,这些决定着企业的适应能力和投资能力。有形资源具有以下特征:①完全的交易性,即企业可以通过市场交易而获得,也可通过市场交易把其售出;②排他性,有形资源一旦被某个企业占有或使用,那么其他企业就不可能在同一时间占有或使用该资源;③较弱的累积性,是指有形资源一般不需要企业花费太长时间积累,随时都可以通过市场交易而获得;④独立性,是指有形资源一般不必与其他资源同时使用来实

第三章 网络企业文化的内部环境

现其价值,因为它具有较强的独立价值实现能力;⑤有形资源作为投入要素具有"边际收益递减"的特征。

【启示】我国制造业的资源利用和绿色发展

世界银行数据显示,2021年,全球制造业增加值为16.35万亿美元,比2020年的13.47万亿美元增长21.3%,两年平均增长8.7%。中国大陆继续蝉联全球第一大制造业大国桂冠,2021年制造业增加值达到4.86万亿美元,比上年增长25.9%,占世界制造业增加值的比重为29.75%。美国继续保持全球第二大制造业大国地位,2021年其制造业增加值达到2.56万亿美元,比上年增长12.8%,占世界制造业增加值的比重为15.68%,比上年降低1.18个百分点。

全球每年向大气中排放约510亿吨温室气体,其中制造业占比超过50%,并且呈现逐年增长的趋势。若不及时采取措施,21世纪末全球气温将上升5℃以上,粮食将减产50%,多达75%的物种将面临灭绝。由于消费品的大量普及,产品使用寿命的缩短,废弃产品的数量也在急剧增长,整个人类的生存环境面临着迅猛增长的废弃机电产品的压力。在此背景下,世界各国对绿色制造的呼声越来越强烈,近年来对绿色制造的研究和实践非常活跃。

当前我国能源生产结构加速转变,清洁能源占比持续提升。2021年非化石能源发电装机首次超过煤电,装机容量达到11.2亿千瓦,占发电总装机容量的比重为47%。天然气、水电、核电、新能源发电等清洁能源在能源生产结构中的占比持续上升。2021年,天然气占一次性能源生产总量的比重达6.1%,一次电力及其他能源的比重上升到20.3%。总的来说,使用清洁低碳能源的力度增大。

综上,要使有形资源发挥最大化作用,就要处理好开源和节流两个方面的问题,企业不仅要充分利用网络技术获取创新资源,开发出新产品,占领新市场,也要对企业的现有资源充分评估,使企业现有资源发挥最大化作用。有形资源的利用效率直接关乎企业竞争力的高低,要想实现我国制造企业的全面升级,必须解决如何最大程度地利用有限的有形资源这一问题。

(资料来源:国家统计局.党的十八大以来经济社会发展成就系列报告.新华社.2022-10-08.)

二、无形资源

无形资源(intangible resources)是指根植于企业内部,伴随着企业的成长而积累,以独特的方式存在,不容易被竞争对手模仿的资源。这类资源的最大特点是无形性,即看不见、摸不着,但是可以感知它的存在,例如企业先进技术、创新能力、企业家能力、管理制度、产品的声誉等。无形资源的主要优势是价值有无限挖掘的空间。例如员工之间的知识共享,对于其中任何一个人而言,它们的价值都不会减少;相反,由于知识共享,有可能创造出全新的知识,这些知识可以帮助企业获取战略的竞争优势。

我们通常认为最重要的无形资源是技术,因为一项技术通常代表着先进性、独创性和独占性。一旦某个企业申请了某种专利技术、版权等,它就可以利用这些重要的无形资源构建起自己的竞争优势,例如比亚迪、大疆、华为、格力等企业都是如此。无形资源作为企业的资源基础,一方面,可以直接作用于竞争优势,对其产生推动作用;另一方面,无形资源结合企业战略规划和经营流程可以获取竞争优势。企业通过对外部环境和市场定位分析后进行战略发展规划,在确定企业竞争战略后将其流程化,以确定完成战略目标所要进行的内外部流程设置。最后通过对资源现状与潜力的分析,将战略流程落实到无形资源的获取、利用和配置的管理上,即将具体的无形资源(包括知识、关系和组织资源)与战略流程配合起来以推动竞争优势的形成。

> **【实例】格力:用技术创新资源造就空调王国**
>
> 2017年至2021年,格力电器围绕主营业务紧密布局,秉持"按需投入不设上限"的科技创新理念,专利数量增长6万余件,产业覆盖家用消费品和工业装备两大领域。特别是在外部市场环境动荡给公司带来巨大经营压力和不利影响的情况下,格力在健康技术和低碳技术领域持续发力,体现出格力电器对经营业绩增长和科技创新长期向好的信心。在中国制造走向极致的今天,格力电器接二连三的技术突破,让我们看到了中国家电企业在"技术创新"之路上虔诚前行的身影,也看到了从"中国制造"到"中国智造"的未来。
>
> (资料来源:祈豆豆,温婷. 格力电器:镌刻"中国制"基因. 上海证券报. 2023-8-28.)

在产品和服务对顾客利益影响不是特别明显的行业里,企业的无形资源往往体现在企业的信誉和知名度上,例如可口可乐和百事可乐两家软饮料行业的大公司,较高的信誉和知名度是它们最重要的无形资源,构成了它们的竞争优势;同时也可以节省很多广告费用。再如苹果和迪卡侬,同样也都拥有强大的声誉,这些公司在广告方面的开支都出奇地低,迪卡侬从来不做任何电视和平面广告,而苹果在营销方面则是刻意地低调和神秘。

三、人力资源

企业最有价值的资源就是人力资源,人力资源(human resources)在组织中有着重要地位,是一种特定的有形资源,代表着企业的知识结构、技能和决策能力。人力资源与企业的文化紧密相连,且人力资源在获取、激励、训练、一体化等各环节中都与企业的发展紧密相连,并对公司的文化产生深远的作用。

所谓人力资源,是指组织成员向组织提供的知识、技能、推理和决策能力等,许多经济学家把企业人力资源称之为"人力资本"。识别和评估一个企业的人力资本是一件非常复杂和困难的工作,因为个人的能力可以通过学历、经验和工作表现加以评估,但是对于组织成员共同工作所发挥出的协同效应则很难评估,有时组织成员个人能力能否充分地发挥还取决于他所在的工作小组的状况。因此,企业常常通过间接的方式对个人业绩进行评估,如考察个人的工作时间、工作态度、职业习惯等。在环境变化如此快的今天,企业不仅要考察员工过去和现在的能力与业绩,还要评估他们是否具有挑战未来的信心、知识和能力。近年来,诸如华为等知名的大公司已经开始对成员做更广泛、更细致的关于知识、技能、态度的测评工作,在评价个人专长和知识的同时,还加入了对成员人际沟通技巧和合作共事能力的测评。对于企业来说,网络化手段无疑大大地提高了测评工作的效率、增强了工作效果。对于各级执行、分析、决策和后勤部门的运营,都提供了强有力的支撑。在人力资源管理对信息技术的依赖程度越来越大,人力资源管理数据中心、网上招聘、网

第三章 网络企业文化的内部环境

上培训和网络会议早已成为企业管理的一部分。

【自检】人力资源管理对于企业文化有何战略作用？

第二节 企业家与企业文化

文化被视为企业的灵魂，在现代社会中，优秀的企业一定有优秀的企业文化作为支撑，而企业文化建设与企业家的思想、行为密不可分。首先，优秀的企业文化，可以根植于网络环境中，理顺组织内部价值差异，提高组织运作效率，在企业不断发展壮大的过程中，影响着领导者的意识。再者，优秀的企业家往往能让弱势的文化变强大，让零散的文化变系统，让优秀的文化变卓越。所以，企业文化与企业家之间的关系是一个相互影响、相互依存的关系，二者之间相互促进、相互改变，密不可分。

一、企业家价值观

企业家是企业文化的缔造者，其价值观和道德修养直接影响着整个企业的文化和精神文明建设。在现代社会，成功的企业都有优秀的企业文化作为强有力的支撑，而企业文化的背后则是企业家的价值观作引导，规范和引导全体成员的行为，引领企业走向更大的成功。当前，我国经济已由高速增长阶段转向高质量发展阶段，正处在转变发展方式、优化经济结构、转换增长动力的攻关期。在数字经济发展的时代浪潮下，企业发展也面临一系列新的机遇和挑战。在百年未有之大变局下，企业如何处理好企业文化建设和获取经济利益之间的关系，这就有必要关注和明晰企业家精神的共性，并抓住其个性特征，建设有特色的数字经济时代的网络企业文化。

(一)企业家

企业家(entrepreneur)一词是从法语演化来的，原意是指"冒险事业的经营者或组织者"。在现代企业中，企业家大体分为两类，一类是企业所有者企业家，作为所有者，他们仍从事企业的经营管理工作；另一类是受雇于所有者的职业企业家。更多的情况下，企业家指的是第一种类型。合格的企业领导人有相似的特点，都具有诚信、敬业、务实、服务、创新、责任、奉献等品格，但要想成为优秀的企业家，还有更高的要求。

激情与理性兼备。对企业家来讲，激情与理性的调控能力，能影响企业的"心智模式"。激情与理性在企业发展的不同阶段，地位各异。创业激情是驱动企业家克服重重困难创建企业、发展企业的强大动力。理性代表尊重科学、遵循规律；而激情意味着创新精神、冒险精神。德鲁克(Peter F. Drucker)认为企业家精神的实质就是创新。只有系统性、全方位地创新，只有持续不断地创新，企业才能不断地适应发展变化的环境。他还认为，"企业管理的核心内容，是企业家在经济上的冒险行为。"政治、经济、社会、技术等诸多环境的不确定性既是机遇又是挑战，具有一定的冒险精神和抗风险能力是企业家不可或缺的特质。除了激情，理性也不可或缺。企业的可持续发展，实质上是一种回归理性的发展。用发展的眼光准确认识企业内外部环境，以求实的态度科学规划企业发展战略，并且与时俱进、

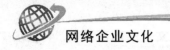
网络企业文化

与时俱变,这是企业家必备的素质。

竞争与合作共存。在生物界,当物种间的生存压力增大时,物种内部就会趋向于合作;而当物种内部的生存压力变大时,物种内部的竞争就会加剧。企业家既要有竞争思维,又要有合作的觉悟,这样才能带领企业内部形成良好的合作,外部具备强大的竞争力。同时,企业家要有强烈的市场意识和危机意识,坚持顾客至上、消费者优先的原则,才能强化企业的核心竞争力,开拓和巩固市场;企业家自身有合作精神才会向员工充分授权,员工感受到合作的氛围,才会受共同目标的召唤。

为公与为私统一。企业家是企业的灵魂,关乎企业的兴衰。一方面企业家要有社会责任感,另一方面还要追求个人价值的实现。公与私,在企业的初创、成长、成熟时期的比重是不一样的。企业家必须处理好为公和为私两者之间的关系,在追求企业效益最大化的同时不要忘记企业使命。于公,企业要承担一定的社会责任;于私,要在实现企业价值的同时共享企业发展的成果。

思想与行动一致。企业家的思想集中体现在其治理企业的思路上,企业家有思想,企业才会有大发展。企业家的思想深植于企业的经营管理行为之中,就成为企业文化。一个思想前瞻、行为稳健、言行一致的企业家,对企业文化的形成起着重要作用。一位记者采访首钢董事长,发现他的办公室十分简朴,问他为什么办公室这么寒酸,他说:"办公室再好也出不了钢。"由此可见他"重生产不重享乐"的理念,也足以见之他言行一致的品质。

(二)企业价值观

企业价值观(corporate values)是指企业在追求经营成功过程中所推崇的基本信念和奉行的目标,是企业全体员工或多数员工一致赞同的关于企业意义的终极判断。只有当企业内部绝大部分员工的个人价值观趋同时,整个企业的价值观才可能形成。简而言之,企业价值观就是企业决策者对企业性质、目标、经营方式的取向所作出的选择,是应当为员工所接受的共同观念,具有以下特征,其一,价值观是企业所有员工共同持有的,而不是一两个人所有的;其二,企业价值观是能决定成员工作精神的价值观;其三,企业价值观是长期积淀的产物,而不是突然产生的;其四,企业价值观是有意识培育的结果,而不是自发产生的。

管理思想家菲利浦·塞尔日利克(Philip Selznick)说:"一个组织的建立,是靠决策者对价值观念的执着,也就是决策者在决定企业的性质、特殊目标、经营方式和角色时所做的选择。通常这些价值观并没有形成文字,也可能不是有意形成的。无论如何,组织中的领导者,必须善于推动、保护这些价值观。总之,组织的生存,其实就是价值观的维系,以及大家对价值观的认同。"价值观是把所有员工联系到一起的精神纽带;价值观是企业生存、发展的内在动力;价值观是企业行为规范制度的基础。

企业价值观是企业精神的灵魂,保证员工向统一的目标前进。企业价值观的发展与完善是一个永无止境的工作,企业的各级管理人员通过认真考虑究竟什么是企业最实际、最有效的价值观,然后不断地检讨和讨论,进而使这些价值观永葆活力。事实上,这样做有助于大家统一思想,步调一致,促进发展。无数例子证明,企业价值观建设的成败,决定着企业的生死存亡。成功的企业都很注重企业价值观的建设,并要求员工自觉推崇与传播本企业的价值观。为了让企业员工了解企业的价值观，价值观应该用具体的语言表达出来，而不应该用抽象难懂、过于一般化的语言来表示。

企业价值观是企业人际关系和谐的重要标志。企业价值观大多是在企业经营过程中潜移默化形成的，但是否与企业的经营理念相吻合则需要企业家来对比，并进行修正。企业家需要处理好企业价值观与员工之间的人际关系。在企业内部，价值观的一致表现为组织成员服从命令，听从指挥，步调一致。只有在价值观上达成一致，才能形成一个团结融洽、充满温暖的企业群体，企业内上下级之间、同事之间关系和谐，工作就能配合默契，运行效率就会倍增；只有在价值观上产生了统一，企业内部才容易形成协调融洽的人际关系，组织成员之间才会团结友爱，互相体贴，消除心理上的障碍，减少矛盾纠纷，才能形成无懈可击的团结一致的群体。企业内部价值观和思想认识上统一后，才能产生同振共鸣，命运上互为一体，喜乐忧患相同。

【启示】华为的价值观

华为公司认为价值观是扎根于企业每个员工内心深处的核心信念，是华为走到今天的内在动力，更是面向未来的共同承诺。其作用是确保步调一致地为客户提供有效的服务，实现"丰富人们的沟通和生活"的愿景。公司的价值观为：一切以客户为中心，以奋斗者为本，长期坚持，艰苦奋斗，坚持自我批判。

"一切以客户为中心"——客户是华为存在的唯一理由。任正非说："要把满足客户的需求放在华为事业的首位，一切为了为客户增添价值。""客户为中心"不是简单地和"市场为中心"画等号，在以客户为中心的价值观中，为客户带去利益，让客户真正喜欢和感受到好处，因此，客户愿意接受并长期地持续不断地接受服务是所有商业活动"赢"的根本。而以市场为中心就有可能被市场中眼花缭乱的利益、机会所迷惑，从而走向事物的反面。

"以奋斗者为本"——在华为的奋斗者不仅仅是员工这么简单，而是你是不是真的把华为作为你奋斗的舞台。因此，"要活大家一起活"的价值观在这里发生了核聚变效应，"工者有其股"让每一个华为员工成为自己的老板。华为缔造者任正非心甘情愿地只拿1.4%的股份，而将98.6%的股份在其余15万奋斗者手中。期权制度和创新精神也就成了华为的两台发动机。

"长期坚持，艰苦奋斗，坚持自我批判"——在华为有一个共同的认识，要生存和发展，没有灵丹妙药，只能用在别人看来很土很傻的办法——艰苦奋斗。唯有艰苦奋斗才能赢得客户的尊重与信赖。奋斗体现在为客户创造价值的任何微小活动中；坚持自我批判，才能倾听、扬弃和持续超越，才能更容易尊重他人和与他人合作，实现客户、公司、团队和个人的共同发展。

其中一切以客户为中心，解决的是价值从哪里来的问题；以奋斗者为本，解决的是价值评价和价值分配的问题；长期坚持艰苦奋斗和坚持自我批判，解决的是让奋斗者持续保持斗志和思想纯洁性，持续为客户创造价值的问题。任正非的价值观不仅体现在他自己的事业和生活方面，更体现在他所创立的华为的血液和灵魂之中。

(资料来源：吴春波. 华为是如何管理自我批判的. 2017第五届华夏基石十月管理高峰论坛. 2017-10-30.)

二、企业家精神

　　企业家精神(entrepreneurship)始终是企业持续创新发展的关键生产要素,更是激发市场活力的源泉。企业家精神是根植于企业家个体并且与企业发展密切相关的诸多要素集合,是一种理念、一种品格、一种价值观,并最终形成一种文化。企业家精神是一种稀缺的社会资源,应当通过激发和保护企业家精神,鼓励更多的社会主体投身创新创业。市场活力来源于众多企业,特别是来自企业家,来自企业家精神。近年来,5G网络、数据中心等新型基础设施建设成为新的经济增长点。新一代数字技术的发展模糊了企业经营活动的时空边界,重塑工业经济时代企业以效率为核心的组织架构,企业家精神也在时代变迁中迸发出新的活力。

(一)企业家精神概述

　　企业家精神是企业家特殊技能(包括精神和技巧)的集合,或者说企业家精神是指企业家组织建立和经营管理企业的综合才能的表述方式,是一种重要而特殊的无形生产要素。比如,索尼公司创始人盛田昭夫与井深大被誉为伟大的企业家,他们创造的最伟大的"产品"不是收录机,也不是栅条彩色显像管,而是索尼公司和它所代表的一切。彼得·德鲁克(Peter F. Drucker)提出企业家精神中最主要的是创新,进而把企业家的领导能力与管理等同起来,认为"企业管理的核心内容,是企业家在经济上的冒险行为,企业就是企业家工作的组织"。

　　创新是企业家精神的灵魂。"企业家是从事'创造性破坏'的创新者",凸显了企业家精神的实质和特征。一个企业最大的隐患,就是创新精神的消亡。但在商业环境中,创新不是"天才的闪烁",而更多的是企业家艰苦工作的结果。企业家创新精神体现在:产品创新、技术创新、市场创新、组织形式创新等。具有创新精神的企业家更像一名充满激情的艺术家。

　　冒险是企业家精神的天性。理查德·坎蒂隆(Richard Cantillon)和弗兰克·奈特(Frank Rnight)两位经济学家,将企业家精神与风险联系在一起。他们认为没有敢于冒险和承担风险的魄力,就不可能成为企业家。企业家的冒险精神主要表现在:企业战略的制定与实施上、企业生产能力的扩张和缩小上、新技术的开发与运用上、新市场的开辟和领土、生产品种的增加和淘汰上以及产品价格的提高或降低上。

　　合作是企业家精神的精华。正如艾伯特·赫希曼(Albert Otto Hirschman)所言:企业家在重大决策中实行集体行为而非个人行为。尽管伟大的企业家表面上常常是一个人在表演,但真正的企业家其实是擅长合作的,而且这种合作精神需要扩展到企业的每个员工。企业家既不可能也没有必要成为"超人",而应该努力成为"蜘蛛人",要有非常强的"结网"能力。著名的西门子公司就是一个例证,公司秉承员工为"企业内部的企业家"的理念,来开发员工的潜质。在这个过程中,经理人充当教练角色,让员工进行合作,并为其合理的目标定位实施引导,同时给予足够的施展空间,并及时予以鼓励。西门子公司因此获得令人羡慕的产品创新纪录和成长纪录。

　　敬业是企业家精神的动力。马克斯·韦伯(Max Weber)在《新教伦理与资本主义精神》中指出:"这种需要人们不停地工作的事业,成为他们生活中不可或缺的组成部分。"而

第三章 网络企业文化的内部环境

且他认为一个人是为了他的事业才生存，而不是为了他的生存才经营事业。钱财只是成功的标志之一，对事业的忠诚和责任，才是企业家的"顶峰体验"和不竭动力。

学习是企业家精神的关键。荀子曰："学不可以已。"从系统思考的角度来看，从企业家到整个企业必须是持续学习、全员学习、团队学习和终身学习。尤其在当前这个泛在网络和人工智能大发展的环境中，知识更新周期大大缩短，如果不保持持续学习的态度，很难跟上时代的变化、把握时代机会。改革开放以来，我国的众多企业家善于博采众长，例如他们向爱德华兹·戴明(Edwards Deming)学习质量和品牌管理；向约琴夫(Joseph M Juran)学习组织生产；向彼得·德鲁克(Peter F. Drucker)学习市场营销及目标管理；向松下幸之助(Konosuke Matsushita)、稻盛和夫(Inamori Kazuo)学习经营哲学及管理理念。

执着是企业家精神的本色。英特尔总裁安迪·葛洛夫(Andy Grove)有句名言："只有偏执狂才能生存。"意味着在遵循摩尔定律的信息时代，只有坚持不断地创新，以夸父追日、精卫填海、愚公移山般的执着，咬定青山不放松，才可能稳操胜券。在发生经济危机时，资本家可以用脚投票，变卖股票退出企业，劳动者亦可以退出企业，然而企业家却是唯一一个不能退出企业的人。

诚信是企业家精神的基石。诚信是企业家的立身之本，企业家在修炼领导艺术的所有原则中，诚信是绝对不能妥协的原则。市场经济是法治经济，更是信用经济、诚信经济。没有诚信的商业社会，将充满极大的道德风险，并抬高交易成本，造成社会资源的巨大浪费。并且在《企业论》中早就指出：有远见的企业家非常重视包括诚信在内的商誉。诺贝尔经济学奖得主米尔顿·弗里德曼(Milton Friedman)更是明确指出："企业家只有一个责任，就是在符合游戏规则的情况下，运用生产资源从事获取利润的活动。但必须从事公开和自由的竞争，不能有欺瞒和诈欺。"

企业家精神是企业核心竞争力的重要来源。企业家精神对企业核心竞争力的巨大作用在一些具有远见卓识和非凡魄力与能力的企业家那里得到集中体现。美国微软公司的软件技术及其开发能力、辉煌业绩令人瞩目，在很大程度上归功于其总裁比尔·盖茨(Bill Gates)卓越的组织领导，盖茨也理所当然地成为人们心目中崇拜的时代英雄。改革开放四十多年，中国经济快速发展，催生了一代又一代的企业领导者和职业经理人群体。要论其中广受尊重、颇有盛名的企业家代表，无论是按西方管理学的标准还是中国传统商道文化的标准衡量，"汽车玻璃大王"福耀集团的创始人曹德旺都是不负众望、矢志不渝的企业家。在创业的路上，自1983年承包工厂开始，他始终以企业家自勉，并认为企业家的责任应始终坚持三个信念：国家因为有你而强大，社会因为有你而进步，人民因为有你而富足，并始终将其作为其人生价值观来树立。

在数字化、网络化、智能化时代，市场经济环境愈发呈现出高的不确定性，企业管理从组织内生观转向环境适应观。现代企业中更加强调企业家精神中蕴含的企业文化属性，企业家精神的本质是有目的、有组织地系统创新，驱动企业持续创造新的价值。成功的企业家积极面对不确定性，通过创造性地打破市场均衡来获取超额利润的机会。数智化网络时代赋予了企业家精神权变的属性，即强调企业与环境的动态交互。企业家精神的作用体现为在环境变化中驱动企业作出创新性的调整和改变。

(二)企业家精神与企业文化

企业家是企业的核心，是企业具有领导力量和领袖地位的精英。企业家精神是企业家经营企业的指导思想，在数智化网络时代背景下的企业文化中处于核心地位，可以说企业文化的形成，就是企业家精神持久而有力地影响组织成员的思维模式与行为方式的结果。再者，当企业内部文化形成之后，又会潜移默化地影响着企业家。因此，企业家精神影响企业文化，企业文化又反作用于企业家精神。

首先，企业家精神对企业文化的影响贯穿于文化形成、发展和成熟三个阶段。

1. 企业文化形成期

此时企业处于初创时期，企业规模较小，影响力较强，企业文化还处于模糊形成的状态，并且对于企业的生存与发展只具有战略上的重要意义，在企业经营实践中的效果还不明显。因此这一时期的企业文化需要自觉而强势地引导才能较快较好地形成，企业家精神的作用在这一时期也是最突出的，许多优秀企业文化的形成往往与初创时期企业家强烈的创新精神、顽强的个人意志以及优秀的个人能力直接相关。

2. 企业文化发展期

随着企业规模不断扩大，也有了一定的影响力与持续成长的能力。此时企业文化一经形成必须不断发展才能适应企业规模不断扩大的趋势，其发展的途径就是不断地改革与创新。由于文化的特征具有稳定性的一面，这使得其带有一定的文化惯性，唯有靠企业家运用战略的眼光与创造的精神才能有效地打破这一惯性，带领企业全体员工不断前进、不断发展企业文化。数智化网络技术通过打破原有企业创新创业的边界，使得创业的过程和结果更具流动性。这反过来导致了企业价值创造行为的变化，企业家的成功不再通过预先确定的机会或预先确定的价值主张的执行来实现。相反，创业行动需要以促进不断发展的价值主张为导向，利用个体潜力不断挖掘和创造新的机会。

3. 企业文化成熟期

经过一段反思与调整的时期，企业文化面貌焕然一新，或表现出一种开放进取的文化氛围，或形成一个更加有效的管理团队，或体现出更强的竞争优势，或是企业物质环境、硬件设施方面更加人性化等，新的企业文化若符合企业战略发展要求并具有顽强的竞争力，将会进一步稳定下来并指导企业的下一步发展，这就需要企业家发挥企业家精神作用，努力在原有企业价值观的基础上积极探索，以形成一种更符合企业当前发展时期的企业文化。

总之，企业家是企业文化建设的选择者、设计者、领导者和实施者，并通过自己的价值观从整体上影响和决定企业成员的价值观和行为。企业家在企业文化建设中起到核心领导的作用，他们的价值观、创新观念与素质决定着企业文化的发展、创新与完善，企业文化离开了企业家精神，就只能停留于初始阶段而无法发展。

同样，企业文化也在影响着企业家精神。

(1) 企业文化是企业家精神的反映。企业文化是企业经历从弱小到成长壮大的过程，经过长期的经营逐渐形成的，为全体成员共同遵守和奉行的价值观念与行为准则。企业文化是企业价值观在其指导思想经营哲学、管理风格和行为方式上的反映。具体地说，它是指企业在一定的民族文化传统中逐步形成的具有本企业特色的价值观念、基本信念、管理制度、行为准则、工作作风、人文环境，以及与此相适应的思维方式和行为方式的总和。可以说，企业文化所反映的是一个具体企业的精神、风格和价值标准。正确地处理好企业文化和企业家精神的关系，是数智化网络环境下企业文化建设的关键所在。

(2) 企业文化影响企业家精神价值选择。在企业理论有关企业家的论著中，强调企业家的职能主要在于实施管理与决策的同时，企业文化价值标准一直受到强烈的关注。在信息不对称的客观经济环境中，决策所需的很多信息不仅获得的成本昂贵，而且靠直接观察是得不到的。换言之，决策不仅受到客观信息的支配，而且受主观信仰的支配。一个人的信仰来源于他的文化、宗教和直接生活经历。可见，企业家及其个人的文化价值标准，在企业的经营管理、资源配置决策和企业文化建设中，有着十分重要的作用。从某种意义上讲，企业文化是企业家个人价值标准在企业中的体现与实现。

(3) 企业文化使企业家精神继续保持和发扬。企业家精神无论是作为一种精神品质还是一种精神动力，必须转化为全体员工的精神动力或企业的价值观才能真正发挥作用，形成影响力。在全球市场经济环境动荡加剧、不确定性日益增加的情况下，任何一个企业家在现代企业经营实践中，一定会发现个体力量的有限性；如果想仅仅依靠个人优秀的企业家能力，来对抗企业竞争环境中所面临的种种变化多端的经营风险，那他必将付出不必要的成本甚至是失败的代价。优秀的企业家精神只有转化为优秀的企业文化才能得以延续并发挥作用，否则也只是局限于企业家个人的能力，不能给企业的发展带来更多的价值。优秀的企业家应该是"造钟"的人，而不是只是"报时"的人，企业家应该学会将个人的优秀精神变成企业文化的一部分，让企业永葆青春生命。

(4) 企业文化激励企业家精神的发展。数智化网络时代的优秀的企业文化必须像大海一样具有容纳百川的胸怀，以及化涓涓细流为滚滚碧涛的实力，这样的文化需要不断地建设发展而成。而优质企业文化的发展必然需要与之相匹配的优秀的企业家精神，如果企业家精神在企业文化形成之后总是停留在一个水平或特定阶段上，将很难适应企业规模不断扩大的趋势和企业文化发展的要求，企业也将很难再发展下去。当优秀的企业家精神转变成为优良的企业文化之后，文化既能在企业内部传播，也能通过网络的便捷性、即时性和泛在性对外部世界产生影响。这种不断进取齐心合力、共同学习的文化氛围又会继续激励企业家精神的成长与发展，如果说优秀的企业文化像海，那么优秀的企业家精神就象征着海的生命与力量。企业家的精神思想和气质对于企业的发展有重要的推动作用，企业必须提升企业家精神来推动企业文化的发展。

三、企业家与企业文化建设

当前，数字经济大潮方兴未艾，万物互联的网络技术应用发展日新月异，从根本上有助于企业家与企业文化的培育和塑造。在资讯更发达、传播更迅捷、影响更容易扩散的泛在网络时代，企业家需要实现个人特性、洞察预判、行为价值和创新创造的有机统一。企业文化建设是一个"海纳百川，有容乃大"的过程，尤其是如果要实现企业的转型发展，以"中国智造""中国创造"改变社会、奉献国家，更需要通过企业家内在人格的自我洗礼对企业文化进行改变。

(一) 企业家是企业文化的总结者和倡导者

企业文化是企业历史的积淀，是企业行为的凝聚、企业精神的提炼，当今时代与数字化、网络化、智能化发展相伴，企业文化建设被赋予了新的内涵，企业家要认识到泛在网络环境对员工思维模式的正面影响与负面影响，这样才能更好地推动企业长远发展。企业文化的形成不是自发的，而是经过了一个较长的对企业历史文化进行总结和提炼的过程。在企业中，企业家总结企业文化，倡导企业文化，是自然而然的事情。从某种意义上说，企业家在企业发展进程中扮演的角色类似于社会历史发展进程中的英雄人物。为了实现企业的目标，促进企业不断发展壮大，企业家们也会像一些历史英雄一样，通过信仰与理念来凝聚人。

(二)企业家对企业文化的影响更多的是群体行为

对一个企业来说，企业文化只能是唯一的而不可能是多种的，而企业家却可能不只是一个人。因此，在企业文化建设中，我们应更多地强调企业家的群体行为对企业文化建设的影响。一个人的知识、阅历、才能毕竟是有限的，企业家也不例外。实际上，企业家对企业文化的影响在很大程度上体现在企业内部企业家的群体行为中。现行的公司制就是一个证明——几乎所有的决策都是由公司决策层群体作出的。对于企业家而言，网络环境下的企业文化建设，在企业外部企业家对企业文化的影响也是群体行为。那些下大力气打造企业文化的企业家，如果能把自身深度融入这种企业文化当中，必将广受人们推崇。

(三)企业家是企业文化的修炼者

企业文化也被称为时代中的企业家文化，最重要的原因就是企业文化的倡导和实践者首先是企业家。许多企业家借助企业文化来塑造共同的价值观，形成企业的制度规范，进而激励和约束员工，保证企业目标顺利实现。企业家首先是企业文化的修炼者，但也不能因为自己位置特殊，就可以跳出文化修炼之外。企业文化中强调沟通，企业家就不能终日深藏办公室或只存在于虚拟网络当中；企业文化中强调诚信，企业家就不能明里一套背地里一套，企业家应该成为企业文化建设的表率。许多企业的文化建设无疾而终，其主要原因就是企业家率先破坏规则。如果企业理念系统只用于约束别人，而企业家本人逍遥于外，企业文化自然无法建立起来，即使建立起来也不过是金玉其外、徒有其表的无用之物。

第三节 企业精神和企业伦理

企业精神是企业存在和发展的内在支撑，是随着企业的发展而逐渐形成并固定下来，是对企业现有观念意识、传统习惯、行为方式中积极因素的总结、提炼和倡导，更是企业文化发展到一定阶段的产物。企业伦理是近些年才被企业家重视，是企业运营的软文化，在无形之中对企业产生影响，可以说企业的可持续发展最终取决于企业是否有正确的伦理观。新一代信息技术持续发展，并且不断地渗透到经济社会发展的各个领域，5G、云计算、物联网、区块链、人工智能、微电子等不仅使得生产生活更加便捷和智能，而且加深了产业间、企业间的联系，使得各生产要素的流动和使用更加高效。在这样的背景下，企业必须改变传统的管理模式，构建适应新时代新形势的思维方式和经营理念，企业的经营要处理好企业利润、企业伦理和企业精神三者之间的关系，才能真正抓住机遇、应对挑战。

第三章 网络企业文化的内部环境

一、企业精神

企业精神(enterprise spirit)是企业文化的重要组成部分，企业精神是企业发展的重要力量。美国著名管理学者托马斯·彼得(Thomas Peterffy)曾说："一个伟大的组织能够长期生存下来，最主要的条件并非结构、形式和管理技能，而是我们称之为信念的那种精神力量以及信念对组织全体成员所具有的感召力。"因此，企业若要永葆青春，需要对企业精神有着正确的、乐观的指导。

(一)企业精神概述

企业精神是指企业员工所具有的共同的内心态度、思想境界和理想追求，表达着企业的精神风貌和风气，是企业文化的一项重要而复杂的内容。有学者认为它是企业全部的精神现象和精神活力，有学者则把它等同于企业价值观，这些都是从某一特定视野进行理解和阐释的。企业精神可以高度精练地概括为企业经营管理的指导思想。

企业精神是现代意识与企业个性相结合的一种群体意识。每个企业都有各具特色的企业精神。一般而言，企业精神是企业全体或多数员工共同一致，彼此共鸣的内心态度、意志状况和思想境界。它可以激发企业员工的积极性，增强企业的活力。企业精神作为企业内部员工群体心理定势的主导意识，是企业经营宗旨、价值准则、管理信条的集中体现，它构成企业文化的基石。现代意识是指现代社会意识、市场意识、质量意识、信念意识、效益意识、文明意识、道德意识等汇集而成的一种综合意识。"企业个性"包括企业的价值观念、发展目标、服务方针和经营特色等基本性质。

企业精神一旦形成群体心理定势，既可以通过明确的意识支配行为，也可以通过潜意识产生行为。信念化的结果，会大大提高员工主动承担责任和修正个人行为的自觉性，从而主动地关注企业的前途，维护企业声誉，为企业贡献自己的全部力量。企业精神的特殊内涵决定了它具有个性和共性特征。个体特征是指每一个企业都有自己独特的企业精神，由于企业哲学、价值观念、行为准则、道德规范的不同，企业精神也必然各有特点。共性特征是指企业精神对企业全体成员信念和追求的高度概括，同时又使这种共同信念和追求根植于每个个体的心中，从而产生共同的思想和行为。个性和共性特征是企业精神最本质的特征，是对企业精神认识的起点。

企业精神的形成受不同企业特殊的经营内容、经营方式的制约，是企业精神个性特征和共性特征形成的基础。企业不同的经营内容和经营方式形成了企业不同的竞争观念、质量观念、劳动观念等意识，进而制约着企业精神的形成。企业精神反映了企业独特经营的特殊本质，也正是对这种特殊本质的反映，才能形成每一个企业自己的企业精神。

企业精神是企业素养的外显，是企业之魂，是企业在长期的生产经营实践中自觉形成的，经过全体成员认同信守的理想目标、价值追求、意志品质和行动准则。颇具个性的企业精神、形同凝聚全体成员的黏合剂，是塑造良好企业形象的恒定的、持久的动力源。培养和弘扬企业精神最积极的意义，就是使之与众不同，独具个性，全员认同。

企业精神的内容是一个完整的体系，其具体文字表达形式多种多样。有的只限于用几个字或十几个字去作一个原则性的表达，但大多数企业为了便于贯彻实施，又从不同的侧面将它进一步具体化，就像画一座宝塔，有的只把塔尖显露出来，有的则将塔尖下面一层的基本结构也勾画出来，使人们能够看出它的大体轮廓。企业精神的表达形式主要从企业目标、企业宗旨、企业信念、经营方针、道德规范和企业作风等几方面表达，具体的表达方式通常是通过相关的规章制度、企业标语、企业广告和企业座右铭等向外部传达。

(二)企业精神的分类

不同的企业精神决定了企业的不同形象，因此企业精神的差别是企业差别的根源。从许多企业对企业精神的设计来看，企业精神可分为五类。

1. 抽象目标型

这种类型的企业精神，往往以企业口号和比喻的形式反映出来，能够提纲挈领地反映企业为追求和实现既定的战略目标和经营目标所具有的精神境界。如日本电信电话公司的"着眼于未来的人间企业"；劳斯公司的"为人类创造最佳环境"；中原油田前几年的"为生存而超越"；万向集团的"奋斗十年添个零"等。

2. 团结创新型

企业精神是团结奋斗传统思想和拼搏创新群体意识的提炼。如松下公司的"经营就是创造"；美国德尔塔航空公司的"亲如一家"，贝泰公司的"不断去试，不断去做"；我国深圳邮政的"夸父逐日 风雨同舟"；云南凤糖集团的"蜜蜂"精神；以及许多企业所倡导的"参与、协作、创新"等。

3. 产品质量、技术开发型

企业精神是围绕某拳头产品、名牌产品，强化产品质量或技术开发意识。如日本 TDK 公司的"创造——为世界文化产业做贡献，为世界的 TDK 而奋斗"；日本东芝公司的"速度、感度，然后是强壮"；日本佳能公司的"忘记了技术开发，就不配称为佳能"；我国海尔公司的"创造世界的海尔"；江山化工的"合成力量 萃取精华"等。

4. 市场经营型

企业精神强调市场开拓，争创一流经济效益。如美国百事可乐公司的"胜利是最重要的"；日本卡西欧公司的"开发就是经营"；我国鄂尔多斯集团的"鄂尔多斯羊绒衫温暖全世界"；广东核电集团的"创业创新创优"等。

5. 文明服务型

企业精神重点突出为顾客、为社会服务的意识。如美国波音公司的"以服务顾客为经营目标"，美国电报电话公司的"普及的服务"，IBM 公司的"IBM 就是服务"；中国联通的"让一切自由联通"，湛江港集团的"缆桩"精神(爱港敬业 团结协作 真诚服务 勇立潮头)；等等。

企业精神的内涵并非一成不变，而是随着时代的发展而更加丰富。同时，在不同的发展阶段，企业精神往往也可以分属于不同的类型，这取决于企业的发展状况和战略跃变情况。

(三)企业精神的特征

从企业运行过程中可以发现，企业精神具有以下基本特征。

1. 能客观反映企业的现实状况

企业生产力状况是企业精神产生和存在的依据，企业的生产力水平及其由此带来员工、企业家素质对企业精神的内容有着根本的影响。很难想象在生产力低下的条件下，企业会产生高度发达的数字经济观念的企业精神。同样，也只有正确地反映现实的企业精神，才能起到指导企业实践活动的作用。企业精神是企业现实状况、现存生产经营方式、员工生活方式的反映，这是它最根本的特征，离开了这一点，企业精神就不会具有生命力，也发挥不了它应有的作用。

2. 是全体员工共同拥有、普遍掌握的理念

只有当一种精神成为企业内部的一种群体意识时，才可认为是企业精神。企业的绩效不仅取决于它自身有一种独特的、具有生命力的企业精神，而且还取决于这种企业精神在企业内部的普及程度，取决于是否具有群体性。

3. 是稳定性和动态性的统一

企业精神一旦确立，就相对稳定，但这种稳定并不意味着一成不变，还要随着企业的发展而不断发展。企业精神表征在员工中存在的现代生产意识、竞争意识、文明意识、道德意识，以及企业理想、目标、信念等，这些都具有一定时期内的相对稳定性。但同时，形势又不允许企业以一个固定的标准为目标，竞争的激化、时空的变迁、技术的飞跃、观念的更新、组织的演进，都要求企业作出与之相适应的反应，这就反映出企业精神的动态性。稳定性和动态性的统一，使企业精神不断趋于完善。

4. 具有独创性和创新性

每个企业的企业精神都应有自己的特色和创造精神，这样才能使企业的经营管理和生产活动具有针对性，让企业精神充分发挥它的统帅作用。企业财富的源泉蕴藏在企业员工的创新精神中，企业家的创新体现在它的战略决策上，中层管理人员的创新体现在他怎样调动下属的劳动热情上，基层人员的创新体现在他对具体工作的改进、自我管理的自觉性上。任何企业的成功，无不是其创新精神的结果。

5. 具有时代性

企业精神是时代精神的体现，是企业个性和时代精神相结合的具体化。优秀的企业精神应当能够让人从中把握时代的脉搏，感受到时代赋予企业的勃勃生机。在市场经济已深入人心的今天，企业精神应当渗透着现代企业经营管理理念、确立以人为本的观念、消费者第一的观念、绿色生态的观念、持续经营的观念、竞争合作的观念、综合效益的观念等。充分体现时代精神应成为每个企业培育自身企业精神的重要内容。

(四)企业精神的作用

企业精神是企业之魂，是企业经营方针、经营思想、经营作风、精神风貌的概括反映，核心是价值观。企业精神一旦形成,就会产生巨大的力量,对企业成员的思想和行为起到指导的作用。因此通过培育和再塑企业精神,有利于建设一支富有战斗力的、能够完成企业既定任务的统一的员工队伍。同时,通过企业文化的建设和传播,塑造优秀的企业形象,增强企业的知名度和社会美誉度,从而最终达到提高企业核心竞争力的目的。企业精神具有以下作用。

1. 导向作用

企业精神不仅是一个企业的精神支柱,而且体现着一个企业在社会中确立良好形象的战略意识,它一旦转化为企业员工的内在需要和动机,就会产生目标导向作用,企业员工就会时时以企业精神为标杆来衡量和调整自身的行为,以符合企业的基本要求。

2. 凝聚作用

企业精神为全体员工提供了共同的价值观,因此它对企业员工有着巨大的内部凝聚作用。企业精神的凝聚作用是观念同一性的表现,即观念相同的人们之间比较容易沟通,也比较容易达成行为一致,而观念不同的人们则不容易沟通。在观念同一性的作用下,全体员工会把自己的切身利益同企业的生存和发展紧密地联系在一起,热爱自己的企业。自觉维护企业的声誉和形象,与企业同呼吸共命运,为实现企业的目标而努力工作,甚至作出必要的牺牲。

3. 教育作用

教育作用有两方面的含义,第一,从内容上讲,企业精神的教育作用就在于形成企业员工共同信奉的价值观念;第二,从作用途径上讲,企业精神为做好新时期思想政治工作提供了新的途径。思想政治工作的根本任务是培育高素质的新人,而培育企业精神的过程是以先进的文化改造人的世界观的过程,也是对企业管理理念和价值观去粗取精、去伪存真的过程,他们在方法、途径、目的上有很多共同点,因此调整培育健康正确的企业精神能够促进思想政治工作的实效,使企业文化更好地为企业的生产经营服务。

4. 约束作用

企业精神的核心内容是价值观,它能够衍生出严格的行为规范和道德标准,对员工的行为起到规范和约束作用。企业精神的约束作用即表现在此。

【自检】我国的一些互联网平台资金实力十分雄厚,但却少有如华为公司那样坚持高强度的持续研发投入,以努力实现关键核心技术的自主可控。你认为大型互联网平台应当塑造什么样的企业家和企业精神?

(资料来源:弗兰西斯·福山著.《信任——社会道德与繁荣的创造》.李婉容译.远方出版社,1998.08.)

二、企业伦理

美国学者弗兰西斯·福山(Francis Fukuyama)曾预言:"21世纪是信誉的世纪,哪个国家的伦理程度最高,哪个国家就会赢得更广阔的市场。"在某个竞争领域哪家企业的伦理程度最高，哪家企业就会具有更强的竞争优势，就可以赢得更广阔的市场。从一定程度上说，企业伦理与企业的命运和前途密切相关，是影响和塑造企业核心竞争力的因素之一。

(一)企业伦理的内涵

企业伦理(enterprise ethics)也称商业伦理，是指企业在处理内外关系时应遵循的行为规范和准则，是企业在处理企业内部员工之间，企业与社会、企业与顾客之间关系的行为规范的总和。其内容不仅包括处理企业内部和外部各种关系的道德意识、道德良心、道德准则、道德行为活动，还包括企业管理者自身的道德修养和伦理准则。其中涉及市场领域的伦理问题一般称为经营伦理，而组织内部活动引起的伦理问题一般称为管理道德。企业伦理道德对企业而言是一种极宝贵的无形资产，会对人的经济行为发生作用，从而促进对企业经济目标的实现，企业伦理是培育企业核心竞争力的核心，在现代企业制度建设中，必须重视企业伦理管理和建设。

在企业内部，管理道德规范作为一种校正人们的行为及人际关系的软约束，它能使企业人员明确善良与邪恶，正义与非正义等一系列相互对立的道德范畴和道德界限，从而具有明确的是非观、善恶观，提高工作效率道德水准。管理道德以其规范力量，有助于企业确立整体价值观和发扬企业精神，有助于群体行为合理化，提高群体绩效。没有管理道德素质的存在，企业就不可能成功。

对于企业与外部的交互，主要是看企业如何处理经济性与伦理性的关系。企业行为是经济性与伦理性的统一，对经济利益的过度重视会滋生许多非伦理性企业行为，如食品安全和环境污染问题，严重损害社会利益，最终导致企业不被社会接受并退出历史舞台。这种现象的背后反映了伦理道德的缺失。以追求利润最大化为目标的企业价值导向违背了当前社会对企业提出的积极承担社会责任、构建伦理型商业组织的要求。

(二)企业伦理的特征

企业伦理作为企业在长期的生产经营活动中所形成的具有较大共识性的集体化价值观，渗透于企业生产经营活动的各个环节。对内贯穿在企业精神、经营理念、规章制度等方面，对外体现在企业的产品或提供的社会服务上。企业伦理具有以下特征。

1. 群体性

正如每个人都是社会的成员一样，每个企业也都是社会的成员。但企业不是社会的个体成员，而是社会的群体成员。个体、群体和国家都是应承担各种社会关系的主体，因而也都是伦理的主体。从这个角度来看，整个社会的伦理系统可以分为个体伦理、群体伦理和国家伦理三个层次，而企业伦理就属于群体伦理的范畴，因而具有群体性。

2. 经济性

企业是一个经济组织，其经营活动的方法、手段、途径和结果都表现为明显的经济性，这点与其他群体组织是有区别的。在企业的各种属性中，经济属性是显性而且非常重要的，它往往是伦理属性的外在表现；相反，伦理属性是内隐的，较难被认识和理解，它是企业精神和文化层面的东西，是企业追求的一种崇高境界。人们只有透过企业经济活动的行为表现，才能感悟出企业伦理的思想内涵。

网络企业文化

3. 中介性

企业伦理是群体伦理，处于中间层面，这就使它具有了连接个体伦理和国家伦理的中介性。企业是社会的一分子，员工是企业的一分子，企业伦理是其员工个体伦理的总和，在个体伦理与社会伦理的相互转化和相互影响过程中，企业伦理起着传导中介和桥梁纽带的作用。

4. 地域性

企业及其活动存在于一定的地域文化和历史传统之中，因而必然导致伦理精神具有不同的地缘性。同一个国家，由于地区差异、传统文化差异、现实经济政治等因素的影响，企业经营管理的价值观念、思维方式、宗旨使命和行为选择都会呈现出差异性。

5. 时代性

企业所在的外部环境处在日新月异的变化之中，这些环境既包括外界的政治、经济、文化、法律和社会生活等因素，又包括企业的产业状况和内部的资源能力等方面。企业伦理不是一成不变的教条，企业应该紧跟时代的发展和环境的演变，推动其企业伦理也随着社会环境以及企业内部状况的变化适时地改变。

(三)企业伦理的功能

企业伦理的功能主要表现在既是企业良好运行，建立良好的社会形象和信誉的重要保证，也是社会伦理进步的重要推动力量。企业伦理具有以下的功能。

1. 激励功能

企业通过合乎伦理准则的人性化的管理规章制度的制定，对企业员工进行有效的激励，激发员工的兴趣和潜能，为企业奉献自己的能力，促进企业自身的发展。

2. 约束功能

企业伦理作为一种价值判断和准则，对企业员工的行为和企业自身的行为实现控制，以避免非伦理行为的出现，从而使企业经营活动遵循伦理准则，实现目标的最佳化。企业信奉的伦理守则应贯彻到经营决策的制定和重要的企业行为中。在建立伦理法则的同时，既要有奖励制度，也要对破坏伦理规范的行为予以惩罚，必须让组织成员意识到组织里决不容许违反伦理的行为。

3. 凝聚功能

增强企业员工的凝聚力，形成企业文化力，增值企业无形资产。在尊重员工的尊严和人格及各种基本权利的伦理思想指导下，企业伦理是正确处理企业内部各种关系、化解企业内部各种矛盾、增强企业内部的团结和凝聚力的不可或缺的力量。

4. 导向功能

企业伦理对企业员工的行为方式具有引导作用，能让员工清楚地认识到企业提倡什么行为，反对什么行为。企业不仅是一个员工获取报酬的劳动场所，还是一个员工接触社会、交往他人的社交场所，这就要求企业还要具有精神的、文化的、伦理道德的引导与培养氛围。企业伦理要求企业在经营中除了贯彻物质利益、经济报酬的原则之外，还要加强企业

第三章 网络企业文化的内部环境

文化、企业精神对员工的教育和影响，使人们在企业劳动和工作中同时得到文化上、精神上、伦理道德上的满足、完善和发展。

5．辐射功能

企业通过自身讲求企业伦理，规范了企业形象，促进了企业的有效管理，提高了企业的经济绩效，获得了良好的社会效益，该企业的伦理思想就可能通过各种方式向社会传播，从而带动全社会伦理的进步。

三、企业精神、企业伦理和企业文化的联系

(一)企业精神与企业文化

正因为网络的无处不在、无所不能，企业文化早已不仅仅是局限于组织内部的文化、客户文化、社会文化，并且开始逐步渗透甚至于深度融合，价值观从以企业为本变成了以人为本，企业文化也从抽象变得更加具体形象。企业文化在泛在网络的环境下，企业全体成员价值观和行为准则的凝练，深深地在企业的表层物质文化、中间层的制度文化和核心层的精神文化打下了烙印。企业文化与企业精神文明的建设并存于企业的发展实践之中，有着相同或相类似的特征。

1．主体上的重合性

企业文化的主体集中体现了企业精神文明建设的主体。当代企业文化是一种以人为本的企业发展经营战略。在企业管理中，不仅重视对物的管理，更重视对人的管理，它着眼于建立一个企业成员遵从的企业价值标准、道德规范和行为准则，尊重人，关心人，以凝聚组织成员的力量来推动企业的发展。企业精神的主体也是企业全体成员，因此，必须坚持以人为本。它们强调的都是人的因素，都落脚在一个"人"字上。

2．内容上的统一性

企业文化的核心以企业共同价值观、企业精神为主体，还包括全体成员共同的奋斗目标和遵循的行为规范。它具体表现在企业的目标、精神、制度、物质四个方面。其目标是指企业产品在社会上的效应；精神是组织成员共同信守的信念、职业道德及其拥有的精神面貌；制度是对组织成员规范性的约束；物质则是企业设施、产品质量及品牌组合的企业外在形象。企业精神的内容，就是要加强思想道德建设和科学文化素质建设。在思想道德方面，就是以正确的世界观、人生观、价值观为指导，以国家所倡导的基本理论为思想基础，对组织成员进行思想理论、职业道德、社会公德、家庭美德教育，以形成共同的理想和精神支柱，建立起新型的社会关系、行为规范和生活方式。在科学文化方面，就是通过大力发展各项文化事业，开展各种文化活动，提高组织成员的科学文化素质。二者相互联系、相辅相成。只有将这二者有机地结合起来，并不断地加强其具体工作，才能培养出高素质的组织人才队伍。

3．目的上的一致性

构建企业文化的目的，主要是通过企业价值观的树立、企业形象的塑造，使组织成员

的整体思想意识、文化技能、道德观念等素质在企业运行中产生能动的效应。因此,可以说企业文化也是生产力。

企业精神的建立就是通过有效的途径和载体服务于经济建设,为经济建设提供思想保证、精神动力和智力支持,使具有时代特征的先进思想内化成为组织成员的思想道德意志,并转化为持久不衰的工作热情,加快企业的发展。

(二)企业伦理与企业文化

企业伦理文化属于企业文化的范畴,既是企业的客观存在,也是企业的主观选择。企业制定战略、作出决策时都要受到其价值观的影响,企业伦理文化的进步也是企业追求卓越、追求品质发展的动力和目标。企业伦理文化是随着市场的成长、成熟而不断发展的。企业伦理是企业文化的重要内容之一,也是企业文化正确与否的律尺。作为规范企业成员行为的准则,企业伦理文化是由经济基础决定的、受民族文化和社会文化影响的,并贯穿于企业经营活动,对企业文化的其他因素以及整个企业活动都有着深刻的影响。

1. 企业伦理是企业文化的重要组成

企业伦理是企业文化的组成部分。在企业内部,长期形成的行为准则和道德规范是企业文化的一脉相承,是企业文化的力量源泉。企业伦理能够帮助企业成就有效的、积极向上的企业文化,同时也能提高企业管理能力和企业的良序运作。

2. 企业文化在企业伦理经营中的重要作用

企业文化不仅能够激励和帮助企业员工创造更高的企业价值,同时更是企业良序稳定发展的向导和指南。首先,企业文化在企业伦理经营中起到导向作用。企业在寻求创新管理时,企业文化起到引导作用,谋求企业利益和伦理经营的共赢,远离社会的歪风邪气。同时,优秀的企业文化在员工的思想和道德建设上同样发挥作用。再者,企业文化在企业的伦理经营中起到向心力的作用。企业文化强调人本管理,以人为核心。员工产生满足感、自豪感和归属感,这样就能使个人目标与企业目标达到一致。与此同时,伴随着个体在组织中的道德意识、契约意识、价值意识、归属意识、责任意识、自律意识等的产生与强化,就不会不理性地做出损害企业利益的行为。

总之,企业伦理在企业的发展中至关重要,商业伦理精神的培育,从根本上说,就是要破除所谓的"商业无道德神话",改变"利润至上"的商业环境和商业观,塑造"价值优先"的商业文化。

第四节 企业内部环境的分析方法

一、价值链分析法

价值链分析方法(value chain analysis)是 1985 年美国战略管理学家波特(Porter)首次提出,他将企业视为一系列输入、转换与输出活动的序列集合,每个活动都有可能相对于最终产品产生增值行为,从而增强企业的竞争地位。当今时代,企业利用现代信息技术实现对关键业务流程的优化是实现企业战略战胜的法宝。企业在价值链分析过程中灵活应用信息技术，发挥信息技术的使能作用、杠杆作用和乘数效应，可以增强企业的竞争能力。

企业的完整价值链是一个跨越公司边界的供应链，即包括了供应商、制造商、代理商、分销商和最终客户等诸多的利益相关者(stakeholders)。进行企业价值链分析需要充分考虑价值链上顾客和供应商之间相互依赖关系，使价值链上所有节点企业具有共同的价值取向，共同进行完整价值链分析。具体来说，完整价值链分析的步骤如下。

1. 价值链分解

首先，把整个价值链分解为与战略相关的作业、成本、收入和资产，并把它们分配到"有价值的作业"中；其次，确定引起价值变动的各项作业，并根据这些作业，分析形成作业成本及其差异的原因；然后，分析整个价值链中各节点企业之间的关系，确定核心企业与顾客和供应商之间作业的相关性；最后，利用分析结果，重新组合或改进价值链，以便更好地控制成本动因，产生可持续的竞争优势，使价值链中各节点的企业在激烈的市场竞争中获得优势。

2. 节点企业的参与

企业是否能进行完整价值链分析，在于价值链中节点企业的是否愿意参与。而参与的前提就是要使这些节点企业相信，与节点企业自己通过个别行为和权威的力量追求企业自身最优化相比，企业进行整个供应链的合作管理会更加有效，便会增加顾客和供应商的合作意向，从而使公司的完整价值链分析成为可能。事实上，价值链中的节点企业一旦参与公司完整价值链分析项目，便与公司形成战略联盟，可以和其他伙伴公司共享与价值链有关的成本和业绩信息，比公司从外部角度对这些企业的作业和成本进行假设而进行分析的精确性更高、范围更广。另外，参与完整价值链分析的节点企业具有共同的价值取向，它们互相之间的信息共享，可以有效地协调和管理供应链上节点企业之间的关系，不仅能够增加合作者的互相信任，提高购货方的收货效率，减少存货滞留，降低供应链成本，还可以使供应链上节点企业中相同类型的作业更加有效率，从而提高公司整个价值链的运营效率，并在未来吸引价值链中更多的企业加入企业联盟，使公司在更大范围内进行完整价值链分析。因此，公司与节点企业之间以及节点企业之间的合作、协调，共享与价值链有关的成本和业绩的信息非常重要。

二、内部因素评价矩阵

内部因素评价矩阵(IFE矩阵)，是一种对内部因素进行分析的工具，其做法是从优势和劣势两个方面找出影响企业未来发展的关键因素，根据各个因素影响程度的大小确定权数，再按照企业对各关键因素的有效反应程度对各关键因素进行评分，最后算出企业的总加权分数。通过IFE，企业就可以把自己所面临的优势与劣势汇总，来规划出企业的全部引力，为企业战略的确定做铺垫。其具体的实施步骤如下。

首先，选出在内部分析过程中确定的关键因素。一般采用10~20个内部因素，包括优势和劣势两方面。首先列出优势，然后列出劣势，要尽可能具体，要采用百分比、比率和比较数字。

其次，给每个因素以权重，其数值范围由0.0(不重要)到1.0(非常重要)。权重标志着各因素对于企业在产业中成败影响的相对大小。无论关键因素是内部优势还是劣势，对企业绩效有较大影响的因素就应当得到较高的权重。所有权重之和等于1.0。

其次，对各因素进行评分。1分代表重要劣势；2分代表次要劣势；3分代表次要优势；4分代表重要优势。值得注意的是，优势的评分必须为4分或3分，劣势的评分必须为1分或2分。评分以公司为基准，而权重则以产业为基准。

然后，用每个因素的权重乘以它的评分，即得到每个因素的加权分数。

最后，将所有因素的加权分数相加，得到企业的总加权分数。

无论IFE矩阵包含多少因素，总加权分数的范围都是从最低的1.0到最高的4.0，平均分为2.5。总加权分数大大低于2.5的企业的内部状况处于弱势，而分数大大高于2.5的企业的内部状况则处于强势。IFE矩阵应包含10~20个关键因素，因素数不影响总加权分数的范围，一般选取10~15个为宜，因为权重总和永远等于1。

【实例】A公司走出危机的策略分析

A公司在经历了一次营销危机之后，就如何走出困境，尝试从不同维度着手，进行了全面深入的分析，为A公司探寻出摆脱危机的多元化战术策略。

内部因素评价，优势(S)：营销管理层熟悉乳品网络营销策略，在直播电商和网络市场开发运作方面经验丰富，研发能力强，享受政府免税等各种政策支持优势，拥有线下渠道商的支持，品牌已深入人心，有一定的大品牌效应，企业文化塑造成功，公司内部有一定的凝聚力，拥有目前较具规模效益的示范牧场。劣势(W)：因某头部主播带货"现场大型翻车"事件，对A公司造成了较大冲击，同时现金流紧张，员工素质参差不齐，关键领域高端产品市场竞争能力因该危机事件受挫，没有自身可控的原材料源头，如表3-2所示。

表3-2　内部因素评价表

	关键内部因素	权　重	得分(-5~+5)	加权数
优势	网络营销能力强	0.10	4	0.4
	研发能力强	0.12	3	0.36
	政府政策扶持	0.07	5	0.35
	线下渠道商支持	0.07	2	0.14
	拥有大品牌效应	0.07	2	0.14
	企业凝聚力强	0.06	3	0.18
	拥有示范牧场	0.10	1	0.1
小计		0.59		1.67
劣势	资金紧张	0.10	-3	-0.3
	员工素质不高	0.08	-2	-0.16
	关键产品受挫	0.08	-5	-0.40
	无可控制的奶源	0.15	-4	-0.60
小计		0.41		-1.46
综合	合计	1.00		0.21

从表 3-2 中可以看出，该公司的主要优势在于其网络营销能力、研发能力、占据地理优势等，公司的主要弱点是其关键产品受挫、无可控的原料基地和资金紧张等，总加权分数 0.21，该公司的内部状况总体上处于弱势状态。

(资料来源：董冉茹. 乳业社会风险相关的内部控制评价体系及应用研究[D]. 内蒙古工业大学. 2013-10-03.)

三、雷达图分析

雷达图分析法(radar chart)亦称综合财务比率分析图法，又可称为戴布拉图、蜘蛛网图、蜘蛛图，是日本企业界进行综合实力评估而采用的一种财务状况综合评价方法。该方法是从企业的生产性、安全性、收益性、成长性和流动性等五个方面，对企业财务状态和经营现状进行直观、形象的综合分析与评价的图形。因其形状如雷达(见图 3-2)的放射波，而且具有指引经营"航向"的作用，故而得名。

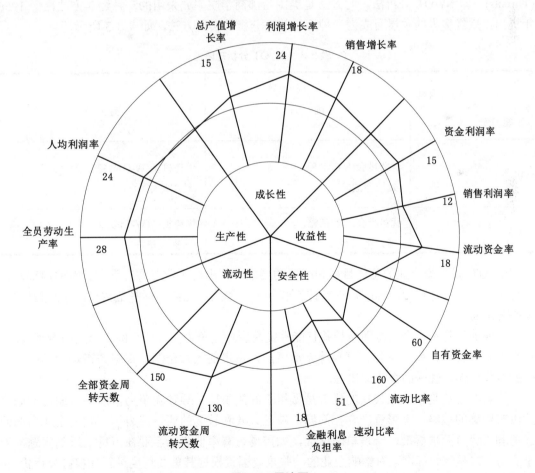

图 3-2 雷达图

雷达图的绘制方法为：先画出三个同心圆，并将其等分成五个扇形区，分别表示生产性、安全性、收益性、流动性和成长性。通常，最小圆圈代表同行业平均水平的 1/2 或最低水平；中间圆圈代表同行业平均水平，又称标准线；最大圆圈代表同行业先进水平或平均水平的 1.5 倍。在五个扇形区中，从圆心开始，分别以放射线形式画出 5～6 条主要经营指标线，并标明指标名次及标度；然后，将企业同期的相应指标值标在图上，以线段依次连结相邻点，形成折线闭环，构成雷达图，如图 3-2 所示。

通过绘制出的雷达图可以清晰地看到企业财务及经营管理的优劣势。当指标值处于标准线以内时，说明该指标低于同行业的平均水平，需要查找原因，加以改进；若接近最小圆圈或其内，说明该指标处于极差状态，是企业经营的危险标志，应重点加以分析改进；若指标值处于标准线以外，说明该指标处于理想状态，是企业的优势，应采取措施加以巩固并发扬光大。

四、SWOT 分析法

评估公司的优势(Strengths)、劣势(Weakness)及外部环境的机会(Opportunities)、威胁(Threats)，即 SWOT 分析法。此方法是美国哈佛商学院率先采用的一种经典方法，于 1956 年提出，后经多人的发展而成为一种用于战略分析的实用方法，如表 3-3 所示。

表 3-3　SWOT 分析矩阵

外部因素 \ 内部因素	优　势	劣　势
机会	优势机会(S-O)战略 (发展型战略)	优势机会(W-O)战略 (转型战略)
威胁	优势机会(S-T)战略 (多元化战略)	优势机会(W-T)战略 (防御战略)

SWOT 是根据企业的总体目标和战略的要求，列出对企业发展有重大影响的内部及外部环境因素，确定相应的标准，进行评价和判断，哪些是优势，哪些是劣势，哪些是机会，哪些是威胁。

企业的优势是指企业特别擅长并且能够提高企业竞争力的方面，例如企业的专利技术、特有的有形资源，好的品牌、声誉等无形资产，宝贵的人力资源，很强的市场营销能力、好的合作伙伴、优秀的企业文化等。

公司的劣势是指企业欠缺的或者是做得不好的事情，导致竞争力落后的方面，例如企业没有明确的战略，有形资产存在问题，缺乏人才和较弱的研发能力等。判断企业内部的优势和劣势有两项标准，一是单项标准，如市场占有率低表示企业在市场上遇到问题，处于劣势；二是综合标准，对影响企业的一些重要因素根据其重要程度进行加权打分评价。

企业外部机会是指外部环境中对企业发展有利的因素，如政府的政策、新技术的应用、良好的供应和销售关系等。

第三章 网络企业文化的内部环境

企业外部威胁是指外部环境中对企业不利的因素，如新的竞争对手的出现、行业环境的变化、市场增长率缓慢、技术老化等影响企业竞争地位的因素。

【自检】根据智慧零售业的发展状况，请对智慧零售企业进行 SWOT 分析。

本 章 小 结

数智化网络背景下数字技术的去耦、脱媒与生成性触发了企业价值创造方式的转变，企业内部环境的变化起着至关重要的作用。对企业内部环境的分析离不开对企业文化的分析，对企业文化起着直接影响的是企业家，其中企业家的价值观、企业家精神对企业文化起着决定性作用，企业在做经营决策时就要考虑企业家的观点。企业精神是企业对消费者和其他企业的直接表达，企业伦理反映着企业的经营宗旨，企业的经营活动要恰如其分地处理好企业的经济目标和伦理目标的关系。企业内部环境分析的方法包括价值链分析法、雷达图分析法、内部因素评价矩阵分析法、SWOT 分析法，对企业所处的内部环境进行分析，找到构建竞争优势的关键因素，使企业能够扬长避短，在激烈的竞争中取得胜利。

思 考 题

1. 简述企业资源和能力的具体内容。
2. 如何理解企业独特竞争能力及其企业文化的重要性？
3. 如何对企业能力进行分析？请以华为公司为对象分析其企业能力。
4. 分析企业精神、企业伦理对企业文化的影响。
5. 企业家在企业文化建设中起着怎样的作用？
6. 根据京东公司的运营，查找相关资料，对该企业进行 SWOT 分析。
7. 谈谈数字化、网络化、智能化背景下的企业资源观。
8. 找一家你感兴趣的企业，分析该企业可以采取什么措施来提升内部优势？
9. 企业内部环境的分析方法有哪些？选择一种方法对中国移动进行分析。

本章案例

蒙眼狂奔的 ofo

ofo 小黄车作为一个无桩共享单车出行平台，创造了"无桩单车共享"的新模式，其目的在于解决城市出行问题。2015 年，刚从北大校门走出的 ofo，幸运地受到各路投资人的极力追捧，资金一波波争先恐后地涌进 ofo 的账户，充足的资金让 ofo 如同一头猛兽，在中国乃至世界的角落横冲直撞，势不可当。但以戴威为首的创始人们，刚走出校门，之前既没有太多商业运营的经验，也不熟悉资本运作，面对洪水般涌来的资金，难免有些无所适从，好在充足的资金流能掩盖一切"暗礁"。然而，内部管理风格粗犷，资金使用无计划、无效率、无约束，资源大量浪费，甚至催生出巨大的采购灰色空间等问题，在资金洪流退却时，却显得触目惊心。

从2016年年底至2017年，ofo仅花在市场推广的费用高达数亿元，且从未被有效地质疑：1000万元签鹿晗做代言人、2000万元给一个卫星冠名、3000万元购买一家媒体做一年广告投放……有新闻提到"城市经理两万元以下出差费用，无人审核事项与费用的匹配性，可以随便找发票报销"，在ofo申请买车或做市场活动等大额资金支出审批特别简单，那段时间打款也很快，报销毫无难度。一批车锁从北京邮到某一个地区，在根本没有时间要求的情况下，本可以使用邮政等相对便宜的快递，但ofo绝对使用顺丰，有的城市主管用自己的朋友做供应商，把破车重组当作新车采购进来收取回扣，某城市车辆维修物资的供应商是维修仓库主管好友，把十年前的旧胎当作新胎卖给公司。

果然，当ofo被逐利的资本抛弃时，原本粗放的运营模式难以为继，公司资金链捉襟见肘，扩张时期新增的成本部门几乎寸步难行。此后，随着挪用押金等负面新闻频频曝出，ofo估值一路下降，从最初的20亿美元估值，到15亿美元，再到14亿美元，再到10亿美元，欠的钱已经累计达到60多亿美元。ofo这头曾经名副其实的独角兽最终成为一只"困兽"。退还押金跳转理财页面、官方声称15个工作日退还、退款键变灰……ofo退押金屡出状况。尽管ofo官方一再安抚用户，坚称不存在退款难的问题，但实际情况并不如其承诺的乐观。"我申请退还押金已经超过20个工作日，目前仍未收到退还的押金。"北京市民艾晨敏接受记者采访时说，他是最早的一批注册ofo的用户，押金为99元。超出官方给出的退款承诺期限后，艾晨敏多次拨打客服电话，却始终未有人接听。"尽管钱不算多，但还是凉了用户的心。"消费者遭遇退押金难的困境。中消协调查发现，70家共享单车平台中有34家倒闭，而其中仅对酷骑单车的投诉就多达21万次，涉及金额10亿多元。

针对共享单车押金问题，相关部门出台的《关于鼓励和规范互联网租赁自行车发展的指导意见》明确指出，共享单车平台对用户收取的押金应实施专款专用，接受交通、金融等主管部门监管。但仍有部分平台的押金未交由第三方机构监管，多数企业平台对此多含糊其词，相关信息披露严重不足。ofo曾经是市场占有量最大的共享单车，特别是其2017年年初宣布"一天一城"的计划后，很多三线、四线城市都能随处见到"小黄车"。ofo的理念是："骑时可以更轻松"，"ofo不生产自行车，只连接自行车"，让人们在全世界的每一个角落都可以通过ofo解锁自行车，满足短途代步的需求。同时其企业以开放平台和共享精神，欢迎用户共享自己的单车加入ofo，以共享经济的互联网创新模式调动城市单车存量市场，提高自行车使用效率，为城市节约更多空间。ofo倡导文明用车，通过技术手段引导用户规范使用ofo共享单车，与市民和政府协同优化共享单车出行解决方案，让城市更美好。其出发点与理念十分美好，但却从昔日共享经济的先行者、资本市场的宠儿，很快沦落到"被收购是唯一出路"的弃儿。

进入2018年后，ofo的负面新闻持续出现，车辆无人运维，随处可以见的小黄车不再是整整齐齐，而是堆放杂乱，如同废铁。因押金退还难引发大量投诉，甚至有网络曝出很多骑行者前往ofo北京总部排队处理押金问题。拖欠多家供应商账款等，供应商对ofo的起诉也越来越多，纠纷金额已超8000万元。

内部员工、外部人员对ofo衰败的一个共识是除了2018年整个资本市场流动性收紧致资金链紧张外，内部管理混乱也是很大的原因，可以套用巴菲特的一句名言"浪潮退去，你就知道谁在裸泳"，从一定程度上讲，内部管理混乱就是在裸泳。2021年11月，ofo还推出过"拉好友退押金"的活动,活动显示,邀请好友越多,退押金越快,不封顶。2023年,ofo小黄车客户端已经无法接收到短信验证码,用户无法登录。如果使用 ofo 小程序测试,则提示网络异常。如果拨打 ofo 官方 400 客户电话,提示无法接通;拨打该公司官网公布的办公电话,提示已关机。

讨论题:
1. 当 ofo 被资本抛弃,它的内控痛点究竟在哪儿?
2. 分析 ofo 公司的内部环境,总结造成 ofo 经营困局的根本原因。
3. ofo 公司的理念与战略定位是什么?
4. 审视 ofo 陷入经营困境的历程,你认为从企业文化的视角对其他企业有何借鉴之处。

第三篇

网络企业文化发展篇

第三篇

第四章 网络企业文化的兴起

> 兰生幽谷，不为莫服而不芳；舟在江海，不为莫乘而不浮；君子行义，不为莫知而止休。
>
> ——《淮南子·说山训》

社会文化在不断地动态演化中融合发展，同样，企业文化也与时代相伴发生着历史性的变化。进入20世纪以来，企业文化理论经历了从古典管理理论到现代企业文化理论的发展过程。在泛在网络、人工智能勃兴的今天，企业文化在企业形象塑造、员工行为规范、企业商誉和企业发展中都发挥着不可估量的作用。按照现代学者的观点，普遍认为企业的生产、经营、管理本来就是一种文化现象，文化与科学、信息并立，成为现代社会不可缺少的三大支柱。自信息技术革命以来，生产方式的改变，互联网、云计算、大数据的运用，劳动者向智能型的转化，极大地改变了企业所处的环境，并由此发展出了泛在网络环境下的企业文化。

第一节 企业文化的兴起背景

20世纪80年代，哈佛商学院的两位教授约翰·科特(John P. Kotter)和詹姆斯·赫斯克特(James L. Heskett)对企业长期研究后提出：企业是人构成的，文化对人有着深远的影响，优秀的企业文化是企业经营成功的重要道路。随后出版的《企业文化——企业生活中的礼仪与仪式》一书，着重讲述企业文化管理思想理论，开辟了企业文化研究的全新领域。

21世纪初，随着信息技术的迅猛发展，全球进入互联网时代，经济技术范式的变革开创了网络经济时代新纪元，市场需求、管理理念的变迁和虚拟技术与信息技术的广泛应用和迅速发展，无一不要求企业与时俱进，匹配相应的文化和思想作为企业的持续永久的竞争优势。因此，需要把握万物互联、人工智能环境下的企业文化建设的新特点，并找到推进企业文化建设新的有效方法。

一、网络企业文化的兴起

网络企业文化是在泛在网络环境下的一种现代企业文化，是企业随着时代变化而产生符合时代发展的一种企业文化。因此，本节先讨论企业文化的兴起，再延伸到现代的网络企业文化。

企业文化的兴起，源于"二战"之后，日本经济的迅速崛起。当日本以经济大国登上世界舞台时，引起了美国的高度重视，美国的企业家和管理专家开始探寻日企成功的根本原因,他们发现日本优于美国的,不是科技,也不是财力物力,而主要是企业管理方面,具体表现在日本企业的家族主义企业文化优于美国企业的个人主义企业文化,日本企业管理的优势和核心在于其有一种巨大的精神力量在起作用,那就是企业的价值观和企业精神,即企业文化。至此,企业文化这个客观事实被提到理论层面去认识、分析和研究,并且越来越受到企业管理者的重视,被看作是企业的"核心竞争力",是经营管理成败的关键,是普遍适应的管理哲学。

而网络企业文化则是伴随着互联网时代的发展而兴起的。互联网时代的到来,使得企业文化建设面临新的机遇和挑战,企业文化建设也呈现出全新的特征,数字化、网络化、智能化以及价值观转变等理念深入人心。在这个时代,人与社会、人与组织、人与人之间距离突破了时间、空间、国家和地区的限制。当外部环境发生变化,企业商业模式发生变化,企业内部的组织管理发生重构,文化也需要重构。最先表现出改变的行业就是互联网,而后蔓延到其他行业。

二、企业文化的发展

现代企业文化理论的发展大致经历了三个时期。第一个时期,20世纪60~70年代企业文化理论的启蒙,世界各国经济萧条,日本经济迅猛增长,超过了美国的发展速度。日本企业继承民族文化传统,吸取中国传统文化的精华,借鉴西方的管理经验,创造独具东方的文化色彩,以人为主体的管理方式,推动了经济和科技发展。第二个时期,20世纪80年代初企业文化理论的形成,日本企业的发展引起欧美经济界的广泛关注与思考。哈佛大学教授沃格尔写成《日本名列第一》的书,在全美引起强烈反响,探讨日本式企业管理成为西方热点。美国学术界先后出版的《日本的管理艺术》《Z理论》《寻求企业最佳管理》《企业文化》等论著,基本上形成了企业文化理论的雏形。第三个时期,21世纪初期,企业文化理论的突破发展,传统意义的企业文化从精神层、执行层、物质层三个方面为企业塑造了独具特性的文化形象,推动了企业的快速成长。但是在市场机制发挥决定性作用的互联网时代,企业文化不再局限于传统的三个浅层次的文化,企业文化更大程度地与发展相结合、与管理相协调、与人本相呼应、与品牌相促进,进而形成了全新的文化创新体系。企业文化普遍受到各国企业界重视,逐步开展与本国企业状况相结合的实践与理论的探索。

(一)企业文化启蒙时期

从世界上第一家现代意义上的英国企业的创立,对企业的管理问题一直都是企业家思考的问题。亚当·斯密(Adam Smith)发表的《国富论》对企业的分工进行了概述,之后大卫·李嘉图(David Ricardo)继承并发展了斯密的自由主义经济理论,泰罗提出了科学管理理论,法约尔归纳出现代经营管理理论,韦伯的行政组织理论以及行为科学理论等理论的诞生,奠定了企业文化与管理理论的基石。可以说,企业文化是管理科学理论不断向前发展的结果,更是企业家对企业管理认识的不断深化。

美国著名管理学家巴纳德(Chester I. Barnard)和塞尔茨尼克(Philip Selznick)于20世纪30年代,开始研究企业的价值观念以及社会文化传统等对企业管理的影响,他们最先将"文化"这个概念用于企业管理,首先明确了企业文化的初始内涵,并提出管理好企业的关键

第四章　网络企业文化的兴起

在于企业的价值观和人的积极性问题，以及管理者在发挥人的积极性方面的关键作用。可以说，企业文化是管理理论不断向前发展而产生的，是现代化大生产和现代经济的产物，更是时代和科技进步的产物。

(二)企业文化发展时期

1974年，对世界各国的企业来讲是灾难性的一年。在这一年，国际石油危机的爆发使得欧洲、亚非、美洲的大多数国家和地区的经济陷入停滞、萎靡不振的状态，即使在"二战"后经济到达巅峰的美国也没能逃脱。通货膨胀、生产效率低下使得成千上万家企业宣告破产。

然而，自然资源极度匮乏，国土面积仅相当于美国蒙大拿州的日本，却以令人难以置信的速度向前发展，经济增长让许多国家都难望其项背。在欧美，日本企业犹如一支东征西讨的大军，所过之处凡战必捷，横扫英国摩托车业，超越德国和美国汽车工业，抢夺瑞士和德国的钟表、摄影机、光学仪器等生意，打击美国在钢铁、造船、钢琴、拉链、电子产品等行业所处的优势地位。人们将日本对欧洲及美国的侵入和冲击形容为："只有工业革命初期的英国，以其机织的廉价棉布冲击世界各地，以至千百万人失业的那个时期可以相比。"毫无疑问，日本经济的奇迹背后就是日本企业的巨大成功。

日本经济的飞速增长引起了美国学者对企业的研究，尤其是美国管理学界开始对美日管理比较的研究积累了大量的资料，特别是大量关于日本企业经营方针的资料，为20世纪80年代初提出"企业文化"理论作出了必要的准备。哈佛大学的年轻学者沃格尔通过对日本经济的实地考察后，出版了《日本第一，美国要吸取教训》一书，改变了美国知识界对日本企业取得成功的排斥态度，肯定了日本企业成功的管理方式和其可以为美国企业借鉴的经验，在美国引起了很大反响，也为之后对企业文化的研究热潮起到推动作用。

20世纪80年代初，世界发达国家几乎形成了以企业文化为中心的管理理念，最突出的国家是日本。这一时期，涌现出了许多学者对企业文化的研究，尤其是美国的学者从不同的角度对企业文化进行了系统的研究。美国经验学派代表人威廉·大内(William Ouchi)最早提出企业文化的概念，1981年出版了对日本企业的研究成果《Z理论——美国企业怎样迎接日本的挑战》一书，提出日本企业成功的关键因素是他们独特的企业文化。这一观点引起了管理学界的广泛重视，吸引了更多的人从事企业文化的研究。民主学派的帕斯卡尔(Pascal)和阿索斯(Athos)合著的《日本的管理艺术》出版于1981年，深入阐述了日本企业所特有的企业文化。

研究者们还对企业文化与企业经营绩效的关系给出了实证观点，有力地回击了当时部分人对企业文化的质疑。科特(J.P. Kotter)和赫斯克特(J.L. Heskett)在1987—1991年，对美国22个行业72家公司的企业文化和经营状况进行了多项研究。1992年，他们在整理系列研究成果的基础上，出版了《企业文化与经营业绩》一书，指出企业文化对企业的长期经营业绩有着重大作用，企业文化在未来时间可能成为决定企业兴衰的关键因素。他们的研究成果成为奠基石，坚定了企业文化理论和实践发展的信心，因此企业文化研究作为一大领域得以拓展。在这之后，一些学者开始了对企业文化与组织绩效关系的研究。

(三)企业文化突破时期

21世纪的万物互联时代，人们沟通、阅读、思考问题的方式发生了巨大变化，企业文化建设也与时俱进。走在时代前列的互联网企业在企业文化发展方面彰显了极特别的角色，比如百度、腾讯这些互联网巨头，它们在网络企业文化的传播拓展上，发挥了巨大作用。

互联网时代的两个特点：一是快。在现代信息技术的助推下，企业发展快，技术更新快，产品换代快，企业需要有更强的适应性和竞争力，文化建设和变革的速度变了，必须跟得上企业发展和变化的脚步。二是新。企业人员队伍中 20 世纪 90 年代出生的青年逐渐占据舞台，更不乏 2000 年以后出生的新生代。他们中大部分是知识型员工，学历层次较高、自主意识较强，追求自由、平等、开放和自我实现。这样的人才对公司文化管理提出了挑战，在文化体系中必须能反映出这些人才的需求要素变化。正是网络时代的这两个突出特点，使得企业原有的组织形式和文化建设思路已经不适应环境和形势的变化。企业不得不去思考，什么样的文化是这个时代企业最需要的、员工最想要的，从而，推动着企业文化建设转变思维、转型变革。

利用互联网优势促进企业文化建设思想阵地，如果正向的、正面的、正确的文化不能得到弘扬，那么片面的、偏颇的、消极的甚至于错误的、违法的思潮就可能大行其道。时代在发展，社会在进步，企业文化建设必须坚持与时俱进，才能不断完善，推动企业的经营与管理。数智化网络已成为企业成员生产生活不可或缺的一部分，成为企业文化引导的前沿阵地。在企业文化突破时期，可以从以下三个方面完善企业文化的建设。

1. 利用互联网"泛在性"特征拓展企业文化宣传阵地

互联网一个重要的特征是信息的受众与参与者的广泛性。我国庞大的互联网用户是企业文化宣传的绝不可忽视的对象群，企业完全可以利用这块宣传阵地让社会大众认可该企业的文化，并成为企业文化的宣传者。人们可以通过网站、微信、微博、抖音、小红书以及众多的网络消费平台等载体，了解企业的各方面信息，发表自己的看法，提出自己的建议，和管理者一起充实、完善、丰富企业文化，一起擦亮展示企业品牌和形象的窗口。

2. 利用互联网"鼓动性"特征树立企业良好社会形象

在世界百年未有的大变局的背景下，国际政治、经济、科技等领域酝酿着一系列深刻变革，越来越多的企业认识到商品竞争已突破单一层面的局部竞争，而表现为企业文化、营销策略、人才与技术力量、服务与质量保证、公益与社会责任等全方位展开的企业整体实力的竞争，并归结为企业形象的竞争。企业形象是企业精神的外溢，良好的形象是赢得社会信赖，扩大企业知名度的重要内容。良好的金融形象，可以广泛吸引所需人才，争取更多客户，不断拓展业务，也可以激发员工集体荣誉感和奋发向上之心。互联网具有极强"鼓动性"，新媒体可以在短时间内将整个社会成员动员起来，把大多数社会成员的积极性调动起来，特别是出现突发事件时。企业文化建设者可以在社会或者企业重大事项出现时，抓住机会，集中宣传企业价值观，扩大知名度，树立正面的良好企业文化形象。

3. 利用互联网"即时性"弱化新媒体"负面新闻偏好"

不可否认，网络媒体对"负面新闻"有极浓的兴趣。互联网强大的功能恰如一把双刃剑，它在积极宣传企业的光辉形象的同时，也夹杂着大量的"负面新闻"。正因为如此，作为企业文化建设者更应该重视优秀典型、榜样的宣传。企业文化建设者应该善于发现和挖掘身边的先进事迹和人物，及时加以总结，利用各种新媒体将其进行报道并宣扬出去，充分发挥典型的引导作用，服务于企业文化建设。市场竞争日趋激烈，企业文化建设的作用越来越重要，企业要想快速发展，做大做强，就必须加强企业文化建设。与时俱进、不断创新是数智化网络时代企业文化建设的灵魂。因此，企业应充分认识、深入挖掘、科学运用网络媒体对于企业文化的影响力、推动力，建好网络媒体的"舞台"，唱好企业网络文化的"大戏"。

> **【启示】亏损的鸿星尔克的爱心**
>
> 在2021年7月河南郑州特大暴雨后，鸿星尔克心系灾区，捐赠了价值5000万元的救灾物资驰援河南灾区。此举将鸿星尔克拉入了大众的视野。一时间，热搜、出圈、爆单、良心等各种词语都汇聚到了这家企业头上。宣布驰援河南的微博下，最高赞的评论便是"感觉你都要倒闭了，还捐了这么多"。
>
> 而再往前追溯，可以发现鸿星尔克多次冲在第一线：2020年10月份鸿星尔克又一次拿出了2000万元，捐赠给山西受灾的地区。2021年3月，鸿星尔克紧急驰援泉州，捐赠500万物资及近500套生活设施齐全的人才公寓用于临时隔离点……
>
> 京东统计数据显示，2021年7月22日、23日两天国产运动品牌的整体销售额同比增长超过280%。其中，跑步鞋、篮球鞋、运动裤、T恤等成为销量最高的品类，鸿星尔克、安踏、361度、匹克等品牌销售额暴涨。
>
> 在看到一个被大众逐渐淡忘的民族企业捐款后心底的感动不由言说，这背后体现的是一个企业大爱无疆，一方有难八方支援的家国情怀。我们有信心让这样的企业在未来的发展上会越走越远，越来越好。

三、企业文化概念的发展

一门学科的诞生都必须有它独特的理论体系，理论体系的建立，并不是无源之水，无本之木。古典管理理论和行为科学管理理论两方面的发展演进，推动了企业文化管理理论的研究进程。

(一)古典管理理论

古典管理理论是管理模式进入理性管理的开始，代表性人物有泰罗、法约尔、韦伯等，通过对企业组织管理理论方法的研究，清晰地认识到管理在企业中的主导地位。历经第一次工业革命、第二次工业革命以及信息技术革命的发展，企业家们认识到现代的工厂早已不是闭门造车、大规模生产的时代，更重要的是要了解市场状况、客户的需求以及企业员工的价值观，需要用先进的思想、企业文化管理企业。

古典管理理论有以下特征：第一，是管理理论的首创，让管理发展为一门学科，拥有系统的原理结构，为之后管理理论的发展奠定了坚实的基础；第二，以国家军队组织作为管理依据，对于企业管理和军队有着紧密的联系；第三，采取非感性的管理思维，保证较高的工作效率；第四，把"牛顿机械力学"引入企业管理，力求管理的精密、精确的要求。

企业文化在古典管理理论的发展中逐渐被管理者所重视，从企业的思想、价值观中提炼出企业文化的理念，并不断被大众所认识，逐渐升华到企业战略中，让每位组织成员都了解并融入其中，使得企业的发展有着明确的方向。

(二)行为科学管理理论

学者们对管理理论的研究不断深入并提出企业文化所遵循的基本原则，其中以人为中心的行为科学管理早已在相关理论中阐明企业文化的有关理论。因此，一部分学者认定行为科学理论就是企业文化的理论基础。在企业管理的理论中，企业文化作为专门的学科，其理论又超出了行为科学的局限，可以说企业文化理论是行为科学的延伸。行为科学管理理论把心理学、社会学、伦理学等行为学科应用于企业管理，是理性企业管理模式的提升；"霍桑试验"研究了人际关系理论，对企业生产效率的提高有了科学的管理。行为科学包括自我实现、自我成就感、激励理论和马斯洛的"人类需求层次"等理论，管理理论的细化发展使企业管理由复杂变为简单化。

行为科学管理理论的基本原理和方法如下。

1. 个体行为

个体行为的核心内容是人的积极性，把积极性作为一种变量，按心理学家马斯洛提出的人类需求层次理论，根据需求层次的具体划分，研究个人行为在所属需求层次能否得到满足，包括受尊重程度、工作满意度和工作成就感等。

2. 组织行为

"霍桑实验"认为，一个没有目标、规章、制度、方针的非企业组织，但群体中的成员存在共同的社会感情和利益价值观，他们也自然形成了规范的制度，成员必须服从制度，体现一定的约束力。群体自然形成领导人物，领导企业实现经营目标。因此，群体行为对企业起着举足轻重的作用。

3. 领导行为

企业领导是在企业中起着指导、引领企业目标方向和带领企业前进的关键人物。行为科学理论阐明对领导的功能及评价、领导修养、领导途径等问题，其核心是怎样调动员工积极性。在领导行为理论中，最具有代表性的是美国布莱克和穆顿提出的"管理方格图"。纵轴表示企业领导者对人的关心程度(包含了员工对自尊的维护、基于信任而非基于服从来授予职责、提供良好的工作条件和保持良好的人际关系等)，横轴表示企业领导者对业绩的关心程度(包括政策决议的质量、程序与过程、研究工作的创造性、职能人员的服务质量、工作效率和产量)，其中，第 1 格表示关心程度最小，第 9 格表示关心程度最大，如图 4-1 所示。

图 4-1 中，"1.1"方格表示对人和工作都很少关心，这种领导必然失败；"9.1"方格表示重点放在工作上，而对人很少关心，领导的权力很大，指挥和控制下属的活动，而下属只能奉命行事，不能发挥积极性和创造性；"1.9"方格表示领导重点放在满足下属的需要上，而对指挥监督、规章制度却重视不够；"5.5"方格表示领导对人的关心和对工作的关心保持中间状态，只求维持一般的工作效率与士气，不积极促使下属发扬创造革新的精神；只有"9.9"方格表示领导对人和工作都很关心，能使员工和生产两个方面最理想、最有效地结合起来。这种领导方式要求创造出这样一种管理状况：员工能了解组织的目标并关心其结果，

从而自我控制、自我指挥，充分发挥生产积极性，为实现组织的目标而努力工作。

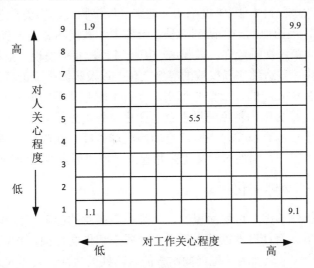

图 4-1 管理方格图

泛在网络环境下为企业文化带来了新的表现载体、形式和内容，而究其理论本源仍然在于行为科学。企业文化与行为科学的关系可以概括为以下三点：一是行为科学着眼于个体需要、动机、行为及其激励对策的研究，旨在探求调动个体的积极性，企业文化理论则延伸到对群体意识、企业价值观的研究，并把价值观的确立视为网络企业文化的核心，以求提高企业的整体效能；二是行为科学研究的行为控制、行为矫正及人的行为社会适应性，都是以个体行为为对象的，企业文化理论则强调在一定的社会文化背景下，形成一套为组织成员们所默许的行为准则，用以协调人与人的关系和人与物的关系；三是行为科学从人有趋利避害的理性主义本能出发，强调行为导向的利益原则，企业文化理论对此作了进一步的解释，把个人目标与组织目标融合在一起，使员工个体与企业形成命运共同体。

第二节　国外典型的企业文化

在相互学习、相互竞争的 21 世纪，互联网的快速发展使世界的每个角落联系起来，企业文化也向着国际化的潮流发展。跨越国界的企业文化交流形成了波澜壮阔的国际企业文化学习热潮，跨国的相互沟通使得企业文化不仅能够相互学习，而且还存在相互竞争的局面。国与国之间建立文化外交战略，结合各国优秀的民族文化传统，加上企业经济活动交往，推动各国企业家踊跃学习、追求完美的企业文化。日本和美国是最早重视和利用企业文化使公司利润最大化的两个国家，且二者的企业文化理论与实践引起了各国的学习兴趣，本节主要以日本和美国的企业文化为例介绍企业文化的发展。

一、"兼收并蓄"的日本企业文化

20 世纪 80 年代中期，日本发展成为仅次于美国的世界第二大经济体，人均国民生产总值也跃居世界第一，完成了近代以来日本的第二次崛起。历经 20 世纪 90 年代经济的长期衰退和痛苦的体制改革，日本于 21 世纪初又迎来了经济腾飞的历史机遇，经济触底反弹，持续复苏。2007 年，美国前助理国防部部长、哈佛大学教授约瑟夫·奈(Joseph Nye)发文指出，日本正在进行"第三次崛起"。纵观这一历史过程，我们发现，危机意识的心理文化、强者意识的战略文化、塑造秩序和权威的等级文化，以及集团主义的群体文化等文化因素，快速地催生、培育和成长起的一批企业集团，是日本崛起背后的最显要、最为倚重的推动力量。近年来，以流行文化为特色的日本企业文化对外输出具有强大的影响力，高速互联网的发展无疑加速了日本企业文化在网络空间的全球传播。兼收并蓄是日本企业的最大特点，即把各国不同内容、不同性质的文化兼并起来，形成以自身企业为特色的企业文化。

(一)倡导协作的集体文化

日本列岛生活条件恶劣、可耕面积少，又是地震多发的国家，日本社会需要依靠集团力量对抗恶劣的环境。而且日本以种水稻为主，属于稻作文化圈，水稻的耕种需要人与人之间的协调，于是形成了以家为单位横向结合的村落共同生活，人与人之间相互团结合作，于是就形成了伙伴意识，日本企业的发展就形成了集团主义的群体文化。集团主义指的是一个集团的全体成员在感情上相互依赖，在行动上休戚与共的社会价值和行为模式。这种集体文化主要有以下几点。

1. 善于学以致用

"学而不思则罔，思而不学则殆。"学以致用是日本最显著的特点，不仅钻研理论，更可贵的是把理论原理付诸实践，通过实践检验其效果。曾有学者指出："日本人把他人的管理理论做了很多实践来验证其理论的真实性，不仅构成了管理学的潜在威胁，而且也是管理学界的一个突破。"

从日本的文字就可以看出日本文化和中国文化有着密切联系。在日本，企业家多数会读中国儒家经典《四书》《五经》等，最流行的是儒家经典《论语》中的许多管理学知识。日本把《论语》里的管理经验纳入本国管理思想体系，并加以升华运用，对日本企业文化有着重要作用。《论语》中的"中庸""礼乐"思想对企业人事管理有重要作用，帮助协调人际关系、明确工作职责都有着深刻影响。松下幸之助把《论语》里的"不学诗，无以言"用于企业经营，其经营理念转变为："一个人应该具有学诗般的静心，心灵境界得到提高，用这种胸襟来应对企业接下来遇到的困难。"

2. 注重模仿创新

第二次世界大战以后，日本经济一片萧条，但通过购买欧洲的技术专利，加快了自己的创新步伐。同时，由于日本企业的模仿好学的精神，使得日本企业的核心竞争力日益提高。管理学家乔治·达伊(George Day)说："创新模仿比那些开创者更能领会创新对于顾客的意义，因而可以做一些对顾客更有价值的改进。"这说明模仿创新比原来创新更贴近于顾客的心理，可以做一些对顾客更有价值的改进，在这一点上日本企业做得十分出色，他们对借鉴来的原始产品技术进行后续的技术改造以后，甚至达到了炉火纯青的地步，几乎难以辨认何者为模仿，何者为创新。新产品中融入了新的特性，从而更容易使用，解决了顾客的难题，更加符合顾客的需要，同时加工成本还大大降低，产品显得更有优势。

第四章 网络企业文化的兴起

日本企业对于学习的态度从不拒绝模仿，而且认为模仿也是学习的一种。日本企业不仅是停留在模仿，而且加入了创新的东西在里面，这样看来，模仿只是基础，从模仿走向创新是一个学习的完整过程。日本企业把"独创"精神发挥得淋漓尽致，创造出世界上更方便、更精巧的产品，企业成员普遍认为："一种东西拿在我们手上，我们能制作得更好。"因此，日本的企业文化主要表现在善于在原有的基础上进行改善。

3. 鼓励"团队作战"

日本企业的崛起是一项既复杂而又特定的历史现象，文化因素在其中的推动作用可谓无形而巨大。德国著名社会学家马克斯·韦伯曾说过："任何一项伟大事业的背后，都必须存在着一种无形的巨大的精神力量。更重要的是，这种精神力量是一定与该项事业的社会文化背景有密切渊源。"在吸取各国文化的同时，日本企业一方面确保了自身文化的稳定性，另一方面在于日本文化呈现出兼容型的独立文化。例如，引进了美国式的管理模式，英国式的高等教育制度，德国和瑞士模式的银行，法国和瑞典的法律制度等。日本社会倡导对企业组织的献身精神，形成了典型的加班加点文化。从 20 世纪 50 年代到 80 年代，日本每小时劳动生产率在全世界一直处于领先地位。正是在这样的服从集体的意识下，从 1950 年到 1990 年，短短 40 年间，日本的国民生产总值增长了 152 倍。根据资料统计，日本工人一年的劳动时间比欧美国家至少多出几百小时，而且大部分都是自愿、无偿地加班。集体意识是日本社会典型的文化心理模式，深深地影响着企业成员的思想和行为。

"团队精神"是日本企业战胜竞争压力、排除各种困难的法宝。日本式企业管理的突出特点表现在日本企业实行的终身雇佣制、年功序列工资制和企业工会，构成了日本现代企业经营管理不可缺少的三个有力支柱，而它们恰恰是集团、群体为关心集团成员而作出的反应，也是"团队精神"的一个组成部分。

> 【实例】松下商学院的培训内容
>
> 松下商学院创办于 1970 年，是为松下集团培养公司销售经理的一年制商业大学。
>
> 松下商学院的纲领是，坚守产业人的本分，以期改善和提高社会生活，为世界文化的发展作贡献。松下商学院的信条是"和亲合作，全员至诚，一致团结，服务社会"。
>
> 松下商学院的教育方针和教学内容融中国儒家哲学与现代企业管理于一炉，对学员进行着系统而严格的培训。商业道德课是培训的必修课，通常学习《大学》《论语》《孟子》和《孝经》，确立"经商之道在于德"的思想。
>
> 松下商学院的研修目标是中国儒家经典《大学》中的"明德"——竭尽全力身体力行实践商业道德、"亲民"——至诚无欺保持良好的人际关系、"至善"——为实现尽善尽美的目标而努力。

(二)强者意识的战略文化

对自己定位较高是一个企业发展的重要动力。日本企业渴望成为强者，并把这一愿望贯穿到其组织成员的灵魂中。从 19 世纪去做英国人的马夫偷学纺织技术，到 20 世纪在实验室里苦心钻研电子技术的技术人员，这种现象在日本企业的发展壮大过程中，可以说是十分普遍。美国华盛顿大学著名日本问题专家肯尼思·派尔就观察到，日本企业之所以能崛起，除了一直受到研究者关注的勤奋刻苦和善于模仿等因素外，还存在着善于不断调整和变革自己，以求能达到最大程度地利用当时的国际秩序和国际机制的战略文化取向。这种文化意识深深地影响着日本企业的管理者们，每个企业家都抱着一颗把自己的企业做到全球最强的决心来管理企业，给日本企业的崛起带来了巨大的推动力。

领土狭小、资源匮乏、自然灾害频繁造就了日本社会的危机意识和忧患意识。日本企业无一例外地秉承了这种社会心理，无时无刻不在寻找机遇，积极学习别国先进的、为我所用的优点，使自己立于不败之地。日本企业通过虚心研究中国古典文化，引进"卧薪尝胆、振兴图强"的民族精神，把汲取到的外国优秀文化与本企业的发展相结合，并移植为自身的优良传统文化。日本著名企业家松下幸之助曾说："学习的精神是迈向繁荣的第一步。"另外，日本企业成功的基础是他们具有利用外来工具的独特创新能力，从而形成超越对手、以竞争获得优势的文化，并与本国企业追求精益求精、止于至善的精神相互融合、相互促进。

从收录音机的发明到汽车行业的"非破坏检查法"等，无不说明这种精神促进了日本在竞争中的创新和超越。管理大师德鲁克说，质量管理是美国人发明的，但完美运用、臻于化境的却是日本企业。日本在摩托罗拉公司(Motorola)和通用电气公司(GE)创立的产品质量的六西格玛管理基础上，结合自己企业的优劣，发展了六西格玛管理理念，从开始的质量检验阶段到统计质量控制阶段(SQC)，然后发展到现在的全面质量控制阶段(TQC)，目前，已经成为世界范围内企业管理的必用法则。盛田昭夫说，要始终不懈地追求效率和生产率的提高，即使是对螺丝刀这样简单的工具也毫不例外，从设计到加工，无不精心考虑，仔细研究，这种精神的背后反映的是企业追求严谨求实的态度。

(三)取长补短的学习文化

在唐朝时，日本就曾派代表来我国学习，这一期间的文化交流至今对日本都有着重要影响。日本企业文化也是来源于对中国传统文化、美国企业管理的学习。中国有着五千年的优秀历史，美国有着世界先进的企业管理理念，对这二者的学习，可以说能做到对先进文化的充分学习、借鉴。

1. 对美国企业管理的学习

在"二战"中快速发展的美国塑造了一大批世界一流的企业，也形成了先进的管理理念，战后成为世界强国，各国都以其企业管理为榜样，日本把有影响力的美国书籍翻译成日文，邀请美国专家赴日讲学，同时派国内高级管理人员赴美考察等。日本引进美国企业的管理经验，包括以下三方面内容。

(1) 引进美国管理技术。这主要有两种技术，一种是企业生产管理技术，另一种是工业管理技术，这二者是企业文化形成的基础。

(2) 引进美国技术培训体制。例如：1950年引进"经营教育"以训练中层干部为主的培训管理制度，1951年引进"基层管理人员训练计划"以培训基层人员的培训管理制度。

(3) 引进现代企业组织结构。其目的是提高企业生产效率。

这三点内容充分反映出日本企业对美国的管理经验学习的重点与突破点。日本企业培养大量的优秀管理人才，他们通过学习世界先进管理经验和方法，并且把这些知识整合成日本化企业管理思想，这批企业管理人才成为企业成长壮大的强大动力。管理学之父彼得·德鲁克说："日本培养了能够借鉴、总结的现代管理学专家，他们不仅善于研究各国企业制度的优越性，而且善于根据不同特点加以改进，从细节出发，精心提炼出优秀的现代化企业管理制度。"

2. 对中国文化的学习

众所周知，日本许多企业十分注重学习中国的传统文化。他们推崇孙子"上下同欲""吴越同舟"和孟子"人和"思想，儒家的"仁、义、礼、智、信"，充分发挥人的主动性、积极性和创造性，创立了颇富特色的企业管理方式。如日本东洋企业学习《孙子兵法》，应用于实践，使企业起死回生；基于孙子的"兵无常势，水无常形"思想，索尼公司迎合市场需要，不断推出新产品并进行技术开发，在用人方面，设立"公司内招募制度"；任天堂公司深研孙子《谋政篇》"百战百胜，非善之善者也；不战而屈人之兵，山之善者善也"的精髓，避开激烈竞争，独辟蹊径，推出美国制式家庭游戏机，从而获得商业成功；松下集团借鉴《三国演义》"任人唯贤"和《大学》"明德、亲民、至善"的思想，培养了一大批专业人才。

近代中国经历了一段积贫积弱、任人宰割的历史。在特定的历史时期，尽管中国企业发展较晚、不完善，但是五千年的历史文化从未中断过。日本企业通过观察和总结，从中汲取中国企业的优秀经验，以此来保证日本企业能长久持续地发展。日本企业学习现代中国企业文化的典型要数"鞍钢宪法"。"鞍钢宪法"是 1960 年毛泽东同志在鞍山所作的一个报告中提出的，该报告全称是《关于工业战线上的技术革新和技术革命运动开展的报告》，核心内容是"坚持政治挂帅，加强党的领导，大搞群众运动，实行'三参，一改，三结合'的规章制度"。日本企业大量摄取该宪法的核心内容，使之融入日本企业文化的一部分。对于企业，该宪法主要强调了领导和员工的重要关系，分清主次，最大程度地为企业做贡献。"鞍钢宪法"有以下四个特点。

(1) 以群众路线为中心，让群众当家做主办企业。

(2) 重视政治思想的精神力量。

(3) 强调人际沟通，携手完成企业内外工作。

(4) 鼓励员工创新。

日本企业危机感的存在，不仅使日本因具有自我否定意识而向外学习，还使日本颇具革新和超越精神，意识到在有强大对手存在的危机感下，对引进的先进文化在模仿的基础上加以创新，精益求精，追求超越，以此成为日本企业的重要软实力。

【实例】索尼公司

日本索尼公司创建于 1946 年，原名为东京通讯株式会社。该公司主要生产电视机、摄像机、游戏机等，且世界销量相当可观。然而在 20 世纪 80 年代，索尼公司由于管理不善和文化冲突受到重创，但是，经过营销战略和营销文化的变革使得公司重整旗鼓。

索尼公司有着一套自己独特的营销理念，即"不做客户想要的东西，而做能帮助客户的东西"，创造需求的观念是索尼在营销上的创新。该公司的管理理念如下。

(1) 把企业社会责任纳入管理。

(2) 全球管理。

> (3) 为了下一代。
> (4) 绿色伙伴，即建立绿色伙伴体系，目的在于使其合作的供货商同步执行、共同合作开发绿色环保产品，最大限度减少环境污染。
> (5) 构建后备队伍，是索尼公司培养新一代领导人的培训方案，有效地实现计划岗位配备。

(资料来源：https://www.sony.com.cn. 索尼公司官方网站.)

二、崇尚冒险的美国企业文化

美国是对企业管理理论研究最早的国家，对企业文化的研究是在20世纪70年代开始，80年代中期走向成熟。企业文化理论的最初实践者是日本企业家，但美国人总结并建立了完善了企业文化理论。100多年来，美国一直是西方世界企业管理的领路人，泰勒的科学管理、行为科学与管理科学的发展，给美国带来了巨大的财富。但20世纪70年代的挫折，日本运用的先进的管理模式使日本在许多经济领域超过了美国。美国学者研究日本成功的奥秘及对本国管理理论的研究，在很大程度上改变了美国人过去的管理行为，成为一场影响深远的管理革命。

(一)强大的文化传播基础

20世纪50年代以来，美国企业管理的发展趋势是严密化、定量化和硬科学化，在管理技术上倾向于企业的战略计划、组织结构、制度等管理硬件，在管理中注重社会的契约化、法律化和理性化等。20世纪80年代，当日本的许多经济领域如汽车、相机、光学仪器、家电、信息、钢铁、造船、通信等方面取得领先并超过美国时，美国的企业管理学界纷纷到日本考察研究其成功的奥秘，最后得出的结论是：企业管理不仅是一门科学，更重要的是一种文化。于是，一场以"软"化管理为特征的管理革命在美国展开。而后，互联网在美国诞生，企业文化建设走进了新时代，即网络企业文化渐渐崭露头角。美国也成为网络科技和网络企业文化建设头号强国。美国网络企业文化软实力建设实践有几大特点："重视顶层设计""加强技术支撑，确保文化安全""做强文化产业，提升整体实力""加强舆论引导，增强应对能力"。网络企业文化以互联网、计算机等信息技术为基础，突破了传统文化的各种限制，对人类文化发展产生前所未有的影响。美国企业文化建设的主要做法有以下几点。

1. 凭借技术优势输出文化

一是利用技术优势对互联网信息进行垄断，抢占世界舆论制高点。美国凭借其发达的信息基础设施，建立了有影响力的网络信息发布渠道，垄断了国际重大事件的报道和解释权，掌控着世界信息的发布权。二是利用语言优势和多样的文化产品，进行文化输出。英语作为国际通用语言，为美国网络文化和价值观的传播提供了语言便利；丰富多彩的文化产品，潜移默化地将西方的社会政治理念以及价值观念渗透给大众，甚至在"民主、自由、平等"的旗号下进行文化渗透。

2. 重视网络基础设施建设

一方面,美国重视电子政务等网络公共文化基础设施建设。早在 20 世纪 80 年代末美国就开始了电子政务建设,要求各级政府建立网站并将政务信息在网上公开,以方便网民查阅。同时建立了纽约公共网络图书馆、旧金山公共网络图书馆、芝加哥公共网络图书馆等众多网络公共图书馆、网络公共博物馆等。另一方面,通过法律法规来规范网络文化公共服务,对网络文化公共服务主体的职责、服务标准、负责对象等内容作出规定,以保障公民享有此项服务的权利。

3. 立法和政府监管相结合

一方面,美国制定了《儿童在线隐私保护法》《儿童网络隐私规则》《儿童互联网保护法》等 130 多项法案,针对垃圾邮件美国有 19 个州政府制定了专门的法律法规,同时美国法律还规定提供教学互联网的电脑必须采用信息过滤技术对有害内容进行过滤。另一方面,在网络文化传播和控制方面,美国建立了较为完备的监控体系。联邦政府先后制定了《窃听法》《爱国者法案》等,为其网络信息和内容监控提供法律许可,同时设立联邦调查局"国内通讯协助中心"、中央情报局"开放源中心"等多个机构专门从事网络监控工作。通过在社交网站上安装"地雷式"潜伏软件等多种手段,监控所有大型网站的信息传播,重点针对 Facebook、Twitter 等社交网站。

美国企业代表着世界最强势的企业文化,典型企业有微软、苹果、IBM 公司、福特汽车等。毫无疑问,美国的企业文化不同程度地带有美国式的制度、价值、精神等鲜明烙印和时代特色。根据《财富》杂志发布的 2022 年度美国 500 强企业,居于前十位的企业如表 4-1 所示,可以看出企业文化对企业的影响力。

表 4-1 2022 年美国前十强企业排名表

排 名	公司名称	营业收入(百万美元)	利润(百万美元)
1	沃尔玛(Walmart)	572,754	13,673
2	亚马逊(Amazon.com)	469,822	33,364
3	苹果公司(Apple)	365,817	94,680
4	CVS Health 公司(CVS Health)	292,111	7,910
5	联合健康集团(United Health Group)	287,597	17,285
6	埃克森美孚(Exxon Mobil)	285,640	23,040
7	伯克希尔—哈撒韦公司(Berkshire Hathaway)	276,094	89,795
8	Alphabet 公司(Alphabet)	257,637	76,033
9	麦克森公司(McKesson)	238,228	-4,539
10	美源伯根公司(Amerisource Bergen)	213,988.8	1,539.9

(二)崇尚和宣扬个人主义

美国的企业文化与其历史发展有着千丝万缕的联系,美国是一个移民国家,早期居民大多数是从欧洲各国迁移过来的,没有自己特有的历史文化,在生活的磨炼下形成了美国人浓厚的个人主义色彩。由于历史原因，美国直接从奴隶社会进入到资本主义社会，没有经历封建社会，他们的个性没有受到封建思想的束缚，资本主义制度又提倡个人主义，使得美国人的个性只能在资本主义社会中得到发展。

美国人的个人主义文化使得美国企业非常尊重员工的个性发展，崇尚个人自由，尊重个人价值，在企业经济活动中，推崇自由管理，普通员工也可以扮演企业管理者的角色。同时，制定鼓励机制，调动员工积极性和自信心。1997年，美国修订了原有的每周工作40小时的劳动法案，制定了弹性工作制度，为员工创造了宽松的工作环境，企业充分信任员工的工作能力。例如，惠普确立"相信任何人都能在工作中追求完美和创造性，只要赋予他们适宜的环境，他们一定能成功"的经营理念，"尊重每一位员工"是沃尔玛的三项基本信仰之一，公司通过各种途径来帮助员工发挥自己的潜力。IBM则把"尊重个人"作为公司的价值观，企业内部在形式上做到了"人人平等"，公司里不设领导专用场所和设备，就连每个办公室和每张桌子都没有头衔标识。美国小企业管理局对20世纪巨大影响美国的65项发明进行了研究，发现它们基本上是由个人完成的。杰克·韦尔奇接任美国通用电气公司总裁后，推行全员决策，公司在决策讨论会上邀请那些没有参与过决策会的员工出席会议，听取员工的意见，认为员工对自己的工作要比老板清楚，这样作出的决策才有针对性，避免决策失误的发生。美国BHP炼油厂公司规定：管理人员不能随意对员工发号施令，管理人员需要认真对待员工的意见，尊重每一个员工。

美国公司尊重个人价值还表现在激励机制上，美国公司会花大量的时间、人力和物力对员工进行知识和岗位能力的培训，提高了员工的业务能力，并给员工搭建展示自己能力的平台。IBM公司一般会从自己公司里提拔自己的员工，让员工有晋升的机会，从职务上给予激励。另外，美国公司奖励往往针对个人而不是针对集体，他们相信员工有能力完成自己的工作，他们也要求员工明确自己的职责，对自己的工作负责，员工成绩突出，公司对员工个人给予奖励。美国企业将自己的股份分配给员工，让员工成为公司的主人，从而发挥员工的主人翁思想，提高员工的责任心和积极性，让员工和企业的命运息息相关。例如，20世纪80年代美国企业经理人员典型的报酬是：企业的最上层管理人员每年拥有2.5万股购买权，中层管理人员每年拥有7500股购买权，下层管理人员每年拥有2000股购买权。微软公司在2000年时，有80%的员工拥有公司的认股权。美国福克斯波罗公司(Foxboro)是一家专门从事设计、制造和应用过程检测控制仪表的公司，一天，公司的一位科研人员把研制的新产品给总经理看，总经理看后非常高兴，觉得应当当场给予奖励，可总经理当时身边无可奖之物，于是只好用一只香蕉来奖励员工，以后公司就用"金香蕉"来奖励该公司的杰出科研创新者。

美国公司崇尚个人价值还表现在个人英雄主义上，美国的企业家被美国人当作"新美国英雄"崇拜，企业以这样的商业英雄为榜样，给予他们荣誉和高额的年薪。例如，2022年，苹果公司总裁蒂姆·库克拿到了9870万美元的年薪(折算成人民币约6.3亿元)，远远超过美国总统乔·拜登40万美元的年薪(折算成人民币约285万元)。

(三)支持冒险并激励创新

美国文化是移民文化，移民冒着风险从熟悉的环境来到陌生的地方，经常遇到新的事物和需要解决新的问题，他们需要打破常规，适应新的环境；他们需要不断尝试，不断创新，从挫败中学习，从失败中总结，从成功中得到鼓励，从而形成了美国人的冒险精神和不断创新的精神。美国有众多的风险投资家就是一个最好的例证。丹麦哲学家哥尔科加德有句名言："野鸭或许能被人驯服，但是一旦被驯服，野鸭就失去了它的野性，再也无法海阔天空地自由飞翔了。"美国公司就喜欢用这种具有"野鸭精神"的人，能够勇于冒险、不断创新。

在美国商界曾流行这样一句话："要么创新，要么灭亡。"可见美国企业对创新的重视。在过去的几十年中，美国无疑是世界技术创新的领袖，诸如互联网、计算机、飞机、电灯、电话、留声机、空调、洗衣机、微波炉、移动电话等，都是美国企业创新创造的成果。创新企业引领时代发展，拓宽了社会活动边界，创造了巨大的社会需求，从而收获超额回报。福特、微软、苹果、谷歌、OpenAI 等公司的创新活动，不仅巩固了美国的霸主地位，推动了世界科技的突破性发展，在改变既有生产生活方式的同时，其自身也收获了超额收益。例如，福特汽车通过研发更高效的交通工具淘汰了落后的交通方式，拓展了现实生活中的物理边界；微软通过研发更高效的计算机系统和办公软件改变了传统的办公方式，拓展了社会生产力的边界；苹果通过研发更高效的移动终端设备颠覆了以往的沟通方式，拓展了人们互联网交流的边界，这些创新活动都创造出了新的巨大的社会需求。

创新过程中难免会犯错误和失败。从对过去 20 世纪 40 年代以来的创业投资统计来看，其成功概率仅为 20%，这就要求企业允许创新者有失败。国际数据集团总裁麦戈文说："在美国，鼓励你去尝试做一些事情，即使你失败了，也会因为尝试过而获得荣誉。"美国通用公司曾经有 2000 万美元投资计划因不可预测的市场原因而导致失败，执行此次计划的人却得到了奖励，其经理的职务不降反升，人们大惑不解，通用公司的 CEO 韦尔奇道出了其中原因，那就是只要你的理由和方法是正确的，即使结果失败，也值得奖励。又如，新药研发是一个漫长、昂贵和高风险的过程，平均需要超过 10~15 年的时间，每种新药获批临床使用的平均成本超过 10 亿~20 亿美元。对于任何一家制药公司或学术机构来说，一个候选药物在临床前阶段经过严格优化后，推进到 I 期临床就是一项巨大的成就。然而，密歇根大学药学院孙笃新教授研究发现，在进入临床研究后，90%的候选药物会在 I、II、III 期临床试验或药物批准过程中失败。近 20 年来，各大药企在阿尔茨海默病(AD)新药领域的研究几乎全军覆没，上市的药物基本只能延缓而无法有效治愈，新药研发失败率高达 99.6%，成为最出名且让最多药企折戟的"大坑"，但仍然有众多美国药企前赴后继地投入研究。

美国企业一直对科学技术的发展比较重视，每年投入大量的人力和物力来开发新的技术并应用于企业的生产中，进而转化为生产力，并依靠其技术优势制定行业技术标准，从而获取高额利润。研发投入被外界视作检验成熟企业的"试金石"，以高研发投入作为核心驱动力的企业，有助于提高其创新性以及巩固行业地位。2022 全球研发投入百强企业排名前十的企业中，美国有六家企业上榜并包揽榜单前三，年度研发投入超过 200 亿欧元的三家公司全部来自美国。持续不断的创新投入使美国企业抢占了许多科学技术的制高点。

【实例】美国大公司的企业创新文化

美国的应用研究很少在国家资助下单独研究，大多数是公司企业与高等院校联合完成的，通常是由两者联合成立一个研究机构，如大学——企业合作研究中心。研究机构并不是完全附属于公司或大学，通过形式多样、内容丰富的灵活方式，形成了独特的研究中心创新合作文化。研究机构有较大的自由，氛围十分宽松，能自主利用机构的人力、智力和财力，以项目为纽带，组织不同专业背景的科学家和研究人员，聚焦新产品或新技术开发，共同进行多学科跨领域的研究。这样的研究结果具有实际应用价值，已经成为美国公司企业经济发展的主要手段。

另外，美国很多大型公司在企业内部建立了自己的科学研究机构，它们根据自己的需要进行一些相应的科研工作。通过积极引进高水平人才，在实验室条件和经费投入方面给予强力支撑，在管理中大力倡导竞争、开创和卓越的文化理念，其科研水平与大学或专业科研机构不相上下甚至更高，贝尔实验室、IBM约克城、苹果实验室就是典型代表。

(资料来源：美国最具代表性四大科研机构科技成果转化模式分析. 中国技术交易所官方网站. https://us.ctex.cn. 2018-07-30.)

(四)推行实用和理性文化

基于历史发展所形成的"大杂烩"式的美国社会文化，融合了世界各民族文化，形成了美国实用主义哲学，这种实用主义哲学也深深地融入美国企业文化当中，认为"有用就是真理"，换句话说，"实践是检验真理的唯一标准。"注重实际效果，少一点形式主义，上级与下级沟通直接，表达意见明确。注重实用和推崇理性是美国企业文化的亮点之一，也是引领美国企业文化创新发展的关键要素。

美国戴尔公司创建于1984年，是以直销方式经销个人电脑，提出以客户为中心的营销战略，戴尔公司根据顾客订单直接通过分销商把产品运送到客户手中，这种营销方式打破了传统的商业销售链里的供应商和制造商的中间环节，不仅节约成本，提高利润率，而且创造了"戴尔模式"销售纪录。一旦戴尔进入市场，由于成本低，售价比其他商家要低，这种低价格将迅速抢占市场。OpenAI是一家引领人工智能领域的公司，不仅因为它所拥有的先进技术，还因为它所倡导的企业文化和价值观。OpenAI的企业文化主张创造一个能够激励员工自我超越和不断学习的工作环境。他们相信员工在一个能够促进创新和实现梦想的工作环境中，可以充分发挥他们的潜力和才华。凭借其年轻化团队、价值观与使命感等特点，成功地研发出了ChatGPT这项颠覆性技术。

综观网络经济时代美国创新型企业的成长壮大历程，可以发现普遍具有以下典型的特征。

1. 重视企业文化与价值观

企业在发展过程中，十分重视发挥企业文化和价值观的引领、导向、感召和激励作用。通过各具特色的企业文化的建设，强化组织的使命感，激发员工的创新精神，认为只有具备了强烈的企业文化和价值观，才能为员工提供一个良好的发展环境，进而推动组织乃至于整个产业的进步。苹果已故CEO乔布斯曾说，我讨厌一种人，他们把自己称为"企业家"，实际上真正想做的却是创建一家企业然后把它卖掉或上市，他们就可以变现一走了之。他对百事可乐总裁约翰·斯卡利说："你是希望一辈子卖糖水呢还是想抓住机会改变世界？"这也体现了企业文化中"改变世界"的理想境界。

2. 鼓励各类人才发挥潜力

美国企业普遍制定了充分彰显"个人主义""英雄主义""理性主义"特点的激励机

制，激发各类人才的创新热情，从而推动技术的快速发展。美国企业没有"35 岁职场中年危机"这种现象，在美国公司中工作二三十年的程序员十分常见。比如：PowerBI 上游的 Common Data Model 的作者，就是已工作二十多年的程序员；hulu 等美国总部岗的一线专家很多也是四五十岁的年纪；AWS 上 Aurora 等数据库开发者也是工作二十多年的人士(有些还不是核心模块)等。但并不是意味着美国企业不重视年轻人，年轻人的活力和创造力具有巨大价值。公司重视充分挖掘年轻人的潜力，为他们提供充足的发展空间。

3. 吸引和培养顶尖人才

在"快鱼吃慢鱼"的创新制胜时代，顶尖人才的培养和留存至关重要。美国企业建立了一套完善的人才选拔和培养体系，努力吸引和留住更多优秀人才。同时，企业还与全球顶尖学府和研究机构建立了紧密的合作关系，以便在人才培养和技术研发上取得更大的突破。根据 2020 年年底发布的《财富》杂志公布的数据显示，美国 500 强企业 CEO 中，白人占比为 72.4%，有色人种(包括亚裔、黑人、拉丁裔等)占比为 27.6%。其中，亚裔占比为 5.6%，黑人占比为 4.4%，拉丁裔占比为 5.8%。企业通过科技创新和自由公平竞争，鼓励顶尖人才做强做优做大企业，上不封顶，具有全球影响力的大企业和企业家层出不穷，同时企业家后备队伍也是信心十足，资源丰富。

4. 强化跨界合作与产业链整合

当前，全球进入大科学时代，科学研究的复杂性、系统性、协同性显著增强。科学技术的发展离不开跨界合作与产业链整合。美国企业十分重视在技术创新、人才培养和市场应用等方面的横向与纵向合作，以提高整个产业链的竞争力。供应链管理思想和技术在美国各行各业中得到广泛应用，且成效显著，出现了一大批代表性企业，引领世界发展，如沃尔玛、亚马逊、苹果、波音、英特尔、IBM、宝洁等。这些领先的代表性企业凭借与合作伙伴相互从战略到操作的高效合作、共享领先的技术手段，最大限度地取得供应链发展改进带来的益处。此外，企业还注重产业生态的构建，通过与不同领域的企业合作，实现技术的广泛应用，从而进一步推动新技术、新材料、新工艺等的发展。

5. 营造支持创业创新氛围

美国企业全力以赴对数字云、半导体生产、人工智能、5G 或 6G 网络以及量子计算机安全性控制权的竞争和对全球生产生活方式变革的创新推动，在制度支持和创新环境建设方面发挥了关键作用。在美国，创业可以说是人人都关注的话题。从电影、电视剧、媒体报道到教育系统，无处不在地强调和推崇创业。对于年轻人来说，通过创业可以实现自我价值和财务自由；对于中老年人来说，创业是另一种退休后的选择和重新振作的机会。创业者在美国可以获得政府的支持和资源的倾斜，大型企业也会积极与初创公司合作或投资，不断探索新的商业模式和技术方案。而互联网、人工智能等新兴领域则更是成为创业者们的重要发展方向。这种创业精神包括敢于创新和冒险、追求自我价值和财务自由、政府和大公司的支持与倾斜、多元文化和社交网络的融合等方面。一个良好的支持创业创新氛围，为企业和人才提供一个自由、开放、竞争的发展环境。正是这种精神的传承和发扬，形成了美国企业独特的创新文化生态。

网络企业文化

【实例】IBM公司(国际商用机器公司)的企业文化

全球最大的信息技术和业务解决方案公司,国际商业机器公司(简称IBM),总公司位于美国纽约州阿蒙克市。拥有全球雇员31万多人,年营业额超过500亿美元,业务遍及160多个国家和地区。IBM是有明确原则和坚定信念的公司。这些原则和信念似乎很简单,很平常,但正是这些简单、平常的原则和信念构成IBM特有的企业文化。许多人不理解,为何像IBM这么庞大的公司会具有人性化的性格,但正是这些人性化的性格,才造成IBM不可思议的成就。该公司始终坚持遵守"沃森哲学","沃森哲学"就是老托马斯·沃森在1914年创办IBM公司时,为公司制定的行为准则,这些准则一直被公司所传承,并且IBM任何一个行动及政策都直接受到这些准则的影响。"沃森哲学"强调组织成员应该是有相同的信念和价值观,成员之间讲究友善和民主,顾客至上,追求卓越。在互联网时代,IBM公司的企业文化在美国被认为是网络企业文化的典范。

1. 公司的基本信念

(1) 必须尊重个人,尊重企业中的每一个人的尊严和权利。
(2) 必须尽可能地为顾客服务,对顾客给予世界上最好的关心。
(3) 必须追求优异的工作表现,在各项工作中卓越地完成目标。

2. 公司的基本原则

(1) 对企业经营管理给予明智的、可信赖的、有才干的指导。
(2) 对顾客尽可能地提供有效率的、有效果的服务。
(3) 发展技术、改进产品和研制新产品。
(4) 通过扩大工作职务的范围,提高成员的工作能力,并给予他们机会,使他们在工作中感到满意。
(5) 为所有成员提供平等服务的精神。
(6) 确认对股东的义务,向他们提供适当的投资收益。
(7) 促进机构所在地区的福利。
(8) 尽到作为一个美国公司对公民的职责,并对世界上有业务关系的国家尽到自己的职责。

3. 公司的实际做法

(1) 与用户签订契约,不只是机器出售,更包括所有的服务项目。
(2) 公司的优秀主管助理任期3年,只负责一项工作,就是对任何顾客的抱怨或疑难问题,务必在24小时内解决。
(3) 集体服务。若有某公司机器发生问题,IBM公司很可能会从不同的地区派来专家协同解决问题。

(资料来源:IBM官方网站。https://www.ibm.com/cn-zh.)

三、其他国家的企业文化

世界上除了美国和日本的优秀企业所代表的企业文化之外,还有像来自欧洲、亚洲的

第四章　网络企业文化的兴起

具有自身特色的企业文化代表性企业。比如西班牙 Inditex 集团下的 ZARA 品牌服装，在极具供应链的特色企业文化影响下，发展成为世界前列的服装零售商；瑞典的 H&M 服装品牌，重新定义了"平价流行"的概念，体现了公司平价、流行、品质的企业文化理念；韩国的三星公司从成立至今，将电子、金融及服务行业发展到世界先进水平。"为人类社会作出贡献"的企业文化更是企业经营和战略目标的最大推动者，和至今取得的发展成就息息相关。

【实例】德国博世公司的企业文化

德国博世公司成立于1886年，全称是罗伯特·博世有限公司(BOSCH)，是德国的工业企业之一，从事汽车与智能交通技术、工业技术、消费品和能源及建筑技术的产业。博世公司以其创新尖端的产品及系统解决方案闻名于世。目前，博世公司在全球员工人数已超过42万名，遍布50多个国家，仅在中国雇员就超过55000名。2022年，博世公司销售额达到884亿欧元，在世界500强里排名108。

100多年来，博世孜孜不倦追求着一个重要的目标——用完美的技术和可感知的质量，不断改善大众消费者的生活品质。博世公司以矢志不渝的创新精神，精细深厚的工艺技术，在家电领域体现了智慧与专业的价值理念。1960年发明第一台全自动滚筒洗衣机，1964年生产出第一台洗碗机，以可靠的产品品质和领先的精湛技术引领家电世界潮流。2022年，博世与大众在自动驾驶领域进行战略合作，致力于扩大在德国的创新影响力。

博世公司的创始人罗伯特·博世在1919年曾这样说："我宁可损失金钱，也不想失去信仰。"盈利不是唯一目的，博世相信他们肩负着后世几代的责任。1964年，公司设立了基金会，先后投入数十亿欧元用于慈善事业，基金会以其非营利的特性和无私奉献的精神，实现了博世对社会乃至整个世界的坚实承诺。

博世的企业文化理念体现在：品牌口号语是"Invented For Life"（科技成就生活之美）；公司的产品、服务，事实上整个企业的精神理念都应该符合公众的利益；成功的奥秘就在于科技创新，可靠的产品品质是博世成功的关键，也是博世引以为豪的一贯传统；以全员努力执着和不断创新忠实践行博世对客户和最终用户的一贯承诺；视全球420300名员工(截至2022年)为集团最重要的资产。

(资料来源：博世公司官方网站. https://www.bosch.com.cn.)

第三节　我国企业文化的发展

我国从秦朝的诸子百家到汉代的儒学思想，先人所创造的思想文化得到发展并延续下来，成为后人的思想意识主线，沉淀了许多优秀的思想文化。经历了封建社会到社会主义社会的翻天覆地的转变后，对文化意涵又有了新的定义和标准。改革开放后的中国，企业文化不仅仅是优秀传统文化精华的传承，而且汲取了现代与传统、国际潮流与民族底蕴、家国情怀与时代责任的丰富营养。我国企业文化随着时代的发展而发展，对于处于宏观环境下的企业文化，只有融入新时代中国式现代化管理新思潮，才能成为企业复兴的强大力量。数智化网络时代,人们沟通、阅读、思考问题的方式发生了巨大变化,企业领导者需要思考什么样的文化是这个时代所需要的、是员工所想要的。因此,企业充分运用现代信息技术来武装企业文化,广泛使用各种媒介方式拓展传播渠道,强化员工的参与性,从宣传、活动、制度、人员等各方面提供保障,从而推动创新企业文化建设落到实处。

一、传统文化的历史积淀

中国是世界上四大文明古国中唯一延续至今而没有中断的国家,有着举世瞩目的优秀历史文化。盘古开天地、女娲造人、神农尝百草、仓颉造字,奠定了神传文化的初始。"人法地,地法天,天法道,道法自然",道家天人合一的思想融入文化的血脉;"大学之道,在明明德",两千多年前的孔子设馆授徒,把以"仁义礼智信"为代表的儒家思想传予社会。儒、释、道三家思想交相辉映,使盛唐时期达到举世瞩目的辉煌。到了宋朝,儒学开始从政治、思想、文化、教育、社会等全方位融入整个中国的各个阶层的生活之中,进而重塑整个社会,成为传统中国的典范。

中华民族虽然在历史上多次遭到侵略和打击,但传统文化一直表现出极大的融合力与生命力,其精华代代相传。"天人合一"代表着我们祖先的宇宙观;"善恶有报"是社会的常识;"己所不欲,勿施于人",是为人的道德底线;"忠孝节义"是人生于世的标准;"仁义礼智信"成为规范人和社会的道德基础。在这样一个前提下,中华文化体现出诚(实)、善(良)、和(为贵)、(包)容等优点。中华传统文化追求天人和谐,重视个人的修养,以儒释道的修炼信仰为根,能够包容,能够发展,能够维护人间道德,能够使人有正信。与法律这种刚性约束不同的是,文化约束是柔性的。法律偏重犯罪之后的惩罚,而文化对于道德的育化却起着预防犯罪的作用。一个社会的伦理价值观常常通过文化具体反映出来。

中国传统文化和现代企业管理之间有着密切的价值渊源,优秀的传统文化对于现代企业的经营管理有着重要而深远的影响。比如,孔子的"天下有道,丘不与易也",范仲淹的"先天下之忧而忧,后天下之乐而乐""以天下为己任,关心社会,奋发有为"的儒家思想等。"为政之道"诠释了领导者应服务人民的思想,强调一名优秀的企业家,不仅要凭借自己的知识技能管理企业,更重要的是靠自己的人格魅力把员工凝聚在一起,形成巨大的工作热情。"己欲立而立人,己欲达而达人""礼之用,和为贵""修身齐家治国平天下"等主张对我国企业文化建设中的"以人为本"的追求有着很强的借鉴意义,如表4-2所示。

表4-2 我国优秀传统文化的典型主张

传统文化典型主张	对企业管理的影响
入世有为	我国企业文化凝聚员工信赖和支持的主要力量
人本思想	企业经久不衰的活力,值得企业思索和借鉴
为政以德	对我国优秀的企业文化有着很强的指向性,源于企业领导的正直诚信和品行节操
重"义"轻"利"	正确地处理好"义"和"利"的关系,以仁义、道德治理企业
礼教兴邦	要求人们加强修身养性,注重礼节,协调处理人际关系

二、企业文化的萌芽勃兴

自1978年至今,中国改革开放走过了40多年的历程。40多年间,中国经济总量一路跃升至全球第二,国家文化软实力和影响力也大幅提升,其中离不开企业文化的作用。随着改革开放的深入,我国迈向了现代化的坚实道路,在"发展才是硬道理"的政策指引下,一大批现代企业应时而生、蓬勃发展,借鉴和融合了国内外先进的管理经验,由此也形塑起中国特色的企业文化体系。

(一)企业文化建设的兴起

1978年党的十一届三中全会作出改革开放的决策,中国由此进入改革开放的新历史时期。自此,企业逐步实行所有权和经营权的分离,成为自主经营、自负盈亏、自我约束和自我发展的独立法人。如何适应市场竞争、提高经营效率,存在着经验上的不足,同时也面临着诸多挑战。在这种情况下,发达国家的经济管理思想和实践案例等方面的著作被迅速翻译出版,企业文化方面的专著比如:威廉·大内的《Z理论——美国企业界怎样迎接日本的挑战》(1981年)、阿伦·肯尼迪和特伦斯·迪尔合的《企业文化——企业生存的习俗与礼仪》(1981年)、帕斯卡尔与阿索斯合著的《日本企业管理艺术》(1981年)、托马斯·彼得斯与罗切特伯特·沃特曼合著的《追求卓越》(1982年)等,是20世纪80年代中国企业文化界公认的企业文化理论的"四重奏"。这些企业文化理论著作,对于刚刚进入改革开放时代的中国企业来说,可谓是文化建设上的启蒙读物,为中国现代企业文化建设提供了理论借鉴。

(二)企业文化影响的扩大

我国企业能够在短短几十年走完资本主义国家二三百年的路程,不光是因为我国强烈的发展需求骤然释放后产生的巨大能量,更是因为我国企业界懂得发挥后发优势,快速借鉴欧美日等发达资本主义国家二三百年积淀下来的科学管理制度和先进的文化理念。自20世纪80年代国外企业文化理论引入中国以来,学术界和企业界经过了一番"拿来主义"式的消化吸收和实践创新,90年代陆续形成了苏南模式、温州模式、顺德模式等企业发展典型经验。随之,企业文化咨询市场自然形成,这是中国经济发展和企业管理水平提升的必然要求,也是企业界在质量、环境、职业健康安全等基础管理咨询市场启动后,产生的更深层次的文化管理咨询需求。在这一时期,企业文化在我国受到很大程度的重视并且发展日益深入,社会主义市场经济的发展,推动着中国企业文化建设迎来了自己的春天。在这一阶段,我国企业文化建设主要有以下几个特点。

1. 企业文化理论研究不断深入

企业文化成为社会关注的热点,企业文化理论研究鲜明地呈现出"文章合为时而作"的导向,在引进和学习国外理论的基础上,结合我国实际进行的创新性研究受到高度的重视。同时,企业文化理论研究向着与我国企业文化建设实践更加紧密结合的方向发展,理论研究从单学科研究向多学科、跨学科研究方向发展。

网络企业文化

2. 企业文化实践活动方兴未艾

一些优秀企业几乎是在企业文化理论传入我国的第一时间，就敏锐地加以关注，并迅速创造性地学习和运用到企业经营管理的具体实践中，在企业界发挥了重要的带头示范作用。"海尔文化激活休克鱼"成为人们津津乐道的经典案例。

3. 企业广泛建立了文化组织

在成功企业的引领和影响下，我国各地相继建立了专业性的企业文化组织，各个行业和部分企业也建立了企业文化组织。各地区、各行业的企业的专业性企业文化组织的建立，极大地推动和促进了我国企业文化建设事业的发展。

4. 企业文化教育培训广泛开展

北大、清华、人大等知名高等院校率先开设了企业文化课程，一大批经典的企业文化建设案例得到推广。以各地企业文化组织为主体所开展的企业文化专业培训体系日益展开，以海尔、宝钢等为代表的一批优秀企业的内部企业文化教育培训活动开展得有声有色；社会各个层次、各种类别的企业文化教育培训因此得以大规模地展开。

5. 涌现出了一支企业文化建设的生力军

在理论界、企业界和全国各级各类的企业文化社团组织中，涌现出了大批术业有成、身体力行的企业文化推动者，他们为我国企业文化传播、发展作出了重要贡献。借助互联网时代在我国的到来，又进一步扩大和加强了这些企业文化领域的专家、学者与企业家的传播影响。

> **【实例】海尔文化激活休克鱼**
>
> 青岛红星电器厂曾和青岛海尔一样被列为中国三大家电重点企业之一。该厂的厂房、设备、技术并不差，在同样的起跑线上，海尔越跑越快，摘取了中国家电第一的桂冠，而红星到1995年亏损近2亿元，资不抵债，最终被海尔兼并。兼并之初，海尔经调研发现，红星失败的原因不是厂房、设备、技术、资金，而是人本管理文化落后，职工凝聚力差，缺乏将生产要素有效组合的灵魂和软实力。按以上思路，海尔文化中心派人到红星打造以人为中心的人本管理，在海尔职工不用考虑给领导送礼拉关系，只考虑怎样干好工作学好技术，谁的劳动贡献大、技术高、发明创造多，就给谁协商涨工资。用人本管理文化实施"日事日毕、日清日高"严细管理法等举措，使休克鱼活蹦乱跳，起死回生。
>
> 海尔兼并红星后未投一分钱，通过统一思想，重铸企业灵魂，将海尔人本管理文化融入红星，构建和谐劳动关系，用无形资产盘活有形资产，仅5个月就使该厂月盈利150万元。
>
> （资料来源：苏勇. 企业文化的"易"与"不易"[J]. 企业管理. 2022(3): 3.）

三、企业文化的创新发展

伴随着第四次工业革命的全面兴起，全球以云计算、大数据、物联网、人工智能、区块链、5G通信等为代表的新一代信息技术，促使着实体经济与虚拟经济高度交融。在经济发展新常态下,在科学技术创新不断融合、叠加、迭代和进步中,数字化、网络化、智能化推动着经济社会发生划时代的全新革命。万物互联和人工智能带来了生产生活方式颠覆式的变化,新的管理理念、方法、模式不断产生,使得企业文化的发展进入新纪元。

(一)企业文化建设基础更为雄厚

进入 21 世纪以后,我国建成了全球规模最大、技术领先的网络基础设施,形成了全球最大最活跃最具潜力的数字服务市场,为加快推进企业文化建设提供了坚实基础和有力支撑,具体表现在以下几个方面。

1. 形成了更丰富的企业文化体系

2000 年以后,中国企业文化建设进入细分领域,诚信文化、安全文化、执行文化、创新文化、服务文化、廉洁文化、班组文化等作为相对独立的企业文化子体系进入扎实建设阶段。子文化建设有利于实现企业文化价值观体系与企业战略、经营管理高度融合,是企业价值观管理的有力抓手,是确保优秀的企业文化价值观落地的重要载体和通路。例如,服务文化专家陈步峰最初从事企业文化的研究与咨询工作,后来专注于"服务文化"的研究与推广,连续编著《中国服务文化建设》《成败大扫描——中国服务文化案例启示录》《电力企业服务文化读本》《服务文化决胜未来》等 15 部服务文化专著,不但发展了服务文化,影响了一批企业,还在客观上拓宽了企业文化的外延。

2. 新基建夯实了企业文化建设载体

全面加强新型信息基础设施建设,加速了云计算、大数据、物联网、电子商务的应用成熟,中国渐渐进入了网络无处不在、信息无所不通、万物无所不联、服务无所不及的时代。数智化网络对企业文化建设提出了新的挑战,企业文化建设在工作方法、传播载体、沟通方式等方面都有了新的变化,企业文化宣传也进入全媒体时代、融媒体时代。

3. 跨文化管理和文化融合成为新课题

网络化、全球化以及人类命运共同体理念的形成,共同推动着文化融合和人文共同体的建设。2023 年,是共建"一带一路"倡议提出十周年。十年来,中国已与 151 个国家和 30 多个国际组织签署 200 余份共建"一带一路"合作文件,"一带一路"已成为深受欢迎的国际公共产品和国际合作平台。中国与世界在文化交流融合方面越来越深入,各种思想百花齐放,这对我国企业及个人的思想内涵、文化价值产生了巨大影响,企业文化也在文化大交融的历史长河中得到创新发展。

(二)企业文化时代意义更为显要

文化是一个国家、一个民族的灵魂,文化兴、国运兴,文化强、民族强。一个民族要想实现复兴,既需要强大的物质力量,也需要强大的精神力量。没有高度的文化自信,没有文化的繁荣兴盛,没有共产党就没有中华民族的伟大复兴。因此,在经济发展新常态下,提高中国企业文化自信,破除中国企业文化虚无论,深入挖掘优秀传统文化中蕴含的有利于现代企业经营管理的人文道德理念,为中国企业战胜困难、生生不息提供强大的精神支柱,意义重大。

网络企业文化

1. 确保企业文化建设的正确方向

文化自信是一个国家、一个民族发展中更基本、更深沉、更持久的力量。大力发展一批强劲的国有品牌,坚定文化自信,事关国运兴衰、民族精神独立。企业作为现代社会的细胞,不仅是物质财富的主要创造者,更是精神文明的主要推动者,肩负着推动社会主义文化创新发展的历史使命。企业在激烈的市场竞争中如何才能处于有利地位,可能有许多因素,但有一点是至关重要的,那就是通过卓有成效的企业文化的润物无声、春风化雨的影响,来增强企业的凝聚力和竞争力。企业文化作为中国特色社会主义文化的组成部分,在推动中国经济发展、增强中国经济竞争力、规范企业社会责任、提升中国社会文明发展水平起着重要作用。因此,企业文化建设必须坚持服务国家战略需要和服务企业发展目标的正确导向。

2. 大力弘扬社会主义核心价值观

文化离不开培育的土壤,企业离不开扎根的国度。我国作为社会主义国家,社会主义核心价值观是社会主义核心价值体系的内核。当今世界之百年未有之大变局,绝不仅仅是国际秩序的变化,更是生产力、社会形态、思想文化的大变革,这是一次全方位的革新,而在数智化网络的冲击下,变革的速度很可能超越所有人的预期。面对世界范围思想文化交流交融交锋形势下价值观较量的新态势,面对改革开放和市场经济条件下思想意识多元多样多变的新特点,在企业文化建设的过程中,积极践行社会主义核心价值观,具有重要的现实意义和深远的历史影响。发挥社会主义核心价值观对企业文化的引领作用,把社会主义核心价值观融入企业发展的各方面,转化为企业成员的情感认同和行为习惯,是企业文化建设的一项重要任务。每个现代企业都会有自己的文化理念、文化内容和文化个性,但是,我国的企业文化绝不应沦为老板文化、总裁文化、实控人文化,而应是新时代中国特色社会主义条件下的企业文化,必须以社会主义核心价值观为根本遵循,让社会主义核心价值观在企业文化中得到倡导、弘扬和践行。

社会主义核心价值观

◆ 国家层面的价值目标:富强、民主、文明、和谐
◆ 社会层面的价值取向:自由、平等、公正、法治
◆ 公民层面的价值准则:爱国、敬业、诚信、友善

3. 营造鼓励创新的企业文化环境

近年来,我国企业的创新能力快速增长,但与西方发达国家相比,在一些关键核心领域仍然差距显著,特别是对一些先进机电设备和零部件进口仍然存在较大依赖。只有实现重大关键技术突破,成为创新型国家,才能实现国家的现代化。只有把核心技术掌握在自己手中,才能真正掌握竞争和发展的主动权,才能从根本上保障国家经济安全、国防安全和其他安全。只有加快培育自主创新能力体系,才能够保障高端制造业产业链和供应链的安全,防止在供应链关键环节被扼住"咽喉""命脉"。因此,如何提升我国制造业供应链安全水平,加快实现在若干关键领域的技术创新突破,已经成为中国所面临的重大理论难题和战略课题。实践证明,企业家是那些"能抓住机会引进新产品和新的生产方式,改

进企业的组织机构，勇于承担风险的企业所有者或企业经营者"。企业家及其个人的文化价值标准，在企业的经营管理、资源配置决策和企业创新文化建设中起着中流砥柱的作用。新时代的企业文化建设，迫切需要众多企业家发挥表率作用，彰显工匠精神，勇于担当使命，自觉开拓创新，来推动解决"卡脖子"的关键核心技术问题。仅此而言，积极营造鼓励创新的企业文化环境，培养强烈的创业创新创造精神，是新时代企业文化建设的一项重要任务。

4. 善于传承和汲取优秀传统文化

一个民族的文化传统和文化背景，决定着这个民族的发展道路。中华民族5000多年的历史所孕育的中华优秀传统文化，是企业文化建设取之不尽用之不竭的动力和源泉。企业应当从优秀传统文化的思想内涵出发，按照当今时代要求和社会发展需求，运用中国特色社会主义文化建设理论回答和解决现实问题。同时，要梳理企业发展史，总结企业发展经验及发展成就，汇集与企业发展相关的文史影像资料，建设企业历史展览室、荣誉墙，让企业成员真切感受企业发展的艰辛历程和取得的巨大成就，增强企业成员对企业的文化自信，把个人目标与企业发展目标紧紧联系在一起，与企业共创未来。

5. 丰富企业文化建设的时代内涵

企业文化的时代内涵，指的是企业经过一定时期的运行才能养成的精神文化氛围和风貌，它不仅是企业历史和底蕴的体现，同时也具有鲜明的时代特色，承载着企业应肩负的时代使命，并能深入地感染企业员工的精神氛围，增强员工的责任感、使命感、荣誉感，成为企业创新发展的沃土丰原。企业文化的时代内涵促成了个体本身和企业发展之间更紧密、更有价值、更有意义的结合。当前，我国的主要矛盾是人民日益增长的美好生活需要和不平衡不充分的发展之间的矛盾。对于企业来讲，需要提供的产品和服务应不仅只停留在器物层面，也需要致力于满足民众精神需求的产品和服务。同时，在波云诡谲、动荡不安的国际政治和经济形势下，我国企业应当坚定不移地践行国家创新发展战略，学习和推广中国在高铁、盾构机、量子信息、5G通信、光伏材料、储能电池等技术领域取得突破成效的企业文化驱动模式，丰富为国奉献、为国创造、为国争光的企业使命、企业愿景、企业精神、企业价值观等企业文化的时代内涵，不断以新的形式、新的内容丰富和发展企业文化的内涵与外延，从而创造出具有世界一流水平的产品和服务。

本 章 小 结

企业文化有着很强的理论继承性，是企业管理理论发展史上优秀成果的继承和发展，是现代企业管理科学逻辑发展的必然结果。企业文化阶段则标志着管理科学发展的最新综合，总结各阶段的特征为：其一，企业文化的兴起，并不意味着对管理丛林阶段的全盘否定；其二，企业文化的出现，就其重视人的作用来说，是行为科学阶段的继续，但不是行为科学发展阶段的简单重复。行为科学阶段侧重于把心理学研究成果引入企业管理，企业文化阶段则侧重于把文化学的研究成果应用于企业管理，充分发挥文化的作用。

企业文化既是一种管理理论，也是一门管理艺术。在20世纪，美国、日本的企业文化

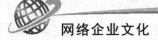

内涵与特色各具特色，曾经在世界上掀起一时的风靡热潮。改革开放以来，我国的企业文化建设快速起步并取得了显著成效，涌现了一批有代表性的建设模式。新时代必须进一步加强企业文化建设，丰富企业文化的时代内涵，创新企业文化建设方式，融入历史文化根脉，体现文化传承力，彰显时代特色，体现文化生命力，为企业创新发展提供强有力的文化支撑。

思 考 题

1. 企业文化理论对当今社会的企业有什么影响？
2. 我国和发达国家企业文化发展历程有什么区别？
3. 通过对日本、美国企业文化的比较，对我国企业有什么样的启示？
4. 为什么说企业文化理论的产生导致了西方企业界一场意义深刻的革命？
5. 在企业文化理论产生之前有无企业文化现象？
6. 为什么把企业文化称为企业管理的"软"因素？
7. 我国的企业文化建设有什么样的鲜明的时代内涵？

本章案例

腾讯公司的企业文化建设

腾讯公司成立于1998年，总部位于中国深圳，是一家在国内具有巨大影响力的互联网企业，它的产品和服务极大地改变和影响着人们的生活方式。腾讯多元化的服务包括社交娱乐、金融、资讯等，覆盖人们生活的方方面面。2004年，公司在香港联合交易所上市。

作为一家著名的互联网公司，其企业文化也体现出独特的特点。

使命： 通过互联网服务提升人类生活品质。以高品质的内容、人性化的方式，向用户提供可靠、丰富的互联网产品和服务；公司的产品和服务像水和电一样源源不断地融入人们的生活，丰富人们的精神世界和物质世界；持续关注并积极探索新的用户需求、提供创新的业务来持续提高用户的生活品质；通过互联网的服务，让人们的生活更便捷、更丰富，从而促进社会的和谐进步。

价值观： 正直，尽责，合作，创新。正直：做人德为先，正直是根本；保持公正、正义、诚实、坦诚、守信；尊重自己，尊重别人，尊重客观规律，尊重公司制度，从而自爱自强。

尽责： 负责是做好工作的第一要求；不断追求专业的工作风格，不断强化职业化的工作素质；有强烈的责任意识，有杰出的肩负责任的能力，有勇于承担责任的品格。

合作： 团队优秀才能真正成就个人的优秀，与环境和谐发展是企业基业长青的基础；积极主动，重视整体利益，从而创造优秀的团队绩效；放眼长远，胸襟开阔，不断追求优秀的合作境界。

创新： 创新不仅是一种卓越的工作方法，也是一种卓越的人生信念；在方式、方法、内容上，时时寻求更好的解决方案，精益求精，谋求更好的成果水平；不断激发个人创意，

第四章 网络企业文化的兴起

完善创新机制,以全面的技术创新、管理创新、经营模式创新,推动公司的不断成长。

企业精神:锐意进取,追求卓越,目光向前,不仅去做,而且要执着地去做;坚韧不拔,任何困难和挫折也阻挡不了腾讯一往无前的意志;勇于变革,善于变革,以变革求生存、求发展;培养提高学习能力,善于学习,持续学习。

追求卓越:在市场竞争中不断取胜,在反省中超越自我,在学习中超越平庸、不断进步;实现目标后体验成功的快乐,追求过程中体验奋斗的乐趣。

经营理念:一切以用户价值为依归,发展安全健康活跃平台,一切以用户价值为依归;坚持"用户第一"理念,为用户创造价值、维护用户正当利益是企业经营的第一要务;保持对用户需求的敏感,重视用户的消费体验,服务水平适当地超出用户的期望;注重培育用户的满意度和忠诚度,不断提高与用户沟通的服务水平;以用户价值的最大化创造公司价值的最大化。

发展安全健康活跃平台:以即时通信和门户网站"一纵一横"为核心,构建最佳业务架构和产品组合,兼顾技术开拓、利润获取、竞争优势,有效支持公司稳健发展;所有公司产品和服务要树立健康社会的理念,肩负培育行业良性发展秩序的责任,引领行业运行规则,最有效地推动社会文明的进步;保持高度的危机意识,准确把握市场机遇、有效降低经营风险;以良好的机制和制度,保持公司的技术活力、竞争活力和成长活力。

管理理念:关心员工成长、强化执行能力、追求高效和谐、平衡激励约束,关心员工成长:重视员工的兴趣和专长,以良好的工作条件、完善的员工培训计划、职业生涯通道设计促进员工个人职业发展;重视企业文化管理,以健康简单的人际关系、严肃活泼的工作气氛、畅快透明的沟通方式,促进员工满意度的不断提高,使员工保持与企业同步成长的快乐;激发员工的潜能,追求个人与公司共同成长。

讨论题:

1. 简要总结腾讯公司企业文化所呈现出的特点。
2. 腾讯公司企业文化对其他公司有什么启示?
3. 结合腾讯公司企业文化,如何理解网络环境下企业文化所起的作用和带来的影响?
4. 借鉴腾讯成长壮大的发展经验,谈谈一个对于正处于快速成长期的企业,如何通过企业文化来凝心聚力打造一支富有活力和战斗力的员工队伍?
5. 有人说"网络环境下企业文化是纸上谈兵的虚拟行为",结合你对企业文化的理解谈谈现代企业形塑企业文化的现实意义。

第五章　网络企业文化的结构与功能

"文所以载道也，轮辕饰而人弗庸，徒饰也，况虚车乎？"
——宋·周敦颐《通书·文辞》

近年来，我国企业面临的内外环境均发生了重大变化。一方面，经济全球化、贸易自由化与贸易保护主义、单边主义并存，企业的生存与发展面临重大考验；另一方面，当代员工思想和价值观追求日益多元化，就业与工作观念更加多样化、个性化，这些带给企业内部管理很大挑战。面对动态变化、日益激烈的国内外市场竞争环境，越来越多的企业不仅从思想上认识到企业文化建设是企业长久发展的灵魂，是不断提高企业竞争力的关键，而且要逐步深入地把企业文化建设贯彻到企业活动的各个层面，落实到企业经营管理的实践中。对于企业而言，有效地开展文化建设是增强企业核心竞争力的必要手段，并且企业文化在应用环节也发挥着管理职能的作用。在此情况下，充分理解和把握数智化网络环境下企业文化的内涵、结构和功能，对企业进一步挖掘企业文化的特征和建设价值，发挥企业文化在企业管理环节的功能至关重要。

第一节　企业文化的要素

企业文化要素是企业文化的重要组成部分之一，这些要素决定企业文化的内涵和发展方向，决定企业的发展前景和价值观。企业文化要素的内容包含使命、愿景、价值观、经营宗旨四个方面。其中，使命是解决企业为什么存在的问题，是确定企业内在环境的基点；愿景是解决企业发展方向的问题，确定企业战略目标的基础；价值观是企业做决策时的依据，在很大程度上作为企业的灵魂和精神支柱；经营宗旨是企业经营活动的主要目的和意图，反映企业的核心思想和价值观。一些知名企业的使命、愿景、价值观和经营宗旨如表 5-1 所示。

表 5-1　知名企业的企业使命、愿景、价值观和经营宗旨

企　业	使　命	愿　景	价值观	经营宗旨
华为	聚焦客户关注的挑战和压力，提供有竞争力的通信解决方案和服务，持续为客户创造更大价值	丰富人们的沟通和生活	以客户为中心，以奋斗者为本，长期坚持艰苦奋斗	聚焦、创新、稳健、和谐

续表

企　业	使　命	愿　景	价值观	经营宗旨
百度	用科技让复杂的世界更简单	成为最懂用户，并能帮助人们成长的全球顶级高科技公司	简单可信赖	充分信任，平等交流
大疆	让生命更丰富	致力于成为持续推动人类文明进步的科技公司	秉持公心、反思自省、求真品诚、激极尽志、积极正向、知行合一	诚信经营、持续改善、多方共赢
索尼	体验发展技术造福大众的快乐	为包括我们的股东、顾客、员工，乃至商业伙伴在内的所有人提供创造和实现他们美好梦想的机会	体验科技进步、应用与科技创新造福大众带来的真正快乐；提升日本文化与国家地位；做先驱，不追随别人，但是要做不可能的事情；尊重、鼓励每个人的能力和创造力	用创意和科技的力量感动世界
苹果	推广公平的资料使用惯例，建立用户对互联网之信任和信心	让每人拥有一台计算机	提供大众强大的计算能力	偏执创新、精英人才文化

◆ 思想有多远，才能走多远。

◆ 企业，就是企业家的孩子，也是企业家自己的故事，能长多大，能走多远，都受企业家个人的愿景、价值观与经营理念的牵引。

一、企业使命

(一)使命的内涵

对于企业来说，使命(mission)是企业文化理念体系建设的根本出发点。企业使命从本质上回答了企业生存和发展的根本问题，在思维上要求企业弄清"企业因何存在""企业到底该做什么"，进而明确"企业的活动范围是什么""企业的发展方向怎样""企业的未来会发展成什么样"等。企业愿景、行为准则等的确立，都应当以企业使命为基础和根本出发点，围绕企业在社会进步和经济发展中，所担当的角色和责任来确立企业在发展过程中应当坚持什么原则、朝哪个方向发展。

企业的使命定义了企业的本质，表明了企业要完成的责任，真实地反映了企业存在的理由，为企业的存在烙上一个独特的印记，为企业的持续发展指明道路。它反映了企业试图为自己树立的形象，诸如"我们是一个愿意承担责任的企业""我们是一个健康成长的企业""我们是一个追求自主创新、卓有成就的企业"等，在明确的形象定位的指导下，企业的经营活动就会始终向公众昭示这一点，而不会"朝三暮四"。当然，使命不是一成不变的，使命是一个历史范畴、是一个动态的概念，在不同时期有不同的内涵。我国企业由小到大、由弱变强,在稳增长、促就业、惠民生等方面发挥了重要作用。让企业持续健康发展,既是企业家奋斗的目标,也是国家发展的需要。企业命运与国家发展息息相关。脱离了国家支持、脱离了群众支持,脱离了为国家服务、为人民服务,企业难以做大做强。比如,个别网络平台企业利用政府的创新鼓励政策和监管的时滞性,以获取超额利润为目的,滥用市场支配地位,助推恶性竞争,热衷于先大搞补贴、排挤对手、占领市场后再进行"收割"等行为,破坏了公平竞争环境,其所谓的创新,不过就是攫取社会财富的模式变换而已,没有聚焦国家战略需求,在若干新技术、新材料、新能源、新装备等核心关键领域,"十年磨一剑"地推动实现突破创新。因此,企业使命不是一句口号和表面的文饰,而是需要脚踏实地、知行合一地长期践行。

(二)使命的作用

企业使命是企业存在的目的和理由。使命不明,事业不清。企业使命直接、明确地界定了企业存在的目的、活动的范围、所要服务的客户以及所要提供的产品和服务,规定了企业的发展方向和前进的道路,是企业长久发展的不竭动力。企业在进行生产经营活动和制定企业战略时,一般都应该先明确企业在社会经济活动中所扮演的角色、所履行的责任、所从事的业务性质,都应该先认清企业的使命,企业使命是确定战略目标的前提,也是战略方案制定和选择的依据,并由此合理地配置企业资源。

企业使命足以影响一个企业的成败。彼得·德鲁克基金会主席、著名领导力大师弗兰西斯(Francis)认为:一个强有力的组织必须要靠使命驱动。崇高、明确、富有感召力的使命不仅为企业指明了方向,而且使企业的每一位成员都明确了工作的真正意义,激发出内心深处的动力。试想华为公司"把数字世界带入每个人、每个家庭、每个组织,构建万物互联的智能世界"的使命,得以使华为公司的员工们对企业、对用户、对国家、对社会倾注更多的热情和心血。一个人没有目标也可以得过且过地生活,可以根据自己的喜好自我感觉良好地生活,但是很难成为一个有所作为的人,更别说成为一个对他人、对组织、对社会作出突出贡献的人。同样地,一个组织要想有所作为,崇高的使命起到了重要的导向、感召、造势和指引作用。国内外知名企业都会把企业使命放在第一位,让每个员工都清楚自己在为终极目标服务。

◆企业使命从本质上回答了企业生产和发展的根本问题。

◆在企业发展过程中,企业使命起着"统领"企业发展的作用。

◆要明确企业使命,从发展目标出发,制定一个适合企业发展的长远的、稳定的、可持续发展的目标。

◆当企业进入成熟阶段时,企业使命的目标就更加明确了。

【启示】滴滴公司受到网络安全审查相关行政处罚

2022年7月21日,国家互联网信息办公室公布对滴滴全球股份有限公司(以下简称"滴滴公司")依法作出网络安全审查相关行政处罚的决定。

根据网络安全审查结论及发现的问题和线索,国家互联网信息办公室依法对滴滴公司涉嫌违法行为进行立案调查。其间,国家互联网信息办公室进行了调查询问、技术取证,责令滴滴公司提交了相关证据材料,对本案证据材料深入核查分析,并充分听取了滴滴公司的意见，保障滴滴公司的合法权利。经查实，滴滴公司违反《网络安全法》《数据安全法》《个人信息保护法》的违法违规行为事实清楚、证据确凿、情节严重、性质恶劣，应当从严从重予以处罚：对滴滴全球股份有限公司处人民币80.26亿元罚款，对滴滴全球股份有限公司董事长兼CEO程维、总裁柳青各处人民币100万元罚款。

网络安全审查还发现，滴滴公司存在严重影响国家安全的数据处理活动，以及拒不履行监管部门的明确要求，阳奉阴违、恶意逃避监管等其他违法违规问题。滴滴公司违法违规运营给国家关键信息基础设施安全和数据安全带来严重安全风险隐患。

企业使命是企业存在的目的和理由，滴滴公司的使命是"让出行更美好"。企业要赚钱，但企业的目的不能是为了赚钱！如果公司领导者在获取短期利润上殚精竭虑，而忽略了对公司使命的思考和践行，在面临利益诱惑的时候，没有一直坚持企业的使命，从而容易使企业发展背离了原来的初心和使命。

(资料来源：中国青年网. 滴滴被罚80.26亿元. https://www.youth.cn. 2022-7-21.)

二、企业愿景

(一)愿景的内涵

柯林斯(Jim Collins)在《基业长青》一书中提出：那些能够长期维持竞争优势的企业都有一个基本的经营理念，是这些公司发展中最重要的组成部分，核心理念就是企业"愿景"。愿景是企业价值观的高度概括和生动体现，是全体员工真正关心的事、真正想做的事，具有强大的感染力和号召力。从文化的角度看，愿景是战略与文化的交集，战略和文化最重要的都是方向问题，任何没有方向的努力最终都将归于无效。愿景是企业文化的组成部分，是企业战略的努力方向。

愿景(vision)是由组织内部成员讨论并达成共同意识制定的未来方向的描述。而企业愿景，是企业未来发展方向的一个高度概括的描述，主要由企业核心理念、企业文化和对未来发展目标的概述组成。在企业管理中的愿景管理，就是集中愿景思想、团结个人、开发愿景、瞄准愿景、落实愿景、建立企业愿景实施团队，使企业组织力量发挥强大作用。在西方学者的管理论著中，许多杰出的企业大多具有一个特点，那就是强调企业愿景的重要性，因为唯有借助愿景，才能有效地培育与鼓舞组织内部所有人，激发个人潜能，激励员工竭尽所能，增加组织生产力，达到顾客满意的目标。

(二)愿景的作用

企业愿景具有前瞻性和计划性的作用，可以划分为三个层次：上层是企业针对社会或世界的(社会影响、贡献等)，体现企业的社会责任；中层是企业的经营领域和目的(或行业中的地位、目标等)，是企业管理决策的依据；下层是员工的行动准则或实务指南(针对客户、股东、员工等)，对每位员工都起着约束作用。在现实的企业管理中，共同的特点在于企业管理者都强调企业愿景对于企业管理的重要性。愿景给企业发展指明了方向，凝聚了人才，创造了一个将个人目标与企业目标结合在一起的沟通平台，从而产生了将个人命运与企业命运相结合的契机。企业不再是由一群普通人的简单组合，而是一个有共同理想、共同使命的生命联合体。例如，小米公司的愿景是"和用户交朋友，做用户心中最酷的公司"。在这一愿景的指引下，近年来小米取得了不俗的成绩，被众多"米粉"们所称道。

市场经济中，企业之间的竞争，比拼的是科技水准、用户体验、管理水平等，若偏离这个行业本质，在大筑"城墙"上比拼，无论是对企业自身还是对社会的创新氛围、经济活力，都有害无益。企业之间解除相互间不友好壁垒、屏蔽和隔离，竞争中倡导合作，以民众的福祉、社会的进步作为企业活动的价值根本，才能真正展现其实力，在更充分的竞争中不断精进技术、完善服务，促进形成良好的市场环境。以互联网企业为例，平台和流量上开放的背后，是对商业秩序的重塑，是对互联网行业星辰大海的探索。万物互联的人工智能时代，封闭的流量系统规则被打破，谁能在开放共融的流量新秩序中，以科技的创新找到生存和发展法则，谁能在开放连接的大生态中再一次创造新供给，谁才能抓住新的机遇，走在前列，形成新的竞争优势。

【实例】白象的愿景

白象的愿景是为消费者奉上营养美味、便捷实惠的多种面食，更让他们获得信任感和满足感。白象凭借着产业技术创新驱动，在倡导营养与健康的同时，不断加强与高校、科研院所、学会等科研机构的技术合作，联合进行面体创新、汤的熬制和营养成分分析等研究，共同推动食品科学的进步与发展。作为骨汤型方便面领域的先行者，白象食品拥有骨钙提取利用技术、家常骨汤炖煮工艺等技术。这体现了白象的利益，为消费者奉上营养美味、便捷实惠的多种面食。与此同时，白象关爱残疾人，对于残疾员工，公司统一称呼为"自强员工"，无论是在工作上还是生活上，都对这一群体格外重视和照顾。这体现了白象的使命，追求全体员工物质与精神两方面的幸福。据报道，山东济宁的白象食品公司，在职残疾职工237人，占比30.15%，安置残疾职工就业数量在济宁市位列第一。白象在湖南的分公司共有485名员工，安排残疾员工117人就业。"自强员工"与正常员工同工同酬，平等地享受一切福利待遇。公司根据"自强员工"的身体特点安排适合的岗位，对生产线、公共区域进行无障碍改造，以确保他们的生产安全、生活便利。

（资料来源：赵映骧. 白象食品：产品抽检360次全部合格，被赞为残疾人的"伊甸园". 上游新闻. https://www.cqcb.com. 2022-3-18.）

三、企业价值观

(一)企业价值观的内涵

企业价值观(corporate values)作为企业文化管理的灵魂和精神支柱，在企业管理当中充当着引导、支撑企业发展的作用。企业价值观是由精神文化、制度文化和物质文化组成，其中，精神文化是企业价值观的核心。一方面，企业价值观是企业文化的组成部分，为企业生存和发展提供精神支柱，使企业按照正确的道路发展；另一方面，企业价值观对员工的行为起到引导和规范作用，侧面激励员工发挥创新性才能，增强企业综合实力。随着社会的不断变化，产品会过时，市场会变化，新技术会不断涌现，管理时效也在瞬息万变，但是在优秀的公司中，企业价值观不会变，它代表着企业存在的理由。简言之，企业价值观就是企业决策者对企业性质、目标、经营方式的取向所作出的选择，是为员工所接受的共同观念。

很多公司的创始人都有梦想，比如"让人们最平等、便捷地获取信息，找到所求""让天下没有难做的生意""通过互联网服务提升人类生活品质"等。然而伴随着企业的飞速发展，内部人员急剧增多，"梦想"就细化成了 KPI，中高层干部的个人目标和企业目标再难取得统一。当"梦想"不再统一，价值观支离破碎，恶性事件自然接踵而来。那么为何这些价值观总是难以触达企业的毛细血管终端？企业价值观对于企业经营发展有着重大影响，那些百年企业几乎都有着优秀的企业文化基因。有意思的现象是，这些优秀的企业大多有一个特点，那就是"致良知"。《大学》有"致知在格物"语，这里所说的"良知"，既是道德意识，也指最高本体。"致良知"就是将良知推广扩充到事事物物。"致"本身即是兼知兼行的过程，因而也就是自觉之知与知行合一的过程，"致良知"也就是知行合一。优秀的企业文化的价值观，表里如一，言行一致，始终如一，历经市场和时间的考验，正是"致良知"所描绘的境界。

(二)企业价值观的作用

市场竞争的生存法则，从不是一城一池的得失。高效率和高执行力或许是企业创立之初取得成就的利器之一，然而如果违背了商业伦理，只重结果不看过程，那么企业在未来也难再有所突破和持续辉煌。伦理道德始终是一个企业能否停留在高位和巅峰的决定性因素，由伦理道德而生的企业价值观是决定企业未来能走多远的关键，它从来都不是一句噱头，也从来不是搪塞媒体的借口，它是企业利益最大化的"底线"，是企业基业长青的基石。

企业的发展也需要建立商业伦理和价值观。只有当企业价值观在企业内部形成致良知的体系，企业才能血气充盈地以用户为中心，产品才能在市场的角逐中走得更远。这无法凭借创始人或 CEO 的一己之力，它需要互相监督、群策群力，让企业与员工一起成长、荣辱与共。

企业价值观对企业发展的作用主要表现为以下几点，第一，为企业的生存与发展确立了精神支柱。第二，决定了企业的基本特性。在不同的社会条件或不同时期，会存在一种被人们认为是最根本、最重要的价值，并以此作为价值判断的基础，其他价值可以通过一定的标准和方法"折算"成这种价值。这种价值被称为"本位价值"。企业作为独立的经济实体和文化共同体，在其内部必然会形成具有本企业特点的本位价值观。本位价值观决定着企业的个性，规定着企业的发展方向。例如，把利润作为本位价值观的企业，当利润与创新、信誉发生矛盾和冲突时，会很自然地选择前者，使创新和信誉服从利润的需要。第三，对企业及员工行为起到导向和规范作用。企业价值观是企业中占主导地位的管理意识，能够规范企业领导者及员工的行为，使企业员工很容易在具体问题上达成共识。企业价值观对企业和员工行为的导向和规范作用，不是通过制度、规章等硬性管理手段实现的，而是通过群体氛围和共同意识引导实现的。第四，企业价值观能产生凝聚力，激励员工释放潜能。企业的活力是企业合力作用的结果，企业合力越强，所引发的企业活力越强。

【启示】阿里巴巴的价值观危机

阿里巴巴正式创建于 1999 年，经过多年的不懈奋斗，终于取得了显赫的市场地位。刚开始，公司内部团队的人数仅仅 18 人，经过多年的努力，公司在 2014 年的时候成功上市，并且在2019年的时候，公司总市值超过了4万亿元。阿里集团形成了六个突出价值观：一是客户第一，客户是衣食父母，站在客户的立场思考问题，在坚持原则的基础上，最终达到客户和公司都满意；二是拥抱变化，迎接变化，勇于创新；三是团队合作，共享共担，平凡人做非凡事，积极融入团队，乐于接受同事的帮助，配合团队完成工作；四是诚实正直，言行坦荡；五是乐观向上，永不放弃；六是敬业执着，精益求精。但实际上，在阿里的成长路上，一直伴随着"漠视假冒伪劣""大数据杀熟""信息泄露""平台垄断""不务正业"等争议。2021年4月10日，国家市场监督管理总局公布处罚决定书，责令阿里巴巴集团停止滥用市场支配地位行为，并处以其2019年中国境内销售额4557.12亿元4%的罚款，计182.28亿元。同时向该集团发出行政指导书，要求其全面整改，并连续3年向国家市场监督管理总局提交自查合规报告。"让天下没有难做的生意"，阿里巴巴的初衷还在吗？

(资料来源：周天竟. 从"拆家"到"换帅"，阿里的危机感从何而来？中国工信新闻网. https://cnii.com.cn/tx/202306/t20230621_480985.html. 2023-06-21.)

◆ 企业价值观是企业生存和发展的内在因素，决定了企业行为和发展方向的选择。

◆ 企业价值观是企业哲学的重要组成部分，解决企业在市场发展中遇到的内外矛盾而制定的准则，包括对国家、政府、市场、客户、员工等问题。

◆ 企业价值观是企业生产和发展中长期沉淀下来的产物，是把所有员工集结在一起形成一个纽带，是全体员工共同的精神支柱、行为准则和动力源泉。

◆ 企业价值观的文化核心是诚信，而不是说一套做一套的潜规则。

四、企业经营宗旨

(一)企业宗旨的内涵

企业的宗旨(corporate purpose)，是指企业的根本性质和存在目的，或在社会发展的某一方面应担当的角色、发挥的作用和创造的价值的精练陈述，它规定了企业执行或预计执行的活动，以及当下或者期望的企业类型。因此，企业宗旨为企业的经营领域、经营思想、企业目标、战略制定提供了最根本的依据。它描述了企业长期的发展方向、目标、目的、自我设定的社会责任和义务，明确界定了公司在未来社会范围里是什么样子，其"样子"的描述主要是从企业对社会(也包括具体的经济领域)的影响力、贡献力、在市场或行业中的排行(如世界500强)、与企业关联群体(客户、股东、员工、环境)之间的经济关系来表述。特别是在泛在网络环境下，企业宗旨主要考虑的是对企业有投入和产出等经济利益关系的群体产生激励、导向、投入作用，让直接对企业有资金投资的群体(股东)、有员工智慧和生命投入的群体，有环境资源投入的机构等产生长期的期望和现实的行动，让这些群体或主体通过企业宗旨的履行和实现，使自己的利益和发展得以实现。

企业通过宗旨陈述不仅要从各方面来定义企业，而且还要能够综合反映企业各个利益团体的要求，否则就不能为制定目标和战略提供有效的指导。宽泛的企业宗旨陈述为企业管理者的创造性提供了选择的余地，过于狭窄的宗旨陈述会限制这种创造性，从而使企业在多变的环境中错过许多机会。比如，具有广泛社会影响力的特斯拉，有着"我们将改变世界，我们愿意重新思考一切事物"这一具有社会意义的企业宗旨。在此基础上，特斯拉制定了"加速全球向可持续能源的转变"的企业愿景。特斯拉能够成为一家具有社会影响力的成长型企业，离不开其正确的企业宗旨，富有远见、视野开阔、引领思维，以解决社会和环境问题为己任，考虑的是能为改变世界做些什么。这样的宗旨，是行动之源、拓展之力、合作依托，它激励人心，融合边界，形成生态化的推动进步的力量。事实上，特斯拉成长过程中的一些重大决策正是基于它的企业宗旨而推进，并取得企业的成功。

(二)企业宗旨的作用

企业宗旨是以企业的行为路线为指南，其作用在于：确保企业有一个中心点，提供了一个分配资源的基础或标准，有助于将企业目标分解为工作结构，为把企业任务分配到每一位成员提供了连接和依据。企业宗旨将公司与同行业中的其他公司区别开来，使公司具有独特的形象，具有独特的业务着重点，具有独特的发展道路；具有重要的前进导向功能，是公司发展的终极目标和未来要到达的目的地。

企业经营宗旨按其所形成的范围分析，可分为宏观、中观和微观的经营宗旨。宏观范围的经营宗旨是指企业站在整个社会宏观层面上希望自身所能承担的社会任务，并由此所能达到的社会目标。经营宗旨是指企业在自身所处的领域中希望承担的历史任务，并为所处行业的发展作出应有的贡献。经营宗旨具有行业特征，企业所选择的事业领域不变，其经营宗旨亦不会发生变化。如果企业要进行跨行业经营，其经营宗旨则要随之发生变化。因此，中观层面的经营宗旨同事业领域紧密相连。微观范围的经营宗旨是指企业为自己事业的发展规定的具体目标。

> 【实例】海尔集团的经营宗旨
>
> 1. 质量宗旨：高标准、精细化、零缺陷。要求设计环节各项指标均高于国家标准，按国际一流质量组织生产。主要产品指标实测值均优于发达国家平均水平，要求产品质量让所有消费者放心。严格控制进货量，把物流中心作为企业正常生产所储备的零部件仓库。零配件绝不接受二等品。生产进程精细化、零缺陷，建立完善的检测体制，引进国际最先进的检验设备，完善自检、专检、抽检，并将检测线延伸到用户家。
> 2. 科研开发宗旨：立足创新、用户为师、永远改进、追求完美。技术创新目标国际化，要求技术创新目标在课题领域中达到国际水平。用户为师，市场导向，将用户的难题转化为开发的课题，不断创新市场，引导消费，满足用户的潜在需求，不断创造第一和唯一。
> 3. 服务宗旨：用户永远是对的。为了达到目的，推出特色星级服务体系，24小时登门维修、24小时热线电话。认定用户是衣食父母，承诺对用户真诚到永远。做到售前服务要真实地介绍产品的特性和功能，通过耐心地讲解和演示，为顾客答疑解惑，尽量使用户心中有数，使用户在购买中进行比较与选择，同时为用户提供个性设计服务。售中服务是在有条件的地方实行无搬动服务，送货上门，安装到位，现场调试，示范指导，月内回访。海尔以微机手段和互联网与用户保持紧密联系，出现问题及时解决，以百分之百的热情弥补工作中可能出现的百分之一的失误。
>
> (资料来源：海尔集团官方网站. https://www.hair.com.)

第二节　企业文化的分类

客观地分析与全面诊断一个企业的文化，并非轻而易举、唾手可得的事情。在一种文化影响下的企业成员，总是以这种文化所特殊的思维方式与观察方式来思考问题。先入为主的观念，往往影响企业成员客观地分析和公正地评价本企业的文化现状。同时，文化的内隐性，更增添了人们分析诊断和评价企业文化的困难。鉴于企业文化是一种庞杂而抽象的概念，为了研究或测量的需要，经常将企业文化进行分类，以便使企业文化的抽象程度降低。同时，通过企业文化类型的测量，达到进一步研究的目的。对于企业文化的类型，按照不同的属性有不同的分类。

一、基于成员关系的分类

根据现有对企业文化的分类，总结出企业文化的四种类型，可以用"平等主义—等级主义"作为纵轴，"任务导向—以人为本"作为横轴，进行归类表示。

(一)导弹型文化

该企业文化类型强调平等，以任务为导向，聚焦战略，按客观目标进行管理，激励导向为金钱，按业绩给予报酬。

导弹模式的企业文化把组织视为瞄向战略目标的导弹。在这些企业中，文化是以任务和目标为导向的，通常体现在工作小组或项目组的身上，组织中员工的职责不是固定的。企业的最高原则是不惜一切代价完成任务，或达到目标。在该企业文化类型下，组织具有以下特征：强调工作中的平等，不怎么考虑正式的等级，更重要的是个人的专业知识；项目导向，工作通常由团队或项目组承担；每个成员之间是平等的；团队之间需要相互尊重，因为他们可能需要另一方的帮助。

> 【实例】深信服公司的办公文化
>
> 深信服公司成立于 2000 年，是一家专注于企业级安全、云计算及 IT 基础设施的产品和服务供应商，拥有深信服智安全、信服云和深信服新 IT 三大业务品牌，致力于让每个用户数字化更简单、更安全。公司入选"2019 福布斯中国最具创新力企业榜"，在全球设有 50 余个分支机构，员工超过 7000 人。深信服一直以来倡导廉洁自律，努力为员工、供应商及其他合作伙伴创造公平、公正和持续健康发展的商业环境。
>
> 公司内部形成了十分独特的办公文化。
>
> (1) 深信服内部不允许称别人为老板或 X 总，只能用朋友间的称谓，否则会被罚款。
>
> (2) 在深信服没有独立的办公室。数千人中只有一间独立办公室，属于 CFO——因为上市强制要求 CFO 有独立的办公室——其他人依旧是每人一个工位。
>
> (3) 深信服一旦发现同事在业务往来和内部交往中涉及"黄赌毒"，都是直接开除。
>
> (4) 派驻的地区会有意规避其曾就读的大学所在地和其家乡所在地。

(二)孵化器型文化

该企业文化类型强调平等,以人为本,通过激励来管理,人们喜欢他们所做的事情;激励他们的是一种理念,工作是一个持续学习的过程。

在该企业文化类型下,组织具有以下特征:组织的角色是组织成员自我发展和自我实现的孵化器;很少有正式的组织结构;孵化器型文化下的参与者主要充当证实、批评、发展、寻找资源或帮助实现革新性的产品或服务的研发等角色;对工作拥有强烈的热情和献身精神。在这种模式中,管理的目的是要消除常规任务对员工的束缚,以使他们能够全身心地投入到创造性活动中,保护和激发每名员工的创造力和积极性,则是该模式下企业管理的唯一职能。组成孵化器企业的员工都是知识分子,他们要求在决策制定上享有高度的自主权。这些企业与众不同之处在于,其企业结构是围绕着如何实现个人需要和抱负的目标设置的。此类组织呈现出有组织的内部冲突,典型代表企业是网易公司。网易的风格,被称为"扁平化体制下的人人平等"。

(三)铁塔型文化

该企业文化类型强调等级,以任务为导向,其基础是结构,按职位描述进行管理,激励人们的是专业知识的积累。

在该企业文化类型下,组织具有以下特征:企业恰当地定义工作职能,每件事都自上而下协调好;这种文化顶部窄,底部宽;关系是确定的,工作确定身份;管理层很少与员工建立非正式的关系,因为他们相信这会影响其理性的判断;这种文化运作非常像正式的等级制,与个人感情无关且非常有效率。在这种文化中,权威来自职位,而每个职位均按规定享有某种程度的决策制定权,并承担一定的责任。明确界定了职责范围的职务说明书形成了网络企业中各个员工执行工作的框架。等级结构中的每一层次都具有明确的职能:紧密控制其下的层次,以维持企业管理大厦的坚固和稳定。下属的服从并不是因为他们从感情上把上级视为家庭中的长辈,而是由于接受直接上司的领导是他们的职责。从现实层面来看,这是大多数国有企业典型的文化模式。

(四)家庭型文化

该企业文化类型强调等级,以人为本,家庭型文化就是你所认识的人,即人际网络,激励员工的是升职和权力的积累,按照主观目标进行管理,管理者的表扬和欣赏比金钱更具备激励作用。

在该企业文化类型下,组织具有以下特征:家族型的环境,权力导向,由一位有较强领导力的"家长式"领导者所带领;"家长式"的关系,员工不仅尊重负责人,还会向他们寻求指导和支持;管理层尽力保证员工受到很好的对待;强调主观知识而非理性的知识;更多地关心人的发展而不是人的部署和使用;交谈比调查问卷更重要;主观数据优先于客观数据。典型的家庭型文化存在于创业型的企业里。京东集团创始人刘强东曾在第二届世界智能大会明确说道:"京东永远都不会开除任何一个兄弟。"这就是一种权力导向文化。在这种文化中,领导者好比是一家之长,他最清楚应该做什么,以及什么有益于下属。企业成员的关系被比作长幼关系:长兄和幼弟之间的关系。一家之长鼓励家庭成员对决策问题进行讨论,因为只有这样,他才能确保家庭成员最终达成共识。当然,随着时空环境的变化，京东后来进行了较大规模的裁员，而遭到各界骂声不断。究其原因，京东业绩下滑，面临经营困境，时任总裁刘强东有着不可推卸的责任，他却把责任都推到员工身上，并且开始大规模裁员，那肯定会被人们所诟病。事实上，企业经营越是面临挑战，老板越是要与员工拧成一股绳，共同进退，这样才能真正使企业遇事不乱、转危为安、行稳致远。

四种企业文化对比如表5-2所示。

表5-2 基于成员关系的企业文化类型表

成员关系	企业文化类型			
	导弹型	孵化器型	埃菲尔铁塔型	家庭型
员工之间的关系	为完成共同的目标，在具有明显控制特征的组织中，每个员工都具有特定的任务	在共同创造的过程中形成分散、自发的关系	互动的组织机制中特定的角色	组织有机整体中分散的员工关系
对待权力的态度	地位由那些对既定项目作出贡献的群体成员获得	地位属于那些具有创造性和不断成长的人	地位属于那些有权威的高层角色	地位属于亲近的和有权威的家长式人物
思考和学习方式	问题导向的、专业的、实际的、跨学科的	进程导向的、创造性的、专门的、富于灵感的	逻辑的、分析的、垂直和理性高效的	直观的、全面的、横向的、纠错的
待人的态度	专业人员和专家	合作者	人力资源	家庭成员
变革方式	随着目标的变化而变化	随机应变	改变规则和程序	"家长"主导变革进程
激励和报酬方式	按照绩效和解决问题的能力获得薪酬和得到信任	参与到创造新事物的进程中	提升到更高的职位或更重要的角色	来自受到爱戴和尊敬的内在满足
管理方式	根据目标完成度进行管理	通过激情管理	根据工作说明进行管理	由权威人士进行管理
批评和冲突的解决	有建设性的意义，并且很快接受错误并得到改进	批评不是否定什么，而是对创意的改进并有所帮助	除非有仲裁冲突的程序，否则批评只是一种非理性的指责	容忍、给别人留有面子、不要在权力游戏中失败

二、基于运行形式的分类

根据我国企业的现实状况，以企业文化的运行特点和表现形式为标准，企业文化可以分为以下五个类型。

(一)民主型企业文化

民主型企业文化的表现形式为：有共同的价值观念、共同的团体意识、共同的企业风尚、共同的行为准则；员工能够知晓企业的重大事情、参与讨论企业的重大措施、共同进行企业的重大决策；责任层层分解落实到每一位员工身上，形成一种横向到边、纵向到底的责任网络；员工和企业面对客观环境的复杂多样与各种不确定性，科学地进行风险分析、认真地提出风险对策、勇敢地接受风险考验、积极地承担风险后果。

这类文化还表现在权利上的共享性，即在重大的权力运用、集体与个人的利益分配上贯彻民主共享的原则，遵守公平、公正、公开的民主程序。这种民主型的企业文化有时可能过于理想化，但在一些现代化公司中仍不乏存在。

(二)专权型企业文化

专权型企业文化的特点是权力高度集中，个人决策占据主导地位，企业管理者往往实施家长式的指挥和决策。从企业的等级制度上看，结构森严，层级分明，有时是家族式的组织形态；从企业的管理运作上看，企业管理职能绝对集中，控制手段相当严密，赏罚制度极其严厉，有时近乎苛刻。而企业员工的参与意识和参与程度较低，依附性较强，崇拜权力和权威，劳资双方往往缺乏共同理解的基础。

这种企业文化经常存在于某些民营企业中，也包括一些合资企业。在运作过程中尽管存在着或多或少的负面作用，但在企业管理的成效中却具有短期的高效用和执行企业指令的迅速性。

(三)伦理型企业文化

伦理型企业文化的特点是推崇人与网络、人与企业、人与人之间的相互融洽、相互认同的亲和力、向心力和内聚力，把伦理关系作为维系企业秩序的精神支柱和企业运行的基础。着重于培养和强化忠于职守、安于本行、敬业勤业的道德信念。

这种带有人治特征的企业文化，往往存在于一些有历史积淀的传统企业，以及崇尚儒家思想的新创企业中。伦理型企业文化在处理和协调人际关系时，对于化解那些非激烈冲突的矛盾具有一定的优势，但在经济竞争的激烈冲击下，特别是泛在网络环境改变了众多年轻人传统的企业价值观念认知的情况下，在涉及组织成员个人根本利益时，这种传统型的人治文化往往显得过时并且作用与影响有限。

(四)法理型企业文化

法理型企业文化的基本特点是强调企业规章制度的权威性、强制性、稳定性的规范作用，极力以制度的严格约束使企业员工的行为方式趋于秩序化和标准化。企业员工的行为在规章制度认可的范围内才得以允许；组织的主导作用和制约作用使个人在企业的结构体系中被定格在特定的地位，担当特定的角色。

一般而言，这种企业文化的优点在于能够培养企业员工的法治观念，在日新月异发展变化的数智化网络环境中，有利于管理行为的步调一致和卓有成效的管理控制，避免了权利和义务的推诿扯皮，可以最大限度地提高企业的整体效率。其不足之处在于企业的规章制度总是有限度的，不可能面面俱到或穷尽一切，因而只能在一定范围和领域内有效，否则就可能会出现规章制度滥用的现象。这种企业文化存在于某些比较规范化运营的现代化大企业当中。

(五)权变型企业文化

权变型企业文化的特点是没有固定不变的模式,其管理思想和管理方式依据工作性质、工作特点、环境条件、员工素质和领导风格等具体情况确定,往往采取实用主义的态度采用各家特点,所以又称之为混合型企业文化。

这类企业文化的优点是能够适应外部动态复杂的变化环境和内部员工队伍构成的多样性、易变性;缺点是始终不能形成具有自己特色的企业文化,只能随波逐流,或者风光一时而后复归平淡甚至销声匿迹。这种企业文化存在于大多数业务不稳定、创新不突出、成长不显著的中小型企业之中。

五种企业文化对比如表 5-3 所示。

表 5-3　基于运行形式的企业文化类型表

运行形式	企业文化类型				
	民主型	专权型	伦理型	法理型	权变型
表现的形式	有共同的价值观念、共同的团体意识、共同的企业风尚、共同的行为准则	个人决策占据主导地位,企业管理者往往实施家长式的指挥和决策	推崇人与网络、人与企业、人与人之间的相互融洽	强调企业规章制度的权威性、强制性、稳定性的规范	没有固定不变的模式
员工的行为	知晓企业的重大事情、参与讨论企业的重大措施、共同进行企业的重大决策	参与意识和参与程度较低	忠于职守、安于本行、敬业勤业的道德信念	允许在法纪认可的范围内的行为	采取实用主义的态度
文化的特点	责任层层分解落实到每一位员工,形成一种横向到边、纵向到底的责任网络	企业管理职能绝对集中,控制手段相当严密,赏罚制度极其严厉	着重于培养和强化忠于职守、安于本行、敬业勤业的道德信念	极力以制度的形式严格约束,使企业员工的行为方式趋于秩序化和标准化	适应互联网外界环境和内部员工队伍构成的多变性

【自检】一些互联网平台采用"羊毛出在狗身上猪来买单"的方式,通过前期补贴占据市场后,就迅速积累起大量财富,创始人继而奠定其王者地位,并"好为人师"地指点、教育他人。你认为这些平台的企业文化类型通常是哪一种居多?

三、基于建设发展的分类

企业文化具有延伸性,但这种延续不是简单地传承,而是不断地创新和发展。以企业文化的建设发展的方向为标准,可将企业文化分为五个类别。

(一)人本与能本文化

人本文化其实就是"以人为本"的管理思想在企业中的应用。互联网时代人本价值观

第五章　网络企业文化的结构与功能

仍然是未来企业文化的主旨和主旋律。但是，在泛在网络环境下，人本价值观的内涵和侧重点有了一定的变化，它不仅强调充分重视人、尊重人，更重要的是注重培养和强调"人的能力"的培养、开发和利用，所以准确地说即由人本文化逐渐扩展为"能本文化"。

"能本"文化在组织中有两层含义，一方面要使每个人把能力最大限度地发挥作为价值追求的主要目标，另一方面要通过学习与提高，增强能力，充分发挥人本身潜在的能力。倡导能本文化，有助于增强企业的整体创造力，提高整体效率与效益，并形成竞争优势。

【自检】在倡导"能本文化"企业中，你认为组织成员的责、权、利和能力之间，是一种怎样的辩证关系？

(二)创新与变革文化

数智化网络时代各类型组织呈现出的一个最大的共同特点，就是需要不断地创新和变革，绝不可以画地为牢、坐井观天、因循守旧、故步自封。创新与变革文化是企业危机意识、生存意识和发展意识的集中体现。培育创新与变革文化包括鼓励员工勇于进取，敢于承担责任，善于面对创新风险并更好地把握创造机会。只有在核心技术、管理能力、市场营销、组织系统等方面不断地创新，企业才能保持可持续发展的能力。

(三)速度与效率文化

管理学界普遍认为，企业的本质就是能够创造比其他形式更快的速度、更高的效率。著名经济学家阿尔钦(Alchain)等人认为，企业作为一种团队生产方式，其意义就在于多项投入在一起合作生产得出的产出要大于各项投入分别生产的产出之和。可见，速度与效率文化是内生于企业这种组织形式的。没有速度与效率，交易成本过高，投入产出形不成合理的比例，企业也就没有存在的必要。在泛在网络环境下，企业之所以更重视速度与效率，主要是全球性市场竞争的需要。只有兼顾速度与效率，企业才能捕捉到更好的经营机会，才能以更理想的成本、更高的性价比、更便捷的方式，把产品和服务提供给顾客，从而赢得市场，赢得顾客的信赖与忠诚，最终赢得竞争。速度与效率文化是推动企业革新与进步的加速器。在速度与效率文化导向下，企业要通过组织创新，创造精干高效的组织运行机制；通过业务流程再造，实现产品质量、服务质量、顾客满意度和效益的全面提高；通过人力资源开发与科学的管理，促使人们学习现代科学文化知识，掌握先进的工作技能与方法，加快工作节奏，提高工作效能。

(四)学习与超越文化

在互联网时代的"学习型组织"观点没有过时，反而要加强。学习型组织具有五种技能或特质：自我超越(personal mastery)、改善心智模式(in-roving mental models)、建立共同愿景(building shared vision)、团队学习(team leaning)和系统思考(systems thinking)。在互联网时代对于企业来说，这五种技能或特质变得更加重要。

比如企业建立共同愿景，其实就是建立共同信仰。一个企业拥有共同的目标理想和共享价值观。这就能把个体相对独立的员工整合在一起。学习型组织在共同的意愿下，有着崇高的信念与使命，具有实现理想的共同力量，这就弥补了互联网时代带给人们浮躁和容易迷失的种种弊端。而这种学习型组织相适应的就是学习与超越文化。在这种文化导向下，员工追求通过学习提高素质，开发能力与智慧。尤其是个体通过团队形式的共同学习，提高整体的适应能力和创造能力，从而超越过往，超越自我。学习与超越文化的培育可以使每个成员在这个组织内工作时，能感到自己属于一个让自我强大的团体，从而能体现出人生的价值，这样就大大地提升了员工的凝聚力。

(五) 知识与管理文化

在互联网时代，企业的竞争优势将主要取决于企业的技术优势和管理优势，而不是传统的资源优势和资金优势。因此，互联网时代企业间的竞争是企业创新能力的竞争，而创新能力的竞争归根到底又是企业如何科学地生产、占有和有效利用方面的竞争。要想提高竞争力，企业就必须提高学习科学知识、实现技术创新的能力，而学习、研究与开发正是获取这种能力的基本途径。所以，借助于数智化网络进行信息的搜集与综合，并与企业的智力资源相结合进行提炼、开发与创新，以形成自己的独特优势非常重要。也就是说，对知识的开发和管理已逐渐上升为企业管理的重要组成部分。科学的知识管理已成为企业管理的重要内容和主要形式。知识管理的兴起带来了管理模式的创新和革命。企业知识管理与企业文化密切相关，企业文化也发生了深刻的变化。

五种企业文化对比如表 5-4 所示。

表 5-4 基于建设发展的企业文化类型表

建设发展	企业文化类型				
	人本与能本文化	创新与变革文化	速度与效率文化	学习与超越文化	知识与管理文化
内涵	注重培养和强调"人的能力"的培养、开发和利用，所以准确地说即由人本文化逐渐扩展为"能本文化"	鼓励员工勇于进取，敢于承担责任，善于面对创新风险并能更好地把握创造机会	创造比其他形式更快的速度、更高的效率	有着崇高的信念与使命，具有实现理想的共同力量	企业如何科学地生产、占有和有效利用方面的竞争
侧重	注重培养和强调"人的能力"的培养、开发和利用	不断地创新和变革	以更理想的成本、更高的性价比、更便捷的方式，把产品和服务提供给顾客	通过团队共同学习，提高整体的适应能力和创造能力，从而超越过往，超越自我	提高学习科学知识、实现技术创新的能力，而学习、研究与开发正是获取这种能力的基本途径

第三节 企业文化的结构

随着以大数据、物联网、区块链、融合通信、人工智能为代表的现代信息技术在经济社会各个领域各个层面的全面渗透与深度应用，人们生活已经离不开网络，人类的生存与发展也已经离不开网络，企业文化建设环境发生着巨大的改变。企业文化是有结构的，是内部系统之间的时空顺序、主次地位的结合。企业文化的构成、形式、层次、内容、类型等的比例和位置关系，构造了各要素间相互连接的整体模式。因此，企业文化是一个多层次的体系。理论界一般认为，企业文化是一个同心圆，由四个层次结构：观念层、制度层、行为层和形象层，观念层是企业文化之魂，制度层是企业文化之源，行为层是企业文化之躯，形象层是企业文化之表。企业文化的竞争力来自企业独特的观念、制度、行为与形象的统一，如图5-1所示。

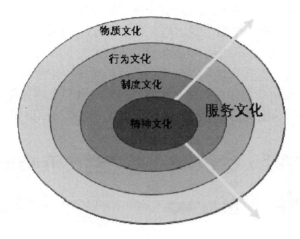

图5-1 企业文化结构

一、企业文化之"容"——物质文化

企业文化物质层存在于企业文化结构的表层，体现企业的物质文化内容，是企业一种以物质形态表现出来的表层内容，也是企业文化的首要内容。现代信息技术为企业文化建设提供了物质基础，互联网文化环境中企业已经将互联网作为企业发展必不可少的生产工具，相对于传统的生产工具，现代信息技术能为企业带来不可估量的效益。物质文化包括硬件环境、建筑、广告、产品包装与设计等。其中，最典型的是企业形象内容，通过广告、标识、企业环境、员工服装等载体表现出来。因此，我们总结出企业物质层是企业文化之"容"。

(一)企业广告

泛在网络环境对企业的产品和提供产品及服务的内容、渠道、方式等，都产生了直接而显著的影响。符合广大消费者消费心理的企业广告，才能够更好地吸引消费者，不仅能吸引新顾客，也能留住老顾客。作为企业形象的载体，广告设计有两大要素，分别是商业性和艺术性。商业性的广告设计有利于广泛传播，被消费者认识，吸引顾客购买企业产品；艺术性的广告设计主要从消费者的感官考虑，必须具有美感和情感相结合的感召力设计，这类广告是通过美感来吸引顾客的。二者各有各的特点，一方面，从广告短期效果来看，商业性大于艺术性(短期发展而言)；另一方面，从广告代表性来看，艺术性大于商业性(长期发展而言)。也就是说，从广告传播所表达的企业形象角度得出：企业形象不仅是关注广告传播带来的短期销售量,更重要的是让顾客感受到该企业的企业文化。当前,企业已经较少采用传统的平面媒体及电视广告方式等,微博、微信、抖音、小红书、搜索引擎等融合媒体平台,成为企业投入广告的主流方式。

(二)企业标识

企业标识是企业文化的可视象征之一,与企业价值观一起作为传播载体,使顾客对企业形象有更深层次的了解。企业标识由四大要素构成,即企业名称、标识图形、标准字和标准色,由四大要素构成的企业标识为顾客留下了寓意深刻、字体清晰的企业文化观。企业在物质文化的建设中要合理全面地规划与布局,要与外部的品牌效应达成一致。

一些有影响力的公司在对网络环境下企业文化的深刻了解之后,更换标识,使企业重新走在企业文化发展道路上,比如移动公司、浪潮公司等。企业标识是主观视觉上识别企业文化的一种工具,与企业观念文化是一致的。因此,具有个性独特的企业标识是对企业形象乃至企业文化物质层生动的说明和展示。一些知名企业的标识如图5-2所示。

图5-2 知名企业的标识

(三)其他企业形象载体

当今社会,企业办公离不开作为互联网物质表现形式的计算机和移动智能终端,企业和员工已经习惯于从互联网中获取信息,新兴的信息技术已经融入企业的日常管理中,其中最明显的表现形式就是企业的办公方式。

数智化网络环境下的企业文化建设,十分有必要通过完善企业文化建设的载体,来设计、宣传、推广和维护好企业形象。除了传统的标语标牌、宣传广告等外,企业还应该重视公司内网以及互联网的载体建设。除了以上陈述的载体外,企业物质层还通过企业环境、员工服装等载体来表现。企业环境(尤其是服务类)对企业外在加分大于内在的质量,近几年流行的主题餐厅,如中式餐厅、西式餐厅、泰国餐厅等主要是通过环境文化来塑造企业文化的典型例证。有品位的餐厅首要任务是把企业环境和企业文化相匹配,建设成有档次、有风格、有魅力的餐厅文化。

二、企业文化之"躯"——行为文化

企业文化结构中间第二层是行为文化层,也叫规范层。在企业的各个层次中,企业行为文化是与网络接触最广泛的一个层面,互联网作为知识和工具在企业行为文化中的企业经营行为、企业行为关系、企业公共行为关系以及企业服务行为关系中发挥着极其重要的作用。这层企业文化主要体现企业外在行为对企业文化的影响作用,企业外在行为包括企业与企业之间、企业与顾客之间、企业与政府之间、企业与社会之间的行为。企业行为层相对于核心层来说是易于改变、容易被感知和发现的，体现在企业员工在生产经营和学习生活的活动文化，包括企业经营、教育宣传、文体活动等文化现象。在物质层的规范下，上升到员工的具体文化行为，层层递进是对企业文化进行了深层次理解，体现了企业的整体观念。因此，企业文化规范也是企业文化建设的重要组成部分，包括两个层次：一是企业员工的行为规范；二是企业法人的行为规范。

(一)企业员工行为

企业员工的行为规范包括：仪态举止、工作纪律(如迟到情况、保密工作、工作状态等)、工作秩序(如会议流程)、员工礼貌(如接待对方的礼节方面)、安全(如公共安全)、员工素质和技术水平的培养等。企业员工的行为规范正面地说明了企业文化的内涵，和企业制度紧密地联系在一起，形成了真实的企业价值观。互联网能为企业选择新的经营模式，为这样的企业经营行为提供平台，为了适应互联网环境带来的市场的激烈竞争，越来越多的企业开始引入基于互联网的管理工具，这些商业行为的变化有利于企业各组织进行高效的运作，也能在很大程度上给员工带来满足感，拉近企业与客户之间的关系，使企业的价值观在行为、文化方面有所体现。互联网既是企业管理行为的平台，也是企业行为文化的工具。

【实例】24小时不断线：百度Hi企业智能远程办公平台

作为在百度内部一直使用的远程办公平台，百度Hi企业智能远程办公平台基于百度成熟的语音、视觉和机器学习等AI技术，能够支持50方在线高清语音电话、企业云盘加密传输、Web视频会议等远程办公协同功能，具备智能、高效、稳定的特点，24小时不间断支持远程办公，在百度内部的沟通协作方面发挥着重要作用。

(1) 想要快速找到同部门或不同部门的人员对接工作？百度Hi支持企业搜索、企业通讯录、企业畅聊、企业群聊、回复消息等，便捷高效地实现企业内快速找人、回复信息，提高沟通效率。

(2) 想要现在、马上、立刻开始小组会议？百度Hi支持创建日程、网络电话，会议安排一目了然，组织会议高效便捷，"会议室"分分钟搭建好。

(3) 想要全天50人团队连续12小时电话会议？电脑百度Hi支持12小时连续电话会议，参会人可随时入会，以及随时重新加入会议；同时解放手机，不影响手机接听紧急电话。

(资料来源：巨头入局协同办公领域，百度自用智能远程办公平台百度Hi正式开放. 亿欧网. www.iyiou.com. 2020-02-11.)

(二)企业法人的行为

企业法人的行为规范包括：处理投诉案件行为、售后服务行为、广告合同行为、企业履行社会责任行为等。企业法人行为是行为文化的重要组成部分，也是企业文化内容的重要补充和说明。在现代企业文化管理内容里，企业价值观要达到真、善、美的完美结合需要对企业的法人行为实施正确的规范操作，给外界呈现出一种整体的、言行一致的企业文化。

企业在运营过程中，企业家的行为、企业模范人物的行为以及企业全体员工的行为都应该有一定的规范。尤其是企业中管理者的行为是否规范对企业员工起着指引作用，企业行为的规范应围绕企业自身目标、企业的社会责任、保护消费者的利益等方面的行为管理，在规范的制定和对规范的履行中，就会形成一定的企业行为文化。例如，在企业管理行为中，就会产生出企业的社会责任，企业对消费者的责任、企业对内部成员的责任、企业经营者同企业所有者之间的责任、企业在各种具体经营中所必须承担的责任等问题，承担这些责任就必须有一定的行为规范加以保证。

三、企业文化之"源"——制度文化

制度自信在于中国特色社会主义制度具有高度的自我完善能力，能够不断地固根基、扬优势、补短板、强弱项，使各方面制度更加成熟更加定型。数智化网络时代的信息与大数据已经成为企业不可或缺的经营资源，已被纳入企业管理的范畴，因此需要建立适应企业经营的企业制度来管理企业，越来越多的企业已经建立了一套与网络环境相关的工作制度。互联网的正常运营需要制定相关的规定来遵守，因为互联网本身也是一个系统，它的构建以及运行本身就需要按照一定的原则和规范来处理。

麦肯锡 7S 模型(Mckinsey 7S Model)，简称 7S 模型，是麦肯锡顾问公司研究中心设计的企业组织七要素，指出了企业在发展过程中必须全面地考虑各方面的情况，包括结构(Structure)、制度(System)、风格(Style)、员工(Staff)、技能(Skill)、战略(Strategy)、共同价值观(Shared Values)，如图 5-3 所示。可以明显看到，共同价值观处于核心位置，是企业成功的关键要素。企业管理制度是在企业实际经营管理中总结而制定的，在企业对员工起到规范作用。企业制度文化是企业文化的重要组成部分，也是精神文化的产物。员工按照相应的规章制度来完成指定的工作。若企业组织结构和企业目标不一致，那么企业目标就难以实现。因此，成功的企业特点是把企业组织结构和企业目标相结合，在市场中争取竞争优势。企业制度文化是企业为实现自身目标对员工的行为给予一定限制的文化，它具有共性和强有力的行为规范的要求，规范着企业的每一个人。

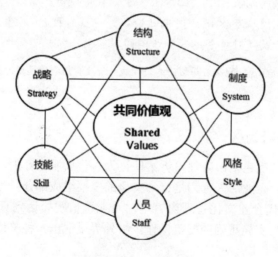

图 5-3　7S 模型

(一)领导体制

领导体制是企业领导方式、领导结构、领导制度的总称，是指企业长期且重要的制度，不包含具体的准则，涉及企业价值观原则和治理结构原则。在数智化网络时代，人们更需要慎独、自律、自重、自省、自警、自励，企业更加需要提倡"善治"的领导体制，具体表现管理者通过企业制度引导人们善行举止，达到"善"而"治"的目的。企业文化制度层面的构建需要注意对创造性劳动、重复性劳动、外勤人员和全日制员工等要区别对待，有制度可依。这些员工所适用的规章制度是需要具有一定的差别性的，例如，重复性劳动的员工可以定员定岗；创造性劳动的员工需要有一些柔性的制度加以引导；内勤员工适合权责对等、分工必须明确等。基于网络环境动态复杂变化的特点，企业在设计规章制度的时候要时时加以关注。

(二)组织结构

企业组织结构是企业为有效实现企业目标而筹划建立的企业内部各组成部分及其关系。企业组织结构的选择与企业文化的导向相匹配，不同的领导体制所决定的组织结构也有所不同，而组织结构和企业观念文化是一致的。一般而言，在互联网背景下，民主型领导体制对应分权型、扁平化的组织结构；独裁型领导体制对应集权型、高耸型的组织结构。在结构层次上，对于不同企业的组织结构，上下级管理水平不同；在组织管理上，制度影响着组织管理成效，组织管理在一定程度上反映制度内容。制度文化的设计必须有闭环的反馈机制，如果只有开环的控制机制，如规章制度、员工手册等，在实践中往往达不到预想的效果，必须将制度的执行情况、员工的意见建议以及下级对上级的约束制约机制等设计到制度文化中，才能达到好的效果。

(三)企业管理制度

企业管理制度即企业日常管理的各种规章制度，包括在生产管理实践活动中制定的各种带有强制性义务并能保障一定权利的各项规定或条例，不同的企业组织结构决定了不同的管理制度，同时，管理制度和企业价值观是一致的。严格、独裁的企业管理制度与宽松、民主的企业管理制度是相反的，管理制度取决于企业内部组织结构和领导体制。在网络化环境中的企业文化建设，除了观念文化对企业的影响外，通常以制度上的设计与观念文化统一的领导体制为基础，设计出企业组织结构和规章制度，规范企业的行为文化，制定企业的制度文化。企业的制度文化是行为文化得以贯彻的保证。制度文化一定要与企业的战略目标相匹配，当企业的战略目标发生变化的时候，企业的规章制度一定要随之相应地有所变化，这在数智化网络时代尤其重要。

第四节 企业文化的功能

企业文化受到来自人类文化各个方面的影响，范围包含社会各阶层、各角色以及其他文化。网络环境下的企业文化对企业的发展有正向的促进作用，但还有着一些负向的作用，

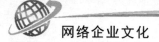

甚至会阻碍企业的发展变革。因此，对网络环境下企业文化的功能进行全面的认识是每个发展中的企业都必须要掌握的。本节将讨论企业文化的具体功能和企业文化的二重性。

数字化、网络化、智能化将虚拟世界和网络世界联系到了一起，形成了一个统一的现实世界。传统文化的组织为科层组织，即需要一级一级逐层申报的组织，员工总是听从领导的指挥与安排；而网络化的组织则为扁平化组织，这样的组织对市场的反应更加地灵敏，使企业中管理层、员工与客户之间变成了一个有机的"利益共同体"，管理层和企业员工之间能形成有效的沟通。

一、企业文化的正向功能

企业愿景、使命、价值观、企业精神、经营哲学等所有企业理念，对企业及其成员的价值观和行为起到了统一作用，有助于提升组织的凝聚力，进而增强企业的竞争力。企业文化就像一个无形的规则，无论是员工还是企业管理者，都自觉地按照企业文化的要求去做事。网络环境下企业文化的正向功能有以下几方面。

(一)导向功能

企业文化作为企业成员共同的价值观，必须对成员具有强烈的感召力。成员具有统一的管理理念、价值观念和共同利益是企业文化形成的必然结果。企业文化的导向功能能够引导企业的发展方向，使员工能够自觉对照企业的价值观念以及共同利益，审视自己的言行，使自己的言行符合企业发展目标的要求，促进员工努力奋斗达成企业的发展目标。企业文化的这种导向功能比企业的规章制度等更能约束企业员工按照企业价值观以及发展方向去行事。企业文化的导向功能主要体现在以下两个方面。

1. 经营哲学和价值观念的指导

经营哲学(Business Philosophy)决定了企业经营的思维方式和处理问题的法则，这些方式和法则指导经营者进行正确的决策，指导员工采用科学的方法从事生产经营活动。企业共同的价值观念规定了企业的价值取向，使员工对事物的评判形成共识，有着共同的价值目标，企业的领导和员工为他们所认定的价值目标去行动。美国学者托马斯·彼得斯(Thomas Peters)和小罗伯特·沃特曼(Robert Waterman. Jr)在《追求卓越》一书中指出："我们研究的所有优秀公司都很清楚他们的主张是什么，并认真建立和形成了公司的价值准则。事实上，一个公司缺乏明确的价值准则或价值观念不正确，我们则怀疑它是否有可能获得经营上的成功。"

2. 企业目标的指引

互联网本身即是一种文化，它体现出比以往时期更加开放、更利于分享、更加透明化和更利于传播扩散的价值特征，由此产生的平台化、虚拟化以及多元化等运营方式和载体层出不穷。平台化是指企业可以拥有一个能快速配置各种资源的平台，在这个平台上所有的资源都能以最快的速度达到配置的目的，互联网平台是促进企业发展的原动力。平台化的精髓在于打造一个企业内部完善的，成长潜力巨大的"生态圈"，在这个生态圈中，企业能够利用一切能利用的资源来提高企业的效率，促进经营和管理的发展。企业目标代表

第五章 网络企业文化的结构与功能

着企业发展的方向，没有正确的目标就等于迷失了方向。完美的企业文化会从实际出发，以科学的态度去制定企业的发展目标，这种目标一定具有可行性和科学性。企业员工就是在这一目标的指导下从事生产经营活动。

【实例】美的公司的文化导向作用

美的集团秉承用科技创造美好生活的经营理念，"联动人与万物，启迪美的世界"的使命，经过55年的发展，已成为一家集智能家居、楼宇科技、工业技术、机器人与自动化、数字化创新五大业务板块为一体的全球化科技集团，过去5年投入研发资金近450亿(年营收占比3.5%以上)，在全球拥有28个研发中心和34个主要生产基地，产品及服务惠及全球200多个国家和地区约4亿用户。美的恪守"高质量发展与卓越运营"的经营管理规范，整合全球资源，推动技术创新，每年为全球超过4亿用户及各领域的重要客户与战略合作伙伴提供满意的产品和服务，致力创造美好生活。面对数字互联网时代对产品和服务的更高要求，2020年美的将战略主轴全新升级为"科技领先、用户直达、数智驱动、全球突破"，重新打造新时代的美的。美的坚持以科技领先为核心的四大战略主轴，实现ToB和ToC业务的并重发展，推动国内与海外业务的双重质变，以创新、突破和布局为主基调，明确五大业务结构、推动四大战略主轴落地，在管理体制、结构、机制等方面不断突破。美的致力于公益事业，塑造积极正面的企业形象。与许多著名的公司努力将社会责任融入企业使命一样，美的也一直热心于公益，只不过行事更低调。过去20年间，美的创始人何享健和美的集团在扶贫、救灾、养老、教育、支持脱贫攻坚等慈善领域共投入70多亿元。

特别值得一提的是，美的集团创始人何享健在75岁时捐出60亿元做慈善，其持有的1亿股美的集团股票和20亿元现金，被注入何享健担任荣誉主席的广东省和的慈善基金，用于佛山本土乃至全省全国的精准扶贫、医疗、养老、创新创业、文化传承等多个领域的公益慈善发展。谈到美的集团和自己的慈善义举，何享健曾经表示："没有国家的发展，也没有美的的发展、没有我今天的成绩。"美的集团董事长方洪波也在不同场合强调，美的要塑造为人类创造美好生活宗旨的、有社会责任的、有情怀的企业形象。

在国家强调进一步支持和服务扶持民营经济发展的今天，不畏艰险、御风而行，与众多民营企业共同铸造中国经济荣光的美的，正通过社会责任方面的持续努力和付出予以这个时代最热烈的回应。

(资料来源：何享健. 只有不断变革才有生存空间. 搜狐新闻. news.sohu.com/a/503216136_121180641. 2021-11-24.)

(二)形象塑造功能

企业形象(corporate identity)是决定企业在市场竞争中生存发展的关键性因素之一。企业形象的构成，可分为三种表现形式：一是物质表现形式，包括办公设施、设备、产品质量、环境、团体的标志、装饰、资金实力等，其中最重要的是产品质量，它是树立企业形象的核心，是给人的第一印象；二是社会表现形式，包括企业员工队伍、人才阵容、技术力量、经济效益、工作效率、公共关系、管理水平等，其中最重要的是员工素质；三是精神表现形式，包括企业的信念、道德水准、口号精神。企业形象要素主要靠内在的精神素质，企业形象要素体现于产品形象、环境形象、员工形象、企业家形象、公共关系形象、社会形象等总体形象之中。形象就是企业对外交往的门面和窗口。数智化网络环境下企业文化的塑造形象功能主要体现在优秀的企业文化通过组织与外界的接触，起到向社会大众展示企业成功的管理风格，积极的精神风貌等方面的作用，从而为企业塑造良好的形象。企业文化是一个企业的无形资产，可以给企业带来美誉度和市场占有率。

> **【实例】传音打响中国品牌知名度**
>
> 伴随着中国经济的崛起，中国品牌出海正成为全球市场一道亮丽的风景线。在过去的几年间，一家在国内很少有人知晓的品牌，已经成为非洲、南亚等新兴市场的网红品牌，甚至对当地社会及行业发展产生了深远影响，它就是传音。
>
> 传音自从成立以来，从非洲起步，通过本地化运营了解并进一步满足了当地消费者被忽视的需求，为之提供优质的以手机为核心的多品牌智能终端，并基于自主研发的智能终端操作系统和流量入口，为用户提供移动互联网服务。长期秉持"共创，共享"理念的传音以本地化运营为抓手，打造"手机+移动互联网服务+家电、数码配件"商业生态，深化多元化战略布局，在海外新兴市场的品牌竞争中逐渐站稳脚跟，诠释品牌背后的中国企业软实力。
>
> 经过多年的发展，传音现已成为全球新兴市场手机行业的中坚力量，在千里之遥的非洲打响了中国品牌的知名度。根据知名泛非商业杂志《African Business》发布的"2021年度最受非洲消费者喜爱的品牌"百强榜名单，传音旗下三大手机品牌 TECNO、itel 及 Infinix 分别位列第 6 名、第 21 名及第 25 名；在百强榜中，TECNO 连续多年位居入选的中国品牌之首，itel 位居中国品牌第二名。
>
> （资料来源：虚渊玄. "非洲之王"，传音控股的进击之路. 搜狐新闻. roll.sohu.com/a/651396451-116132. 2023-03-08.）

(三)约束功能

《论语·子路》曰："其身正，不令而行；其身不正，虽令不从。"企业文化的约束功能是指企业文化对每个企业员工的思想、心理和行为具有约束和规范的作用。企业文化的约束，不是强制性的约束，而是一种软约束，产生在企业文化氛围里，形成一个群体的行为准则和道德规范，并且通过员工的思想和行为形成来自心理的、自我约束的控制作用。

在泛在网络环境下，每个企业的企业文化都是独特的，也都有一定的文化约束力，企业文化建设都是通过管理者的策划和网络化的信息传递，能够让员工清晰地知道企业的发展方向、企业各项工作的目标，通过网络平台的沟通，使员工之间共创企业价值观并共同分享企业价值观，通过网络平台的宣传，使员工具有共同的价值观体系，使企业更具自身特色，使企业每位员工都有强烈的归属感。

在企业内部，企业文化可以成为一种校正人们行为及人际关系的"软"约束，使企业人员正确地评价自己的行为，明确"对"与"错""善"与"恶""好"与"坏"。一旦企业形成了以伦理为导向的经营文化，这种"文化资本"同样是解决企业内部冲突、降低管理成本的"软"工具。很多研究表明，员工总是希望自己的行为和整个企业的文化相融，当员工的行为与其他人不一致时，会产生一种心理压力，从而自我约束不一致的行为。因此，在一个具有良好伦理氛围的企业中，每位员工同样会按照相应的伦理道德标准约束自己的行为，从而降低目前较为普遍的"假公济私""工作偷懒"和"推卸责任"等行为，也可以更加有效地解决"劳工问题"。此外，那些重视经营伦理、社会绩效较高的企业可以获得较好的声誉，从而对员工具有较高的吸引力，能够吸引更多的高水平人才，形成自己独特的竞争优势。

> **【实例】中国联通企业文化的价值观**
>
> 中国联通的企业价值观是"客户为本、团队共进、开放创新、追求卓越"。
>
> (1)"客户为本"强调客户是公司生存发展，实现企业价值持续增长的唯一源泉。以客户为本，首先要求我们想问题、办事情的出发点和落脚点都要回归到"一切为了客户，一切为了一线，一切为了市场"的企业经营管理的本真上来；企业是否真正做到了以客户为本，最终要通过客户的反馈来检验，因此客户满意度是评价我们一切工作的唯一标准，公司的生产经营活动、业务和管理流程等都要以客户为导向，快速响应客户需求，持续为客户创造价值。
>
> (2)"团队共进"提出全体员工以及在此基础上形成的团队，是中国联通实现客户为本、提升企业价值的唯一基础。面向客户需求，艰苦奋斗、努力拼搏，提升企业价值应成为全体联通人的最高精神追求。
>
> (3)"开放创新"突出了开放和创新是中国联通最显著的文化基因，同时是实现企业价值和赢得未来的主要手段。面对不断变化的万物互联时代，唯有坚持走开放创新、合作共赢的变革之路，与企业链和各方精诚合作，公司才能确立竞争优势；在基础业务和创新业务领域，要基于自身资源禀赋，在做好连接专家的基础上，积极探求通信与计算机、互联网等融合领域的集成创新和有价值的创新，不断推动创新成果的转化和落地，使创新真正成为公司实现超越发展的引擎。
>
> (4)"追求卓越"明确了创造卓越的价值是企业存在的意义，也是中国联通孜孜追求的最终目标。我们要视客户为企业价值的唯一来源，依靠广大干部员工，不断地以更高的目标自我要求，持续改进，永不满足，努力创建一流的业绩、一流的服务、一流的管理、一流的品牌，最终实现企业价值的最大化；追求卓越需要广大领导干部发扬勇于担责、敢闯敢拼的争先创优精神和企业家精神，需要在全体员工中弘扬尽心尽力、尽职尽责、尽善尽美的工匠精神和敢为人先、勇于开拓、不断超越的创新精神，需要持续提升团队的学习能力、服务能力。
>
> (资料来源：中国联通官方网站. Chinaunicom.com.cn.)

(四)凝聚功能

企业文化统一的价值观念和发展目标，可以将员工与企业密切地联系在一起，实现员工与企业的共同发展。优秀的企业文化强调凝聚作用，维系一个企业发展有三根纽带，分别是资本纽带、权利纽带和文化纽带，而文化纽带是维系企业发展最重要的纽带，企业文化具有极强的凝聚力和感召力，企业文化能够使每个员工产生归属感以及荣誉感，这种凝聚功能，在企业面临危难的时候表现尤为明显。

在社会系统中，将个体凝聚起来的主要是一种心理力量，而非生理力量。社会系统的基础是人类的态度、知觉、信念、动机、习惯及期望等。数智网络环境下企业文化正是以大量微妙的方式来沟通企业内部人们的思想，使企业成员在统一的思想指导下，产生对企业目标、准则、观念的"认同感"和作为企业一员的"使命感"。同时，在企业氛围的作用下，使企业成员通过自身的感受，产生对工作的"自豪感"和对企业的"归属感"。"认同感""使命感""自豪感""归属感"的形成和统一，将使员工在潜意识中形成一种对企业强烈的向心力。

> **【实例】华为的领军人**
>
> 作为领军人物，任正非的军人经历对华为的影响显而易见，这可以从历年来的华为年报看出。领军人物一定要有战略洞察力、结构思维能力，这些任正非都具备了，并成功地应用在实践中。
>
> 首先，重视实战和战斗力。华为早就制定了公司法，以作战人员为中心，做强弹头作战部，建立有序有力的组织队列。华为不空谈，组织去除不必要的烦琐，减少协调，减少会议，减少队列中的非作战人员。
>
> 其次，华为尊重知识产权，对"自主创新"有独特认知。任正非主张华为一定要踏在前人的肩膀上前进，缩短进入世界领先的进程。如果别人已经创新，就要尊重别人的知识产权，得到别人的许可。华为现在87805项专利中，其中有11152项核心专利是在美国授权的，已经和很多西方公司达成了专利交叉许可。
>
> 再次，重视基础研究。华为拥有很多科学家，一大部分来自外国，因为华为工资高于西方公司，所以很多科学家都在华为工作。目前，华为至少有700名数学家、800多名物理学家、120多名化学家、六七千名基础研究的专家、六万多名各种高级工程师、工程师……形成这种组合在前进。在这种方阵组合中，在编的15000多基础研究的科学家和专家把金钱变成知识，60000多名应用型人才负责开发产品，把知识变成金钱。
>
> 最后，重视学习榜样。任正非接受媒体采访时表示，隐私保护方面"要学习苹果"，业务方面"学习爱立信"。任正非说，亚马逊的开发模式值得学习，一个卖书的书店突然成为全世界电信营运商的最大竞争对手，也是全世界电信设备商的最大竞争对手。
>
> (资料来源：任正非重磅发声. 政事儿. www.bjnews.com.cn/zhengshi. 2019-05-21.)

(五)激励功能

企业文化对员工具有物质层面和精神层面的双重激励作用。好的企业文化能够激励每一位员工努力提高自身素质，为企业发展贡献更大的力量。企业文化的核心理念是"以人为本"，强调尊重每一个人，给每个人充分的信任，其主要目的是激发企业员工发挥最大的聪明才智，为企业贡献自己的智慧和力量。企业文化强调用文化知识、科学技术、思想观念等来开发人力资源。互联网泛在时代，企业管理的重心从群体转向网络平台的每一个个体。每一条具体的规章、条例正在慢慢地被网络平台上的信息所取代，管理者的决策权利相应的有一定程度的减弱，在这样的情况下，企业的管理者需要用分散化管理，依靠企业文化建设来管理企业，维持企业的正常发展，将员工的个体行为整合到企业的整体发展目标中去。

企业文化对员工绩效具有激励作用有着深层原因。第一，优良的企业文化能够为员工提供一个良好的组织环境。如果一个组织拥有良好的企业文化，那么它内部的小环境就比

第五章 网络企业文化的结构与功能

较和谐,员工的人际关系就比较好。员工身处其中受到感染,具有执着的事业追求和高尚的道德情操,能把对企业的发展与自己的成就密切地连在一起,从而能够以良好的心态进行工作。彼此之间互不服气,为权力、奖金、工资争斗的现象就比较少,工作绩效自然提高。同时,在良好的企业文化氛围内,员工的贡献能够得到及时的肯定、赞赏和奖励,从而使员工产生极大的满足感、荣誉感和责任心,以极大的热情投入到工作中,激励效果显著。第二,优良的企业文化能够满足员工的精神需求,起到精神激励的作用。只有从人的内部进行激励才能真正调动人的积极性,恰当的精神激励比许多物质激励更有效、更持久。对员工来说,优良的企业文化实质上是一种内在激励,能够发挥其他激励手段所起不到的激励作用。比如,网络企业文化能够综合发挥目标激励、领导行为激励、竞争激励、奖惩激励等多种激励手段的作用,从而激发出企业内部各部门和所有员工的积极性,而这种积极性同时也成为企业发展的无穷力量。

> **【实例】中国盾构机为何逆袭成功?**
>
> 　　如今的中国既是"世界工厂",也是"基建狂魔"。既能够实现海下探索的目标,也能够凿穿喜马拉雅山,建设世界上海拔最高的铁路。然而想要实现建造地铁、挖穿隧道,就不得不提到一个"神器",那就是盾构机。
>
> 　　有人把盾构机称为"地下航母",也有人叫它"工程机械之王"。中国人能够拥有自己的"地下航母"并不容易。在2008年以前,盾构机的关键技术被国外垄断,国内使用的盾构机严重依赖进口,由于不掌握核心技术,设备需要外国专家远渡重洋进行检修。昂贵的进口成本、低效的设备维护、耗时的跨国沟通,中国在盾构机的应用上处处受制于人,这也严重影响着中国基建的效率和发展。"盾构关乎国家建设,一定要造出属于中国人的盾构!"这是最早一批使用国外盾构机的中国中铁人共同的心愿。
>
> 　　不服输的中国中铁人为了不受制于人,开始研发属于自己的盾构机。2008年,在国家"863"计划支持下,杨华勇、魏建华等一批专家学者和中国中铁无数科研人员共同攻关,突破核心技术封锁,研发制造了中国第一台拥有自主知识产权的复合式土压平衡盾构——"中国中铁1号",实现了从0到1的突破。自此,"洋盾构"一统天下的格局终于被打破,我国开始从用盾构向造盾构转变,中国的盾构机不仅帮助国内建设,实现了飞速发展,还凭借物美价廉的盾构机,成了世界盾构机的主要发源地之一。
>
> 　　1997年,我国还在为如何挖隧道而烦恼,但是在2008年就研发出了属于自己的复合式盾构机,仅用了11年。截至2022年年底,中铁装备盾构机产销量连续五年世界第一,连续十年中国第一,盾构机订单总数突破1300台,各类产品应用于国内40余个城市,产品遍布国内各地,并远销法国、意大利、澳大利亚、韩国、新加坡、以色列、阿联酋、丹麦、奥地利、波兰等30多个国家和地区,成为中国制造的亮丽名片。
>
> (资料来源:掘进中的逆袭! 央视《焦点访谈》为您解读领跑的密码. 央视网. tv.cctv.cn. 2022-05-15.)

(六)调适功能

　　调适就是调整和适应。企业通过创造良好的环境和氛围,使员工的心理、情绪和人际关系等方面都能适应企业的发展变化,就是企业文化的调适功能。企业各部门之间、员工之间,由于各种原因难免会产生一些矛盾,解决这些矛盾需要各自进行自我调节;企业与环境、与顾客、与企业、与国家、与社会之间都会存在不协调、不适应之处，也需要进行调整和适应。企业哲学和企业道德规范使经营者和普通员工能科学地处理这些矛盾，自觉地约束自己。完美的企业形象就是进行这些调节的结果。调适功能实际也是企业能动作用的一种表现。

在网络泛在的今天，每个企业都应该创造鲜明独特的企业文化。每个企业的企业文化都应该是与其他企业不同的具有鲜明个性的独特企业文化，企业文化建设不能一成不变，需要根据自己企业的特点和优势，从员工的角度出发，建设具有自己企业特色的有个性的企业文化。员工是企业文化的核心，是企业文化建设的关键环节，企业文化建设归根到底是人的建设。优秀的企业文化使员工能够拥有正确的价值取向，能够使企业员工的责任感和使命感得到激发，优秀的企业文化可以让大家在同样的问题上达成一致，让所有的员工心往一处想、劲往一处使，促进企业的发展进步。企业文化建设需要与思想政治工作和精神文明建设结合得更加紧密。企业文化建设需要用学习来推动，组织员工开展专业技能培训，给员工展示自身才华的一个舞台，激励员工努力成长成才，努力构建学习型企业。

【实例】美国通胀"高烧不退" 铁路大罢工

2021年，美国多家媒体15日报道说，美国铁路工人16日可能举行全国罢工，上一次全美铁路大罢工还要追溯到1992年老布什执政时期。美国全国铁路客运公司已宣布，将从9月15日开始取消所有长途列车。截至目前，主要货运铁路公司与工会之间的谈判仍未达成有效协议。

美国铁路协会估计，此次罢工可能令美国近30%的货物运输受到影响，食品和燃料运输供应受阻，每天将有7000多列火车闲置，包括华盛顿、芝加哥和洛杉矶在内的几个主要大都市地区都将受到客运系统中断带来的影响，东北走廊以外的大部分地区的客运服务也将被取消。美国食品生产商已经警告国会，如果铁路停运，美国的粮食储存设施将迅速不堪重负，农民几乎没有储存作物的条件。然而，铁路罢工最严重的影响可能体现在能源行业，因为加州等地电网的压力和燃料价格的上涨已经令消费者不堪重负。美国国际机械师和航空航天工人协会的近5000名铁路工人投票否决了与美国最大的货运铁路公司达成的协议，并授权进行罢工。近年来纽约市的无家可归者已激增至80000人，达1930年大萧条以来的最高水平，美国纽约无家可归者的人道主义危机正在恶化。在距离纽约时报广场仅两个街区的地方，有不少无家可归者睡在人行道上，周围散落着垃圾、不洁食物和污物。

(资料来源：美国铁路工人为何时隔30年又要罢工. 中国青年网. news.youth.cn. 2022-09-16.)

(七)辐射功能

高效的网络平台使得企业文化拥有更快的传播能力，管理者与员工之间可以迅速传播与沟通。良好的企业文化不仅会对本企业员工具有上述的一系列作用，还能起到影响社会舆论的作用，从而使企业在经济市场的整体实力有所增强，为企业的发展提供更为坚实的基础。企业文化辐射的渠道很多，主要包括传播媒体和公共关系等。企业文化的传播对树立企业在公众中的形象很有帮助，优秀的企业文化对社会文化的发展有很大影响。比如，每年评选的"中国企业慈善公益500强企业"，主要针对企业对社会慈善公益的影响力的一个排名，该排名在国内企业有较高的知名度和认可度，对社会公益作出重大贡献和影响力的企业容易上榜排名,如表5-5所示。

表5-5 2021中国企业慈善公益前十强

排名	企业名称
1	上海寻梦信息技术有限公司(拼多多)
2	美的集团股份有限公司
3	贝壳找房(北京)科技有限公司
4	国家电网有限公司
5	福耀玻璃工业集团股份有限公司
6	腾讯控股有限公司
7	阿里巴巴集团控股有限公司
8	北京字节跳动科技有限公司
9	宝龙集团
10	万科企业股份有限公司

二、企业文化的负向功能

在商业竞争激烈的今天,企业文化也有一定的负向影响。

1. 泛在网络环境对企业价值观的影响

伴随着现代信息技术的飞速发展和广泛应用,带动了产业之间的跨界经营与资源整合,导致企业所面临的竞争环境更加动态化、复杂化。大数据、物联网、云计算、区块链、融合通信、人工智能等技术改变了经济发展与运行模式,并深度影响了企业员工(尤其是年轻员工)的行为习惯与思维方式。一方面,企业员工在互联网环境下所能接收的信息比之前更多,在一些拜金主义、享乐主义等信息的影响下,有些员工盲目地向往奢侈的生活,却忽略了脚踏实地工作,导致员工对当前工作表示不满,造成人员大量流失,影响企业文化建设进程。另一方面,泛在网络环境在很大程度上改变了人与人之间的交流方式,工作环境下大家聚会聊天的情况很少出现,一部手机就占据了员工大部分的精神世界,特别是90后、00后新生代员工,他们个性特征明显,崇尚自由的工作状态,自我中心意识强,不喜欢被传统的方式管理,当他们无法认同当前所在企业文化时,就会选择跳槽。这也是泛在网络环境下企业文化建设需要考虑的重点。

2. 泛在网络环境下产生的文化冲突

在新的发展环境和形势下,传统企业如果不摆脱内部制度僵化、管理流程复杂、运行效率低下等问题,并由此对企业文化作根本性的改造,显然就跟不上时代发展的要求。从趋势上看,团队合作模式以及柔性变化的组织结构成为主流,企业文化管理制度逐渐趋于扁平化,企业文化管理体系也因此而发生变化。企业文化管理组织更加趋于透明化,企业文化管理不再是企业内部文化,更多的客户文化和社会文化渗透进来,使企业文化开始以企业文化为中心,重点发展与建设企业文化,并秉持以人为本、尊重员工、以用户为中心以及注重企业创新等原则,形成一套固有的企业文化创新体系。现阶段,80后和90后已成为企业文化建设主体对象,他们是新时代下的发展建设主体,基于文化层次高、有理想抱负、自主意识强、崇尚自由等特征,给企业文化发展与传播既带来机会,也带来了挑战。由于网络打破了沟通的传统障碍,他们在这样的环境熏陶下,自身文化层次将会提升,个人价值观也随之改变,企业在这种因素影响下,企业文化传播与发展也会因此而产生冲突。

3. 泛在网络环境下的过度竞争

"内卷"是当今时代人们常用的流行语,其本意是指一类文化模式达到了某种最终的形态以后,既没有办法稳定下来,也没有办法转变为新的形态,而只能不断地在内部变得更加复杂的现象。经网络流传,很多高等学校学生用其来指代非理性的内部竞争或"被自愿"竞争。内卷现指同行间竞相付出更多努力以争夺有限资源,从而导致个体"收益努力比"下降的现象。可以看作是努力的"通货膨胀"。从客观上看,数智化网络的无处不在、无所不包、无所不能等特性,加速了人工替代进程,加剧了商业竞争,助推了"马太效应"。许多企业十分重视竞争文化的营造,企业内的每一个员工相互间都是竞争对手,职场的较量宛如战场般残酷。例如,一些企业内部有许多研发小组,他们都在燃烧脑力和体力,试图在最短的时间内研发出新产品,因为只有最终被采纳的项目才能胜出,并得到收入和荣誉,其他小组会被淘汰。正是由于这样的竞争文化,使得企业中大部分员工产生了这样根深蒂固的信念:如果我不努力,被淘汰的就是我。虽然企业得到了高速发展,但如果过度竞争,却是以失去员工间的和谐友善为代价的。特别是鼓吹"35岁职场中年""35岁从公司毕业"这种做法,无论对企业、对社会,还是对员工个体来说,显然不是一个最好的结果。

三、企业文化功能的二重性

企业文化功能的二重性是指企业的发展从正反两方面来分析。一方面,我们总结出:健全的优秀的企业文化传统对企业文化共同体的成长具有积极的作用,不良的、异质的企业文化传统对企业文化共同体的发展起阻碍和破坏作用。另一方面,对于常态的企业文化,具有两面性的功能:一个企业在时代发展的进程中,不能随着时代潮流发展,公司的企业文化类型表现出开拓创新型文化有可能稳健不足,稳重求实型文化有可能进取、冒险不够;固守创业文化传统,在企业进入稳定发展时有可能酿成灾变,墨守守成文化传统,企业文化就会转变为守业以至败业文化,是企业文化功能消极作用的体现。

因此,文化功能的两重性充分表明了文化的相对性。企业文化传统的优良性是有时间、条件和地点限制的,不存在永恒的完美无缺的企业文化。因此,在企业文化工程、文化管理、文化革新甚至革命方面,都必须充分顾及企业文化功能的两重性和文化的相对性。

本 章 小 结

当今时代,数智化网络把世界各个角落联系在了一起。各国的发展基础和水平不同,并具有各自特色的文化背景,但是在世界多极化、竞争全球化、文化多样化、社会网络化的环境下，不分国界地在同一舞台上竞技。浅析企业文化的要素，认清企业文化的分类，进而分析企业文化的结构层次和功能特性，对于企业文化建设具有指导意义。在进行企业文化建设时，需要全面考虑网络泛在和人工智能带来的机遇与挑战；善于利用现代信息技术，积极开拓企业文化建设的新模式；重视如何使成员对公司的企业文化从认知到认同，从而达到提升公司管理水平，提升企业效益，最后提升公司形象；新的历史时期，企业精神文化建设、制度文化建设、行为文化建设以及物质文化建设，都与传统的企业文化建设存在不同的特征，因此寻求企业文化建设的新模式显得尤为重要。

思 考 题

1. 企业文化有哪些构成？在企业管理中发挥着怎样的作用？
2. 企业文化的三要素有怎样的区别与联系？
3. 企业的发展与企业文化的结构和功能有什么联系？
4. 企业文化有哪些类型，是如何分类的，不同的分类对企业的发展有什么作用？
5. 企业文化的结构对企业的发展过程有什么影响？
6. 企业文化的核心是什么？对企业的发展有哪些影响？
7. 根据企业文化的结构和功能特点，谈谈怎样发展企业内部文化。
8. 作为一个新兴的企业，如何调整企业内部结构，才能让企业快速响应外界的挑战？
9. 针对当今的企业，为了使企业能够走在竞争的前列，对 7S 模型有没有补充和说明？如果有，请说明理由。
10. 企业文化对企业的发展有什么样的功能？如何利用企业文化对企业的发展做规划？
11. 分析企业文化在创新型企业中的作用。

本章案例

网购：对消费文化的改变

随着互联网的普及，网络购物的优点更加突出，网络购物日益成为一种重要的购物形式，似乎成为当代人们购物的主要方式。

中国第一宗网络购物发生在 1996 年的 11 月，购物人是加拿大驻中国大使贝祥，他通过实华开公司的网点，购进了一款景泰蓝"龙凤牡丹"。早在 1999 年以前，中国互联网的先知们就开始建立 B2C 网站，致力于在中国推广网络购物。

从 2006 年开始，中国的网购市场开始进入第二阶段。经过了前几年当当、卓越、淘宝、中国购、51 特价街等一批网站的培育，网民数量比 2001 年时增长了十几倍，很多人都有了网上购物的体验，整个电子商务环境中的交易可信度、物流配送和支付等方面的瓶颈也正被逐步打破。越来越多的人日常购物模式已通过网购而不是实体店，表面上看是节约了时间，但新的问题更令人头疼：网民越来越疲惫于电商购物时反复比较那些个好评、差评，并不断猜测哪个商品更靠谱。

数据显示，2015—2021 年"双十一"天猫成交额保持着逐年上涨的趋势，由 912 亿元增至 5403 亿元。天猫成交额在 2020 年"新冠疫情"爆发后迎来爆发性增长，从 2019 年的

网络企业文化

2684 亿元到 2020 年的 4982 亿元,增长率为 85.6%。2022 年 11 月 12 日零时刚过,天猫和京东先后公布了 2022 年"双十一"战报,并首次隐藏了 GMV。天猫方面只是隐晦地表示"与去年持平";京东方面则表示"超越行业增速";直播带货作为抖音的王牌,7667 个直播间销售额超百万元。

(资料来源:程子姣. 双 11 的 GMV 时代落幕,消费者"含义扩容". 新京报. 2022-11-12.)

讨论题:

1. 如何认识网络环境下企业文化的层次性?
2. 在网购中,消费者文化表现在哪些方面?"双十一""618"消费文化节是如何产生的?
3. 在长期发展过程中,网络环境下企业文化需要作哪些调整?为什么?

第六章 网络企业文化的演进

> 夫兵形象水。水之形,避高而趋下;兵之形,避实而击虚。水因地而制流,兵因敌而制胜。故兵无常势,水无常形,能因敌变化而取胜者,谓之神。故五行无常胜,四时无常位,日有短长,月有死生。
>
> ——《孙子兵法·虚实篇》

企业文化作为一种独特的亚文化,根植于社会文化、民族文化的土壤中。在推进构建人类命运共同体的伟大历史进程中,各国企业文化相互交融,企业文化发展得到了新的内容注入。在现代信息技术快速变化的环境下,随着时代进步,人们的思维方式也不断受到影响,企业文化也在不断地演进,既需要吸收先进的管理理念,同时也需要实现自我的持续创新。具体而言,对于企业文化的动态演进状态,可以从全球化、民族化、时代化和个性化这四个方面来进行审视,并可以从这四个方面来考察企业文化所呈现出的特征,如图 6-1 所示。

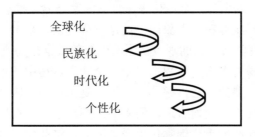

图 6-1 企业文化的演进特征

第一节 企业文化的全球化

在当今世界多极化、经济全球化、竞争激烈化和社会网络化的背景下,全球治理体系和国际秩序变革加速推进,各国间的联系和依存并不因一时的"逆全球化"浪潮而减弱,国际竞争不仅是政治、经济、科技及军事力量的竞争,同时也是文化实力的竞争。随着现代信息技术日新月异的进步和数智化网络经济方兴未艾的发展,企业成长模式在不断创新,企业文化建设也发生着变革跃迁。企业文化决定了企业生存与发展的空间与格局,企业文化竞争越来越成为企业间形象竞争、品牌竞争、影响力竞争、市场关注度竞争、可持续发展能力竞争的主战场。构建充满活力的企业文化,已成为增强企业核心竞争力的重要战略任务。

一、全球化

全球化(globalization)这一概念,是一种人类社会发展的现象过程。全球化有诸多定义,通常意义上的全球化是指全球联系不断增强,人类生活在全球规模的基础上发展及全球意识的崛起,国家之间在政治、经济贸易上相互依存。全球化亦可以理解为世界的压缩和将全球视为一个整体。自20世纪90年代以来,随着全球化对人类社会影响层面的扩大,各国政治、教育、社会以及文化等领域逐渐重视全球化,引发了大规模的研究热潮。对于"全球化"的观感是好是坏,见仁见智,例如,全球化对本土文化而言是一把双刃剑,既有积极影响,也可能导致本土文化内涵与自我更新能力的逐渐模糊与丧失。

有学者认为全球化是一个现代概念,而另一部分人则认为在地理大发现阶段,全球化进程就已经开始了,甚至还有人认为全球化可以追溯到公元前2000年。大规模的全球化始于19世纪。在19世纪末20世纪初,全球经济文化联系日益紧密。现代意义上的"全球化"一词始于20世纪70年代。2000年,国际货币基金组织(IMF)定义了全球化的四个基本方面:贸易和国际往来、资本与投资的流动、人口流动、知识的传播。学术界将全球化划分为三大领域:经济全球化、政治全球化和文化全球化。近30年来,全球化已前所未有地变成了现实。政府决策者、政党领袖、工商界、学术界甚至大众传媒无不谈及全球化的影响及其如何改变人们的生活。许多人将过去几十年国际贸易及投资的增长视为全球化的表现。有些人将全球化比喻为"地球村",全球化正在打破国家边界,推动全球市场一体化。

关于全球化是一个现实存在的现象还仅仅是一个说法,学术界仍在讨论。尽管这个词已经被广泛使用,但一些学者争论的观点认为,这个现象早在其他历史时期就已经出现了。此外,很多人注意到,那些令人相信我们正处于全球化进程中的现象,如国际贸易的增长和跨国公司扮演越来越重要的角色,并非一开始就是预定的。因此,许多学者更喜欢使用"国际化"而非"全球化"。简而言之,两者的区别在于国家在国际化中扮演更重要的角色。也就是说,全球化在程度上比国际化更深。因此,这些学者认为国家边界远未达到要消失的地步,完全的全球化尚未开始,也可能不会开始——从历史角度看,国际化从来没有变成全球化。

二、逆全球化

逆全球化(anti-globalization)是指与经济全球化相背、国际合作和相互依赖逐渐消减的全球性发展趋势。逆全球化是一种制度安排,是建制性的、政策性的合法政府行为。与打破国家壁垒和放松政府管治的全球化理念相反,逆全球化的制度安排更强调民族边界和国家利益,不惜在全球共同市场重新设置贸易壁垒。对全球化的"倒行逆施",虽然可能得势于一时,但不可能长久。自美国特朗普政府上台以来,美国开始推行"美国优先"政策,试图通过保护主义措施来保护本国利益,逆全球化而行。同时,一些国家基于在产业布局上的政治经济考量,由传统的追求"效率至上"向"保安全"与"防风险"转变,全球产业链供应链正在朝着区域化、本土化、多元化、数字化等方向加速调整。但作为一种世界各个部分相互交流的融合趋势,全球化是不可阻挡的潮流。全球化并不意味着资本主义生产方式和制度体系的一统天下，也不是一种包罗万象的制度设计。世界需要交流与融合，但不一定以资本主义的方式进行。

逆全球化体现了发达资本主义国家的临时性战略调整，不会改变世界历史发展潮流。一方面，逆全球化并不能改变资本的全球逐利性，也不是战略性收缩，其目的主要是基于狭隘的政治经济盘算。自中美关系恶化以来，美国便单方面加大了对中国的制裁，不仅先后将数百家中企拉入"黑名单"，还"拉帮结派"，企图让其他国家也加入对华制裁的队伍中。在美国的不断施压下，荷兰以"国家安全"为由，宣布将限制向中国出口尖端芯片制造设备，并加入美国对华芯片出口管制的阵营。美国试图通过制裁来打压中国的经济实力，来保护自己的利益，这种做法不仅违反了自由贸易原则，也损害了全球经济的繁荣和发展。另一方面，当今世界各国命运紧紧相连，如遭遇危机，都无法独善其身，需要各国协同努力才能最终取得成功。在全球化的过程中，各个国家的经济体系是高度互补的，国际分工也越来越细化。而美国的制裁措施将会打乱这种产业链的平衡，导致全球经济的不稳定和混乱。特别是在高科技领域，各个国家之间的竞争已经非常激烈，如果美国的制裁措施得逞，将会给全球科技发展带来极大的影响和不利后果。从这个层面来讲，我们要旗帜鲜明反对逆全球化。需要说明的是，在处理全球问题时，要运用个性与共性的辩证统一思维看待民族关系问题，要尊重各民族的文化特性与道路选择的自主性，不能一刀切，搞独断主义。

三、企业文化全球化

全球化与文化的传播、交流是相辅相成的。单方面讲，全球化的资本流动，即资本由一国进入他国市场，就会把资本输出国的企业文化或多或少带入资本输入国。

由全球化流动带动的企业文化交流，其交流规模及影响是与全球化流动量相关的。由于经济发展状况、产业结构、开放度等方面的差异，全球化在世界各国间的程度是不均衡的。有些国家经济相对封闭，基本上不与全球化发生联系，或只发生少量联系；有些国家经济比较开放，全球化程度就比较高；有些国家开放度很高，则全球化程度也很高。因此，企业文化在世界各国间的交流也是不均衡的。一个国家全球化程度越高，接受外来文化的冲击也就越大。当然，这与全球化输出国与输入国的文化背景、管理水平有关系，全球化输出国的文化和管理越有优势，对输入国的冲击也就越大。

(一)强势企业的文化输出

企业文化的输出需要一定的基础，一般具有优秀企业文化的企业都具有一定规模和实力，以及多年的发展历史和经验。并不是每个企业都适合做企业文化，一些小企业、几个人的公司，不能说没有文化，只是缺乏完整的体系，如果立即给它一个企业文化框架，就有可能把它框死，限制其发展，从而丧失发展的灵活性和多变性的优势。所以企业文化具有适宜性，是企业发展到一定阶段和层次之后才能发挥出最大优势。

各行各业的发展，都离不开受众人群的接受程度，也就是所谓的心理认同。即受到某种思想观念的影响并逐步接受、认同这种思想观念，这种现象称为文化影响。产生这种影响的方式，就是依靠文化输出。任何企业想要有更好的经营和更长远的发展，就需要依靠

网络企业文化

这种有效的文化输出。

数字技术的飞速发展，社会的进步，人类逐渐从工业社会步入数字化、网络化、智能化社会，来到了数字经济时代。深刻的社会变革让企业在数字经济时代面临着严峻的考验，传统企业的发展模式正陷入两难境地，传统的企业文化建设面临着严峻考验，如何输出合理、合适的网络环境下的企业文化，成为很多企业的重要课题。

据统计，目前世界最大的 250 家跨国公司的出口额已经占全球总产值的 1/3 以上，控制着 70%的对外直接投资、80%的世界金融资本、2/3 左右的贸易额和 80%的技术专利。跨国公司不仅是推动经济全球化的重要力量，也是国际社会重要的非国家行为体，兼具经济与政治特征。跨国公司极具影响力的企业文化是吸引优秀员工加入，以及为公司持续工作的动力之一，也让企业展现自己在职场中科技感、文化和凝聚力的一种体现。美国是世界上跨国公司数量最多、规模最大、产值最高、资本最雄厚、技术最先进、影响力最强的国家，近年来，美国跨国公司至少占世界 500 强企业的 1/3。美国跨国公司在推动经济全球化的过程中，从主观和客观两个方面促进了美国企业文化的扩张和输出，是美国式文化影响全球的重要参与者和推动者。一些强势企业的文化具有全球性的影响，并由此呈现输出现象，例如麦当劳、可口可乐、微软、谷歌、波士顿动力、Meta、OpenAI 等公司的企业文化。

(二)企业文化的交流融合

人类发展进步大潮滚滚向前，世界经济时有波折起伏，但各国走向开放、走向融合的大趋势没有改变。产业链、价值链、供应链不断延伸和拓展，带动了生产要素全球流动，助力数十亿人口脱贫致富。在这一进程中，各国逐渐形成利益共同体、责任共同体、命运共同体。企业文化是企业里一种积极向上的群体意识，它体现着企业的凝聚力和生命力。只有当企业员工的价值观、行为准则与企业的战略目标相一致，才能最大限度地激发员工潜能，整体协调，一体联动，使企业各方形成心往一处想、劲往一处使、拧成一股绳的强大合力，促进企业快速长足发展。因此，塑造富含时代特征和企业特色的企业文化，对企业的快速扩张发展和增加核心竞争力具有非常重要的意义。

企业间的文化融合工作，是一项长期而艰巨的任务。文化融合并不是简单地用一种文化完全取代另一种或另几种文化，而是通过吸收原文化中的优良因素，消除其不良因素，经过一段时间的融合创新，最终形成一种新的文化体系。因此，文化融合要依据行业特点和企业实际对重组企业多元文化进行深度思考、系统梳理、精细提炼，找准多元文化整合的切入点和着力点，最终形成和谐统一的文化主张和文化体系运作机制，充分发挥文化融合在企业改革重组中的引导作用，从而实现企业文化的有机融合。做好文化融合工作，必须以增强企业凝聚力和竞争力、促进企业可持续发展为目标，通盘考虑、全面部署。

【启示】上海城建国际工程公司助力"一带一路"高质量发展的企业文化融合之路

上海城建国际工程有限公司是一家以海外工程建设、设计和管理、投资、建筑设备销售为一体的国际公司，目前已成功在新加坡、印度、马来西亚、越南以及我国的香港、澳门地区布局业务。在积极响应"一带一路"倡议"走出去"发展的过程中，面临过市场开拓难度增加、属地化企业政策性保护、人员流动受到阻碍等挑战。公司坚持市场化、属地化、国际化相结合的原则，从走出去初期的困难重重到现在的路越走越宽，已连续 10 年以上实现了"一带一路"项目盈利。"一带一路"给公司带来的不仅是经济上的收益，而且

第六章 网络企业文化的演进

> 代表着中国"走出去"企业的专业水平、企业文化乃至人类命运共同体的社会责任感,代表了中国的形象。公司在境外有23个总承包项目,1400多个员工,85%都是属地化的员工,属于境外人士,但这些员工的离职率非常低,而且大多从原来的排斥中国企业到对企业有归属感,其中公司企业文化的融合发展,起到了重要的作用。不少外国员工在中国内地轮岗后,改变了对中国的看法,大大增强了对企业的满意度和认同感。
>
> (资料来源:许婧,徐明睿.中国企业如何抓住"一带一路"走出去.中国新闻网,上海.
> www.sh.chinanews.com.cn/spxw/2021-12-15/94366.shtwl. 2021-12-15.)

(三)企业文化的竞争优势

全球化的根本着眼点就是经济全球化,给企业带来深远影响的也是经济全球化。特别是资本、人才、生产的全球化,使得企业不能再抱残守缺地痴迷于以往的成长经验。经济全球化既然是一种客观发展趋势,那么至少从长期来看它是不可逆转的,不可抗拒的历史潮流。全球化作为当今世界经济发展最根本的特点,任何国家、民族和地区无论对全球化持反对还是赞成,自发还是自觉,消极还是积极,或早或迟都不可避免地要被卷到全球化的浪潮中。因为全球化带来的最大好处是实现了世界资源的最优配置和国际产业链上的合理分工,一国的经济运行的效率无论多高,总要受到本国资源和市场的限制,而全球化却实现了"以最有利的条件生产,在最有利的市场销售"。

企业的竞争不是简单的硬实力的竞争,还包括软实力的竞争,这就涉及企业文化的较量。在企业文化的建设上,企业家及其团队软实力的提升,需要找到有效攀登的路线。企业文化对于核心竞争力的提升作用,首先体现在企业文化的价值性是核心竞争力形成的基础。企业内部形成的并被统一认可的价值观念体现了企业的发展目标,明确了企业的发展方向,并且指明了员工的努力方向。为了实现企业的长远目标,企业综合分析内外部环境确定出短期任务,并利用现有条件创造可利用的条件,采取符合自身价值观的行为方式来实现短期目标。在这样的实现短期目标的循环过程中,企业根据环境和条件的变化对目标的实现方式做出相应的调整。也就是在这个过程中,逐步形成了企业的核心竞争力,这种能力成为实现企业目标和价值的工具。因此,企业文化在核心竞争力的形成中发挥着基础性的作用。

此外,企业文化对于核心竞争力的提升作用,还体现在企业文化具有不可模仿性的特质,这是形成核心竞争力的源泉。企业文化是在社会文化大背景下伴随着企业的成立与发展而逐步形成的,具有显著的独特性。它是企业的创立者和管理者的价值观念的高度体现,并渗透到企业的规章制度和员工的行为规范等方面,是被全体员工认可的价值观念。相对于产品、技术和制度等,真正先进的企业文化不能被复制和模仿,因而它从根本上决定了一个企业是否区别于其他企业。先进的企业文化是一个企业优于其他企业的原因,促使企业形成持久的竞争力。

(四)全球化对企业文化的需求

全球化对世界的影响在于改变了企业的经营方式,越来越多的企业已经不仅仅在国内经济中提供商品和服务,而是积极追求渗透国际市场并为自己赢得声誉。随着这种扩张,

企业需要一支多元化的员工团队来保持经营的车轮持续转动。我们可以将文化能力视为每个企业员工都需要具备的技能，尤其是那些在多元化团队中工作的人。因为文化能力能帮助每个团队成员在内部层面改善客户体验，使每个团队成员对他们的工作以及与他们一起工作的每个人的满意度都得到提高。

有学者曾经很形象地比喻企业文化的认知与影响层面，同样一件事情，士人以士人之心，会觉得脚踏实地、忠于职责，就已经很好了，自己不需要胸怀天下、走向全球；比士人更高一个层面是能人，能人更有志向，不怕困难，不满足于现状，他的格局和境界也更加高；再往上是君子，厚德载物、自强不息，认为人生不需要安歇，可以奋斗不止，自强不息是其人生哲学，这类人绝不会选择"躺平"式的处世思维；再高就到了圣贤的境界，无我利他。每个人有自己不同的境界、格局，在不同的层面上，对世界的看法是不一样的。唯有圣贤无我利他的事业才会被传颂，只有君子的事业才能被传承。当企业走出国门来到海外时，显然不能急功近利地满眼只看到黄金，而是要去寻找薄弱的环节，需求供给的不足在什么地方，到底能在什么地方、什么领域作出实质性贡献，唯有如此，也才能构建起有特色、有影响力的企业文化，夯实企业竞争发展的"软实力"基础。

把企业的文化软实力变成走向全球的硬实力，才是真正取之不尽、用之不竭的资源源泉。资金可以缺少，产品可以落后，模式可以淘汰，唯有企业文化对每位员工的永远存在，才是企业在经济全球化的大环境下生存的源泉。许多"走出去"企业面临的问题，从某个角度讲，都是全球化"不适应症"的结果。全球化带来了资本的全球化、人员的全球化、生产的全球化，但是并不必然带来企业文化的全球化。这就要求企业在新的环境下独立创新，勇往直前，紧跟发展潮流，这样才能长久地发展。深入理解全球化，才能更好地理解新的管理思想，才能帮助企业更准确地辨识发展建设中存在的问题。

四、网络环境下的企业文化全球化

互联网媒体让企业更加注重线上营销，电子商务将企业的销售渠道拓展到线上，泛在互联网和社交平台让企业更有效地接近和了解用户，云计算和大数据降低了运行成本并增加了商业机会，区域链、物联网、融合通信、人工智能等现代信息技术的发展与应用势不可当，都为企业的全球化发展提供了重要的基础条件。未来几年，数十亿的网络消费者将进一步改变企业的世界格局。企业需要深刻认识到这一转变的速度和规模。只有那些能够快速迎接转变的企业，才能抓住前所未有的机会，在市场竞争中处于最有利地位。企业唯有适应这种发展模式，积极创新企业独特的文化，才能应对经济全球化下所带来的冲击，才能在市场上获得成功。

(一)正视网络化带来的传播挑战

以数字化、网络化、智能化为标志的信息技术引发了全产业链和各领域革命，制造业革命、流通业革命、服务业革命、教育革命等。可以说，数字化参与当前所有价值创造过程，改变所有价值传递的过程。数智化网络时代背景下，企业特别强调构建一种创新、灵活、协作、共享、自律、包容的企业文化，彰显多元化、跨层次、跨地域、规模化、国际化的特点。

当今世界处于百年未有之大变局，世界政治格局从"一超多强"向着多极化过渡，世界经济重心逐渐从北大西洋向太平洋转移，数智化网络推动国家治理和社会生活的变革，全球治理挑战和风险增加，诸多维度的变化绘制了"大变局"图景。网络媒体深度融合且在不断发展，"全程、全息、全员、全效"为特征的传播推广日益突出。网络及信息无处不在、无所不及、无人不用。舆论生态、媒体格局、传播方式都将发生深刻变化。随着"一带一路"倡议、人类命运共同体等重要理念的广泛传播与实践，中国在世界上的重要性和影响力不断增强，越来越多的外国受众开始关注中国的政策、制度、文化价值等内容。在此背景下，在当今企业文化的全球化进程中，政策解读、制度阐释、理论建构、文化价值传播等深度内容的对外推广越来越重要。但由于网络的无界性、虚拟性、即时性、隐匿性、互动性、开放性、连锁性、扩散性等特点，企业文化的全球化面临着可能的价值观冲突、文化信息污染、网络群体极化、传播生态异化、极端主义及无政府主义等问题带来的挑战。

(二)坚持企业文化建设的长期性

数智化网络助推着企业文化全球化，可以预见的是它的影响将会越来越大，进而产生巨大的跨国跨地区文化传播影响力，将全球化背景下的跨文化管理推向一个全新的境界。"冰冻三尺非一日之寒，滴水石穿非一日之功"，这是一个长期而渐进的过程，需要企业有足够的战略定力和建设耐力。

一是跨文化兼容并蓄的艰巨性。全球性企业文化建设不仅仅涉及员工个体对跨国企业价值观的认同，更为复杂的是企业文化还涉及跨文化融合；企业文化不仅仅涉及员工是否认知认同跨国企业的企业文化，还涉及如何让完全不同国家、不同地域的文化能保持协同。这一特点尤其在企业实施"走出去"战略时显得尤为突出：不同国家、不同地域的社会文化往往存在"对抗"与"冲突"，于是解决企业跨国发展中的文化整合、融合与冲突预防是一个极为重要的战略问题。例如，我国跨国企业在"一带一路"共建国家进行投资贸易，必然会受到不同国家社会文化的影响，而不同国家的文化都经历了各自独特的历史形成过程，因而呈现出自成体系、色彩斑斓、差异显著、形态各异的文化生态。我国跨国企业需要以开放包容的文化理念兼容并蓄不同文化的精华，直面文化差异奉行求同存异，善于发现和汲取不同的文化智慧，以文化的多样性融合和交流互动，增进了解和互信，善于弘扬文化的精髓和特质，共享文化的厚重深邃和丰富多彩，滋养自身企业文化生命，使之焕发旺盛的活力和强健的市场适应力，促进企业双边和多边合作氛围融洽和美，经贸往来深度发展。"时缤纷其变易兮，又何可以淹留？"这是企业跨国发展中一项需要高度重视的艰巨的战略任务。

二是文化特色形成的长期性。企业在异国他乡投资贸易过程中，需要积极营造具有自身特色的跨国企业文化生态，而价值取向、经营理念、管理制度、行为规范、标示符号等规定性的存在状态，需要一个长期的坚持不懈地积极作为的过程，才能逐渐形成并保持相对稳定。不同国家的社会制度、文化传统、经济体制、法律制度、开放程度等方面迥然不同，与此相关联的不同的价值判断、行为习惯、市场规则，很大程度上影响着全球化企业文化建设的深广维度和进程时序。面对不同的社会制度在意识形态方面的差异，企业应当自觉地把问题提高到全球企业文化建设层面，尊重对方的政治立场和道路选择，不强求、不干涉、平等自主、和平共处，为投资贸易经济合作创造和谐安定的社会环境。尊重不同

民族的价值判断、审美观念和行为习惯，在合作模式、投资贸易、产品设计、日程安排及人力资源管理等方面作出切合实际的调整。企业文化特色的形成不能急于求成，必须静待时日，厚积薄发，润物无声，春风化雨，最终形成特色鲜明、具有竞争力和影响力、为企业国际化发展提供坚强保障的企业文化。

第二节　企业文化的民族化

"民族的就是世界的"，世界文化是由不同民族、不同国家的文化共同构成的，文化是世界性与民族性的统一。由于世界各民族的社会实践有其共性，有普遍的规律，在实践中产生和发展的不同民族文化也有共性和普遍规律，即文化的世界性。各民族间经济、政治、历史和地理等多种因素的不同，又决定了各民族文化之间存在着差异，即文化的民族性。没有不同民族、不同国家各具特色的文化，就不会有世界文化百花园争妍斗艳、五彩缤纷的景象。所以，文化是民族的，各民族都有自己的文化个性和特征；文化又是世界的，各民族文化都是世界文化中不可缺少的色彩。显然，企业文化也深深地根植于民族文化的丰原沃土当中来产生和成长。

一、民族文化

民族文化是某一民族在长期共同生产生活实践中产生和创造出来的能够体现本民族特点的物质和精神财富总和。民族文化反映该民族历史发展的水平，是本民族赖以生存发展的文化根基所在，具有重要的教育价值，可以将一系列的具体内容作为学校教育和公司管理的重要内容，并且具有一般的知识教育、技能教育等所不具备的教育功能。

文化是一个民族的魂魄，文化认同是民族团结的根脉。各民族在文化上要相互尊重、相互欣赏，相互学习，相互借鉴。中华文化是各民族文化的集大成，各民族都对中华文化的形成和发展作出了重要贡献。中华民族的文化独具魅力且博大精深，它是由上下五千年悠久而漫长的历史所积淀。中华文化是中华民族无数古圣先贤、风流人物、仁人志士对自然、人生、社会的思索、探究与总结，而且一路下来，薪火相传，因时损益。它不仅是中华民族智慧的凝结，更是我们道德规范、价值取向、行为准则的集中再现。千百年来，我们每一个中国人的血液里都融入了这博大精深的中华文化，也铸成了我们民族的品格，从而书写了我们灿烂辉煌的历史。中华民族之所以是中华民族，就是因为它有异于其他民族的传统文化。

民族文化中作为其中最具有民族性、最富于艺术特征的部分，不仅包含了民族的审美观念、审美表现意识，而且包含了理解自然，理解人生，明智地处理人与自然、人与社会之间关系的许多有益的启迪。

二、民族文化与企业文化的关系

数字经济大潮中，数字化转型、数字化运营、数字化治理成为时代的热点，民族文化

第六章 网络企业文化的演进

借助网络渠道和平台,也得到了更快捷、更全面、更丰富的传播。以优秀民族文化为载体促进我国企业文化建设与发展企业文化建设是一项铸造企业灵魂的系统工程,是提升企业核心竞争力的重要手段。在全球经济竞争逐渐由外延性竞争转向人才、服务、品牌文化等深层次竞争的大背景下,构建独具特色的企业文化,成为新时代我国企业高质量发展、提升核心竞争力的现实选择。

(一)民族文化是企业文化的源泉

民族文化作为一个国家或地区的文化传统和价值观,对企业文化具有深远的影响。企业文化是企业内部的价值观、行为规范和管理理念的总和,它在很大程度上决定了企业的核心竞争力和发展方向。根据霍夫斯泰德(Hofstede)的文化维度理论,民族文化的不同维度,如权力距离、个人主义与集体主义、男女平等、不确定性规避等,都会对企业文化产生影响。

企业文化理念不是无源之水、无本之木,它作为一种民族文化的亚文化,受到国家民族文化、意识形态、企业性质和特点的制约和影响,也必然体现出一种鲜明的国家和民族特色。这也是企业文化形成和发展的一般规律所决定的。历史实践证明,世界上任何一家长盛不衰的知名企业,都有着深厚的民族文化底蕴作支撑,都拥有优秀的企业文化。

以企业文化为主体,民族文化为源泉,企业可以借鉴民族文化中的优秀传统和价值观,将其融入企业文化中,从而形成独特的企业精神和价值观。例如,中国的家族企业往往强调家族荣誉、忠诚和团结,这些价值观来源于中国传统的儒家文化。同样,日本企业的团队精神和持续改进理念,也是源于日本的民族文化。企业应充分挖掘和利用民族文化的优势,将其融入企业文化之中,以提升企业的核心竞争力和可持续发展能力。同时,企业还需要关注全球化背景下的跨文化交流和管理,以适应不断变化的市场环境。

(二)民族文化利于企业文化创新和稳定

我国民族文化在全球企业文化中的地位独特,中华民族文化源远流长,博大精深,包含儒家、道家、法家、兵家、墨家、纵横家等思想,其中蕴藏着许多哲学思想和道理。以儒家思想为主体的中华民族文化对日本、新加坡等东亚、东南亚国家的政治、经济、企业管理尤其是企业文化的发育,已经产生了积极而独特的影响。例如,日本经济的腾飞及其富有东方个性的卓有成效的管理思想和方法的产生和发展,都证明了我国民族文化对他国企业文化建设的强大影响力。近年来,中国在自身经济发展的同时,充分发挥基础设施建设等方面的技术与资金优势,与"一带一路"相关各国对接经济发展战略,开拓合作空间,实现共同发展。在全球化深入发展的今天,"一带一路"倡议以经济合作为先导,带动了共建国家政治、人文等领域的交流合作,形成了从官方到民间多层次、多领域的合作交流机制。如今,通过共建"一带一路",越来越多的国家和地区就经贸、文化等领域的开放交流与深度合作达成共识,开辟了全球化的新思路,也为构建人类命运共同体提供了现实路径。随着我国经济的崛起和国际地位的提升以及全球一体化进程的不断推进,中华民族文化越发显示出强大的生命力,并受到世界范围内的广泛关注。简言之,我国民族文化是任何外来文化所不可替代的、不能比拟的,置之今天仍是人类先进的、积极的文化。

我国学术思想领域的佼佼者、近代国学大师王国维先生曾经强调,文化在本质上并无新旧之分，只有科学与不科学之分。因此，我国一些传统的民族文化，诸如《周易》关于对立统一和矛盾转化的哲理、《孙子兵法》之克敌制胜，上攻伐谋的思想、《老子》之辩证思维的观点、孔孟的以人为本的论点以及仁和义的思想等都是科学的，符合事物发展规律。在当今物质文明高度发达的社会，这些文化仍极具借鉴意义。对企业来讲，这些文化对企业如何去建设和发展自己的企业文化，进而增强企业的应变能力，提高员工综合素质，立足竞争优势大有裨益。毫无疑问，优秀的民族文化为中国企业文化的建设提供了一个具有特色的稳固的平台，是我国企业文化创新和稳定的源泉。

(三)企业文化促进民族文化传承和再造

我国是一个统一的多民族国家，各民族文化在上下五千年的历史长河里继承和发展，形成了一笔宝贵的财富。中华优秀传统文化是我国最深厚的文化软实力，不论过去还是现在，都有其永不褪色的文化价值，如同一座博大精深的巨大文化艺术宝库，是我国企业文化形成和发展的源泉，是我国企业文化之脊梁，更是企业文化之根和魂。因此，探索和建立有中国特色的企业文化，就应从民族文化中汲取智慧和营养，传承和再造中华民族优良的文化传统。

中华优秀传统文化的哲学思想、人文精神、教化思想、道德理念等，可以为企业的成员认识和改造世界提供有益启迪，可以为企业经营管理提供有益启示，也可以为道德建设提供有益启发。企业承担着继承和发扬民族文化的责任，诸多企业将天人合一、和谐共生、团结奋进、以人为本等优秀民族文化引入企业文化，既利于创新企业文化，同时也促进了民族文化的传承和发展。企业在汲取优秀的民族文化的过程中，为适应新时代的要求，坚持古为今用、推陈出新，取其精华、去其糟粕，有鉴别地加以对待，有扬弃地予以继承，努力用中华民族创造的一切精神财富，以文化人、以文育人，努力创造出具有中华民族特色的企业文化的同时，也推动了中华民族文化的发展。企业文化本身就是企业的一个名片和象征，企业在塑造和宣传具有民族特性的企业文化时，客观上也提高了民族文化的影响力。

在开展企业文化建设时，首先就是要对民族文化中的优秀精神进行动态解读，与现代先进的思想结合，从而在形成企业精神的过程中，充分发挥民族精神深刻且直接的作用。将在历史中形成的各种文化、艺术、道德观念等，汇聚成企业成员自身的素养，弘扬民族心理、民族品格，使企业成员获得持续不断的精神力量。在面对激烈的市场竞争、各种各样的工作挑战和形形色色的短期利益诱惑的时候，不至于因精神力量的疲软或缺位，失去开拓与发展的动力。同时，在继承和发扬民族文化并对企业成员进行教育培训的过程中，必然存在与企业实情相结合的解读与应用，积极思辨，这也是一个开启员工心智的过程。

三、民族文化在企业文化中的应用

对于中华民族传统文化和企业文化，有不少人会认为这两者较难以有机、深度地联系和融合起来，其实不然。中国传统文化积淀了中华文化亲情、和谐的传统，而企业文化是植根于民族文化中的，任何先进的企业文化如果脱离了华夏大地的土壤，都会成为无源之水、无根之木。

第六章 网络企业文化的演进

从产业角度来看,数字化、网络化、智能化背景下的企业发展,代表一种新的经济形态。大数据、物联网、云计算、融合通信、人工智能等现代信息技术与传统产业结合,给企业带来了前所未有的变化,在生产方式、人员配备、服务方式等生产要素配置中发挥着重要作用,优化整合了传统的人工成本,甚至颠覆了传统的产业思维,固有的生产流程、传播方式被打破,涌现了像大疆、比亚迪、宁德时代等比较具影响力的战略性新兴企业。我国企业在建设自身网络企业文化时,应结合具体情况,注意继承和发扬优秀的民族文化,从中汲取有效的营养成分,积极借鉴中华民族文化精髓,建设中国特色的企业文化。如何以优秀的民族文化促进我国企业文化建设与发展,以下仅举几例加以说明。

(一)善用中庸之道,追求企业永续发展

"中庸之道"是中国古代唯心主义哲学观点论,出自儒家文化的《中庸》。中庸之道和当代企业的可持续发展理念是一脉相承的。从本质上讲,企业的可持续发展是一种兼顾经济发展和社会效益以及环境保护的发展,任何单一的发展都不叫可持续发展;从价值观念上讲,企业的可持续发展要求人与人、人与自然的和谐相处,所有这些,正是中庸之道在社会发展观上的体现。中庸之道要求想问题办事情要恰到好处,不要有偏激,做事要恰到好处才是最佳,企业文化的建设亦然。针对企业文化建设,华为公司总裁任正非借鉴中庸之道提出有关"灰度管理"的概念。他提出,一个领导人重要的素质是方向、节奏,他的中庸之道的水平就是合适的灰度,其坚定不移的正确方向则来自中庸之道的深刻理解。简言之,中庸之道为企业文化提供的是一种理念,一种指导思想,这对一些企业盲目追求规模扩张,不注重发展质量具有警示作用。每年的3月15日,中央电视台都会播出一档特别的节目"3.15晚会",在这场一年一次的节目中,都会曝光消费领域各种有关侵害消费者权益的事件,其中食品安全事件几乎年年上榜。如2022年曝光了个别无良企业在生产酸菜时,将发黄、带着泥土的荠菜直接腌制,工人们穿着拖鞋或光脚踩在酸菜上,甚至将抽过的烟头丢进酸菜堆里一起发酵,此事件与该企业"重规模、轻质量;重短期、轻长期;重利润、轻价值"的过度扩张有关系。因此,在企业文化建设中要秉持中庸之道,才能使企业稳健、可持续地发展。

在促进国家经济社会高质量发展、实现中华民族伟大复兴的中国梦道路上,企业承担着构建社会责任共同体的责任和义务。在激烈的国际科技竞争中,要实现关键核心技术领域的突破创新,需要众多的企业在产业链供应链中增加互信,在实践中体现中华文明的交流互鉴、和谐共存,在竞争、协调、合作中共同成长壮大,从根本上践行构建产业命运共同体的现实意义和未来指向。

(二)传播"合和"理念,构建和美企业文化

"合和"思想源远流长而又博大精深,西周的周太史伯提出"和实生物,同则不继"的观点,孔子主张"和而不同",强调"礼之用,和为贵",孟子则进一步提出"天时不如地利,地利不如人和"。人类社会发展到今天,尤其是全球金融危机使得西方发达国家主导的国际体系的非道德性和不和谐性暴露无遗。美国政府近年来一直在推行贸易保护主义政策,试图依靠"长臂管辖"等措施,推动产业链、供应链"脱钩",以期实现制造业回流。但是,这种以"你输我赢"为目标的"零和经济学"被认为是逆全球化趋势的开倒

车行为。美国的"零和经济学"不仅会使全球产业链和供应链混乱，导致生产成本大幅上升，还会影响企业的可持续发展。这种做法也令其他国家和地区感到担忧，无法最大限度地利用全球的贸易和投资资源。由此，可以看出以美国为代表的西方国家所倡导的文化价值已显现出它的弊端。与之相对应，中国于2021年9月向国际社会提出的全球发展倡议，是促进共同发展、打造共同未来的合和文化的生动实践和鲜活样本，充分凸显出了合和文化的价值。

我国企业的发展，是追求人与自然和谐共生的绿色发展、创新发展和高质量发展。在企业发展过程中，践行合和文化，注重加强生态环保合作，共同建设生态环保家园，贯彻绿色发展理念，承担生态治理责任，履行环境保护义务，以可持续方式使用土地、河流等自然资源，充分考虑生产、生活对气候的影响，从而打造人与自然和谐共生的生态环境共同体。以国家产业链供应链安全为战略指向，承担共同的社会责任，合力打造经济利益共同体、社会责任共同体和生态环境共同体，共同构建产业创新发展命运共同体。

对企业个体而言，合和思想不仅处处闪耀着管理者的睿智，它的积极作用还在于能够化解企业人际关系的紧张和冲突，加强彼此的理解和沟通，实现同心同德，相互协作。积极营一个良好的合和氛围，助推企业高速、高效、稳健前进。只有紧紧把握好合和理念，搞好企业合和文化建设，用合和文化将员工凝聚起来，才能不断提升企业竞争力和影响力。

(三)秉持以人为本，践行人性化管理文化

"仁者爱人""民为贵，社稷次之，君为轻"是我国传统思想文化的精华。"匹夫不可夺志"，"己所不欲，勿施于人"，强调了个体人格的独立性和主动性；"富与贵，人之所欲也；……贫与贱，人之所恶也"，"富而可求也，虽执鞭之士，吾亦为之"，"义以为上"，表达了尊重人的利益要求的意涵；"不以其所以养人者害人"，"关市讥而不征，泽梁无禁"，"耕者助而不税"，"因民之所利而利之"，指出尊重人的物质欲望的做法。当今时代，人本思想是社会文明程度的标志，人本思想已成为社会的一种主流价值取向。"人本"的企业文化，其核心就是优化人力资源，关爱员工、尊重员工并满足他们的合理需求。企业创始人和核心管理团队对企业文化的塑造具有重要影响，他们的风格深入其中。然而，创始人团队并非唯一的主导力量；由于组织和个人身处网络化环境中，员工受到企业文化影响的方式与途径都发生了巨大变化，特别是新一代知识工作者，他们对企业的话语权在增加，他们的学习背景、传奇经历和价值观都在影响企业管理，甚至决定企业文化的特点和发展方向。

实施"以人为本"的人本管理是企业文化的本质需求和成功关键，因为人本管理的核心在于协调人际关系。从人性化管理角度出发，回归到人，以此深刻体现人本思想。相比之下，如果企业过分追求利润、财富和效率，将人与物混为一谈，甚至将人当作物来管理，就会忽视人的价值和存在。因此，在企业文化建设中，应充分体现"人本"管理，确保员工作为企业主体的地位得到尊重、关心和信任。企业应培养和发展每位员工的主体意识和参与意识，充分发挥他们的自主性和创造性，并为员工营造一个宽松和谐的企业氛围。

(四)坚持"家国"一体，贯彻"自强不息"理念

优秀的企业文化应具有回报国家、回报社会的理念，这自然就会涉及企业存在的终极

第六章 网络企业文化的演进

目标问题。企业的终极追求是什么,这关乎企业兴旺发达的根本所在。价值观是组织的灵魂,在全球地缘政治日益紧张、科技竞争日趋激烈的大背景下,判断一家企业是否具有"自强不息"的观念,并不在于传播载体上的刻意求新求变,关键在于创新、创造精神和"家国一体,休戚同之"的家国情怀是否融入企业价值观,是否成为判断和评价经营管理行为的取舍标准;在纷繁复杂的管理行为中,把"家国"一体融入企业价值观并非易事,传统的盈利思维惯性往往成为文化变革的绊脚石。因此,核心领导层必须身先士卒,从改变自我观念开始,顶住各种压力,找到合适契机。我国民族文化中历来就有"家国"一体的传统,知识分子终身追求的理想是"修身、齐家、治国、平天下"。个体的修身养德,家庭的和睦和兴旺,要以民族国家的利益为根本。一个有高尚修养的企业家,应是一位勇于为民族利益而牺牲的"志士仁人"。一个企业家只有这样他的企业才能做大做强。因此,在企业文化建设上,我国企业应该深刻认识到企业的个体利益与国家利益在本质上是一致的,应该做到企业利益与国家利益紧密结合。

中华民族文化中历来贯穿着一种刚健有为的进取精神,《易经》云:"天行健,君子以自强不息。"《论语》亦云:"士不可以不弘毅,任重而道远。仁以为己任,不亦重乎?死而后已,不亦远乎?"在当今全球经济竞争异常激烈的背景下,优秀的企业文化应具有这种中华民族所固有的自强不息、积极进取之精神;坚持道不变、志不改,既不走封闭僵化的老路,也不走改旗易帜的邪路,坚持把国家和民族发展放在自己力量的基点上,坚持把中国发展进步的命运牢牢掌握在自己手中。

◆ 企业文化既要保证民族性又要适应时代需求。
◆ 企业文化建设应彰显民族性、创新性和独立性。
◆ 企业文化的民族性体现在员工行为、制度施行和管理活动当中。

【实例】孔子学院

以文化为媒,结缘孔院。随着我国经济的腾飞与综合国力的增强,中国的国际影响力日益提升。为了促进中国文化的发展与传播,多座海外孔子学院得以建立,对外汉语的教育工作的队伍也愈发壮大。从汉代时便有胡人来到中国学习汉语,自改革开放以来,这种现象更加普遍。越来越多的外国人渴望学习汉语,感受中国文化,汉语教师的职业也应运而生。他们接受国家的考核,外派至各个国家,进行汉语的教学和文化的传播。可以这样说,汉语国际教育为世界孔子学院提供了源源不断的活力,而孔子学院则为汉语教师提供了充分发展的平台。孔子学院是中外合作建立的非营利性教育机构,开展汉语教学和中外教育、文化等方面的交流与合作,所提供的服务包括:开展汉语教学、培训汉语教师,提供汉语教学资源、开展汉语考试和汉语教师资格认证、提供中国教育、文化等信息咨询、开展中外语言文化交流活动。

截至 2022 年,全球已有 162 个国家(地区)建立 541 所孔子学院和 1170 个中小学孔子课堂。孔子学院自创办以来,累计为数千万各国学员学习中文、了解中国文化提供服务,在推动国际中文教育发展方面发挥了重要作用,成为世界认识中国的一个重要平台。

(资料来源:黄湄. 大机构观与中国道路:孔子学院发展比较研究[M]. 外语教学与研究出版社,2023.)

网络企业文化

第三节 企业文化的时代化

我国目前已经进入中国特色社会主义新时代,为企业谋发展,为经济社会做贡献,为弘扬中国特色社会主义文化、实现中华民族伟大复兴而团结奋斗,是新时代企业文化建设的核心使命和重大任务。认清新时代企业文化特点和建设重点,从根本宗旨上、从问题导向上、从忧患意识上把握新发展理念,把企业文化建设作为增强企业的凝聚力、战斗力、生命力的重要抓手,进而塑造起高质量的企业文化。

一、新时代企业文化的特点

文化是一个动态发展过程,具有鲜明的时代性,企业文化的时代性是文化时代性的表现。文化的时代性和文化的历史性密切关联。每个时代因其有不同于其他时代的、特殊的物质生产方式,特殊的人与自然的关系,特殊的人与人之间的关系。因此,所说的企业文化具有特殊的性质,就是企业文化的时代化。在文化管理不断发展的时代,企业文化与时俱进,展现着时代的特征。企业的经营也一样,在不同的时代,企业的经营环境不同,就有着不同的企业文化,同样,企业文化也反映着一定的时代特征。纵观国内外成功企业的实践经验,一个企业之所以能在激烈的市场竞争中脱颖而出、持续健康发展,归根到底与其经营实践中形成了适应时代发展的、优秀的、独具特色的企业文化息息相关。企业文化是社会文化与组织管理实践相融合的产物,是企业发展到一定阶段,企业领导人用其在企业创业阶段形成的价值观和经营理念教育新成员,并在此过程中将全体员工的价值认同和行为方式进行整合成统一的价值体系和行为准则,从而形成了独具特色的文化管理模式,以文化的力量推动企业的长期发展。

(一)更加突出创新和超越

在空前激烈的市场经济中,企业"不创新,即失败(灭亡)"。企业能持续健康地发展,必须不断创新。优秀企业与后进企业的差距关键在于创新能力的差距。老子云:"胜人者有力,自胜者强。"孙子曰:"不可胜在己,可胜在人。"只有首先"自胜",才能"胜人"。只有认识自我,才能战胜自我,只有战胜自我,才能战胜一切。这就要求企业不断超越自我。为了在严酷的竞争中追求生存发展,进而谋取安身立命之地,企业只有不断随势而变,适应外界变化的环境。

在数智化网络背景下,创新的作用得到空前强化,并升华成一种社会主题。创新变成了企业的生命源泉,在剧烈变动的时代,成功者往往是那些突破传统和常规,敢于大胆创新,不畏风险的人,敢于改变、勇于探索的人也就是在思维模式上能迅速改变的人。当创新成为一项企业例行功能后,意味着企业营造了良好创新的文化,也象征着竞争对手无法抄袭的竞争优势。新时代的企业自上而下,每个毛孔都必须充满着创新,通过自身主体创新的确定性来应对明天的不确定性。

(二)更加强调速度和效率

"世界唯一不变的就是变",一个企业的成败取决于能否适应不断变化的环境。这就意味着"速度就是一切"。传统竞争因素的重要性在不断减弱,而新的竞争越来越表现为时间竞争。首先,企业速度文化的精髓在于发现最终消费者,并能最先满足最终消费者的需求。其次,企业速度文化强调的不仅是流程再造,或创造崭新的管理和运行流程,更重要的是要营造出充分发挥知识和智能效率的企业文化氛围,在快速变动的商业环境中提供企业员工最快速的反应机制,让员工充分发挥潜力,主动掌握不断流动的信息所透露出的商机。

在高度市场化的社会,如果想站在浪潮前头,开放和迅速必不可少。比如,特斯拉公司借助于大众传媒,使整个世界都在了解CEO埃隆·马斯克的思想和观念,公司在聆听市场的同时也被市场捕捉。

(三)更加彰显虚拟和泛在

虚拟化将会是一种无处不在、无往不利的工具,用来增强人类生产生活能力的工具。当人类创造出全面的虚拟与现实相结合、线上与线下相融合的网络化、智能化平台、服务、场景,让人们不仅仅是和真实的自然人互动,而且还有很多是人与人造物(程序)、人与智能物(机器)、人与仿真人(机器人)互动。就比如我们戴一个VR眼镜,这些数字化的信息流甚至能骗过了我们的大脑,让我们觉得它们"真实"存在,此即虚拟化。未来的虚拟现实技术和增强现实技术,会让我们人类在真实的世界里拥有我们目前无法想象的能力。与虚拟化相伴的是网络的泛在化,也就是人置身于无所不包的网络之中,实现人在任何时间、地点,使用任何网络与任何人与物的信息交换,基于个人和社会的需求,利用网络手段,为个人和社会提供泛在的、无所不含的信息服务和应用。

经济社会的数字化、网络化、智能化驱动着企业提高创新能力,实现转型发展。技术的趋势必然推动"移动互联"向"网络泛在""万物互联""虚实融合""AI替代"演进,并朝着融合化、智能化、泛在化、无人化、开放化、敏捷化方向发展。产品生命周期的缩短、用户需求的多样化,极大地冲击和改变着传统的企业生产经营模式。企业必须在以多变性和不确定性增强为特征的市场环境中,寻求生存和发展的机会,因此产生了一种动态的组织机制——虚拟组织,它使企业能够实现跨越时空的交流和协作,集中面对以时间为基础的转瞬即逝的市场机会。

虚拟组织的运行机制是以信息技术为基础,以动态合作的形式去谋求迅速响应市场机遇(即市场需求)的竞争优势。也就是说,虚拟组织是利用信息技术整合各种优势资源,以共同的利益为纽带,临时聚集的事业共同体,实现以更快的速度提供更具竞争力,即以更先进的性能、更上乘的质量、更优惠的价格、更完善的服务、更符合生态环保要求的产品或服务,去取得市场竞争的胜利。因此,虚拟组织的本质是以实现机遇为目标的合作竞争型的生产组织形式,同时需要关注的是:一个企业文化的形成需要相当长的一段时间,并且需要企业员工形成共识、一致努力才会发挥作用。而虚拟组织的存在短期性以及员工工作时空的分散性、网络化,以及成员的复杂性等原因,使得企业文化形成比传统企业要困难。

> **【实例】北京：无人驾驶的出租车将正式上路**
>
> 新华社2023年7月7日消息，北京市高级别自动驾驶示范区工作办公室宣布，正式开放智能网联乘用车"车内无人"商业化试点，北京自动驾驶创新发展再上一个台阶。
>
> 登录手机应用，选择出发站点和目的地，不一会儿，一辆无人驾驶车辆驶来，主驾位置的方向盘自动转动，接上乘客缓缓驶离。数据显示，截至2023年7月，北京无人化测试车辆共计116台，测试总里程近200万公里。自动驾驶出行服务商业化试点累计订单量超150万人次，用户好评率达95%以上。
>
> 北京市高级别自动驾驶示范区还将推进更大范围的技术迭代，拓展更丰富的应用场景，逐步扩展完成500平方公里扩区建设。推动高速路开放，促成机场、火车站等重要场景实现自动驾驶接驳，聚焦自动驾驶车载终端量产应用和汽车芯片产业链协同两大重点，构建智能网联汽车的产业生态。根据《北京市智能网联汽车政策先行区自动驾驶出行服务商业化试点管理细则(试行)》修订版政策，企业在达到相应要求后，可在北京市高级别自动驾驶示范区面向公众提供常态化的自动驾驶付费出行服务。(记者郭宇靖)
>
> (资料来源：新华社记者.郭宇靖.无人驾驶的出租车将正式上路.光明日报.2023-07-09.)

二、新时代企业文化的使命担当

文化是一个国家、一个民族的灵魂。独特的文化传统、独特的历史命运、独特的基本国情，注定了我们必然要走适合自己特点的发展道路。企业文化承载着践行社会主义核心价值观的重要责任。坚定文化自信，推动文化繁荣与兴盛，是实现中华民族伟大复兴的有力支撑。文化是竞争力的源泉，国家与国家之间、企业与企业之间的竞争，都决然离不开文化的竞争。

(一)文化强国建设的生力军

企业是社会的组成细胞，也是践行社会主义核心价值观的重要阵地，企业文化建设在很大程度上关系到社会主义核心价值观能否培育起来和践行下去。企业与我国经济发展息息相关，是我国实施文化强国战略的重要主体。每个企业拥有其独特的文化，在进行文化建设的过程中，要充分将其与社会主义先进文化相结合，明确正确的发展方向，才能促进企业健康发展，打造和谐繁荣的社会。

随着互联网的不断发展和全球经济一体化格局的形成，各种各样的文化在我国得到进一步发展和碰撞。企业在发展过程中需面临接踵而至的挑战和文化的冲击，要通过完善企业文化进一步提高企业的竞争力，使企业真正走出国门，走向世界。企业要树立自身品牌，严格保障产品与服务质量，更要打造一流的文化。企业需以社会主义先进文化为引领，不断发挥出我党的政治优势，在改革的过程中明确方向，合理布局，制定完善的发展战略，确保企业实现顺利升级和转型。企业之所以要开展文化建设，主要是因为企业文化是企业实力的象征和重要体现，也是推动企业改革的持久力量。企业要确保文化建设与时俱进，就要打造先进的文化体系，通过不断的实践和探索新的发展理念，加强制度创新，打造完善的文化品牌。企业需深入挖掘文化的内涵，提高自身文化软实力，为品牌价值的提升奠

第六章 网络企业文化的演进

定基础，具备良好的声誉和口碑，从而实现企业的战略目标，为文化强国建设提供有力的支撑。

(二)科技强国建设的主战场

在百年未有之大变局下，以美国为首的西方发达国家，持复杂心态，对"中国崛起"现象产生了所谓的"压缩性危机"，大力兜售"中国威胁论"。美国"政治—技术"霸权动作频繁，全球经济一体化遭遇"逆流"，政治经济实力格局加速演变，中国制造的国际环境面临着巨大挑战。美国一系列违反国际规则的"政治—技术霸权"行为，不仅阻碍了美国高新技术产品进入中国市场，限制了中国企业在美投资发展，加剧了中美贸易结构不平衡，也极大地威胁着中国制造业供应链产业链的安全和稳定。在"两个一百年"奋斗目标的历史关键期，中国制造企业正面临着复杂多变的形势。在新格局前，每个企业都面临一场大考。我国制造企业将面临脱胎换骨的磨炼，需要有胸怀家国的大格局、大气魄，积极营造自主创新文化，随风而起，大展宏图，驭势致远，葳蕤生光，从而实现跃迁和蝶变。

我国在高铁、盾构机、量子信息、5G通信、光伏材料、储能电池等技术领域取得突破成效的实践表明，优秀的企业文化对内可以增强凝聚力、向心力，对外可以树立形象，扩大影响力和增值力，是制造企业核心竞争力的重要组成部分。近几年一些制造企业的发展实践也证明，谁拥有文化优势，谁就拥有竞争优势、效益优势和发展优势，谁就是强者。制造企业文化既能凝聚企业员工的归属感，又能激发企业员工的积极性和创造性，既是企业的灵魂，又是企业潜在的生产力。因此，首先要建设责任型的企业文化，赓续实业报国精神，在发展战略中践行责任文化，认清内外部环境的变化和挑战都要求新技术不断创新突破并与制造技术加速融合，驱动我国制造业高端化、智能化、绿色化发展，智能制造成为制造强国建设的主攻方向，在建设"科技强国""制造强国""质量强国"的历史进程中，责无旁贷地敢于担当使命，通过企业文化的引导、凝聚、激励、辐射等功能，上下齐心，团结一致，支持企业实业报国的发展战略得以实现；其次要打造创新型的企业文化，坚持走科技自立自强的道路，聚焦核心关键领域，勠力而为，持之以恒，以"一万年太久，只争朝夕"的精神，努力突破"卡脖子"技术带来的限制，提升制造业基础能力；最后要营造开放型的企业文化，主动融入全球创新网络，避免简单的"拿来主义"，摒弃"造不如买""买不如租"的短视行为，将质量管理能力、成本控制能力、先进制造能力与创新发展能力作为企业"能力文化"的奠基石，强化对高新技术的消化吸收能力和开放创新能力，以弥补在高端制造领域的短板和缺陷，避免对国外企业产生技术依赖，致力于提高自身的技术水平；积极参与国际竞争，在"双循环"的大格局中，不断增强企业在全球供应链关键环节上的竞争力。

【自检】当代企业普遍重视团队建设，你知道在团建活动中，哪些中华民族优秀文化得到了广泛传承和发扬？

三、新时代企业文化的原则

当前，我国已经开启全面建设社会主义现代化国家新征程，正在向第二个百年奋斗目标奋勇进军。站在两个一百年奋斗目标的历史交汇点上，这份新时代新征程的逐梦蓝图不仅关乎 14 亿中国人民的未来福祉，更将为全世界发展带来更多"中国机遇"。企业所处的时代决定了企业将会面临更加艰巨的任务，通过开展文化建设，充分做到以人为本，使企业文化成为激励广大员工工作的重要力量，充分做到以人为本，坚定文化自信，将文化建设与企业改革发展目标相结合。

(一)以政治文明为指引

新时代企业在开展文化建设时要有明确的方向，企业的领导和管理者需坚持做到以政治引领企业文化建设，积极践行社会主义核心价值观，对意识形态工作进行有效的引导，明确工作职责，使企业文化建设具有完善的政治文化加以引领。

思想政治工作是一种具有中国特色的思想管理模式，根本目的在于提高员工的思想政治素质；企业文化作为一种管理活动，和思想政治工作有着直接而密切的联系，都是为实现本企业的可持续发展而服务的。加强企业文化建设，应和思想政治工作有机地结合起来，充分发挥思想政治工作的指导作用和独特优势。企业文化建设作为企业的一项系统工程，它的培植和塑造，需要通过思想政治工作的加强和改进来完成。在企业文化建设中，既要高度重视思想政治工作，又要在继承的基础上改革创新，提高思想政治工作的质量。

> **【实例】腾讯公司的党组织**
>
> 腾讯公司成立于 1998 年 11 月。2003 年，公司成立了党支部，2011 年成立了党委。2016 年至今，腾讯党委进行了 4 次党组织改革调整，形成了"总部党委——二级党委(分公司、事业群党总支)——部门党支部——项目团队党小组"四级架构，目前共有 2 个二级党委、13 个总党支、368 个党支部。2021 年成为中组部的党建试点企业。
>
> 腾讯公司的党组织大都建在产品线、事业部、项目组。为有效管理党员，公司党委对党总支、党支部的设置，随"两年一小改、三年一大改"的组织架构及时进行调整，实现了动态有效的覆盖。致力于用心黏住党员，腾讯党委联合公司行政部门，在内网沟通平台增加了"连线党委"功能，对所有员工开放，疑问、困难、建议可一键直达公司党委。
>
> 从 2003 年成立党支部时的几十名党员，到如今腾讯党委管理的 12500 多名党员，戴上党徽的"企鹅"从未让公司失望。公司党员比例为 20.8%，马化腾本人也是一名共产党员。党员平均年龄 29 岁，党员中 60%是核心技术人员，信息安全防控、网络舆情监测等关键部门党员占 80%。近些年表彰的优秀员工和优秀团队中，党员和党员团队却占了半壁江山。党员的优秀，引发了公司对党建工作、党员队伍的愈加重视。
>
> "党员是骨干、骨干是党员"。公司奉行这个目标，开辟人才发展双向通道。新发展的党员中，80%以上是团队带头人和技术骨干。每年招新，腾讯都坚持党员优先。兴企、兴党，他们被寄予厚望，这些都成为具有腾讯特色的企业文化的一部分。
>
> (资料来源：记者刘云．腾讯：当"企鹅"戴上党徽．中国组织人事报．2018-04-02.)

(二)以企业目标为导向

发挥文化的引领作用，明确企业工作重点和工作目标，将文化建设与企业的发展有机结合，不断提高文化的价值和企业的管理水平，使文化建设更加深入人心。任何一个企业文化建设都要与时偕行，不断吸纳时代精华。如果自我封闭、因循守旧，长此以往必将走

第六章 网络企业文化的演进

向衰落。既要重视企业自身文化的传承与创新，为企业文化的持续发展确定明晰的方向，又要用创新增添企业文化发展的动力、激活企业文化进步的源头活水，对优秀传统文化进行创造性转化、创新性发展，善于从延续企业文化的过程中吐故纳新，善于以其他企业文化之优点长处启发自己的思维，不断创造出跨越时空、富有长远影响力的企业文化建设成果。

企业文化建设一定要依托企业的战略部署和具体工作进行，从企业的战略目标、发展方针、管理模式、人员状况等实际情况出发，讲求实效，不喊口号，不搞形式主义、文牍主义。企业文化建设必须紧紧围绕企业的总体战略规划和目标任务而开展。如果脱离了企业的总体战略规划去搞企业文化建设，这样的文化就会成为"无根之木、无源之水"，非但不能为企业创造价值，还会给企业的发展带来干扰和阻碍。特别是言行不一、表里冲突的企业文化，只会贻笑大方、反为不美。企业应目标明确、理想远大，具备卓越的精神，永不懈怠，以创造促发展，以发展现价值，使成员的工作与企业目标紧密联系在一起。企业文化要把企业发展的总体方向和发展目标体现出来，融合到企业文化建设中去，强调企业的持续创新、长远发展和卓越追求。

(三)以人本管理为依归

企业文化建设与员工息息相关，要充分做到以员工为本，尊重每一名员工的思想和工作，使员工能够不断发挥自身创造力，积极主动地投入到工作中。要通过完善的企业文化提高员工的综合素质，在管理的过程中融入人文关怀，保证员工实现全面发展。

优秀的企业文化，是企业家德才水平、创新精神、事业心和责任感的集中展示。价值观是企业文化的核心，每一个企业都应该具有一个共同的价值观，企业员工都应该在共同的行动中信守共同的价值观。企业文化建设应贯彻人本管理的思想，在企业价值观、企业精神、经营哲学等方面挖掘特色，体现个性，张扬自我，树立独特的企业文化形象。积极践行"己所不欲，勿施于人""老吾老，以及人之老；幼吾幼，以及人之幼。天下可运于掌""刑于寡妻，至于兄弟，以御于家邦"等人本管理思想，遵照精诚合作的原则，在组织与个体之间、领导者与下属之间、同事与同事之间建立起亲密的朋友式的关系。信心比黄金更重要，信任比黄金更可贵，员工之间彼此信任，真诚相待，建立员工与企业归属感，满足员工的情感需要，形成一个融洽的整体环境。由此，营造企业文化建设的全员、全过程、全方位的参与氛围。在具体实施过程中，既需要领导者特别是企业家的积极倡导、身体力行，也需要企业员工的普遍认同和贯彻实施，并且取得积极效应。这既有利于企业文化的形成，也有利于企业文化的落实。

【启示】"人本管理"的企业责任

在反对"躺平"、鼓励"正视内卷"的社会氛围中，无论是职场人还是学生族，都难逃熬夜工作、学习、奋战的常态。有人加班到凌晨，有人凌晨就要起来劳作，也有人24小时都在开机(手机、电脑)待命。高劳动强度、工作压力大、情绪变化大、熬夜、烟酒、缺乏运动……这些不起眼的小事情，潜在地伤害着他们的身心健康。《2022年中国健康管理白皮书》指出：从2015到2021年，中国居民体脂率呈上升趋势，偏高(即偏胖)人群占比显著增长；超6成高体脂用户常有困倦感，近5成表示处于亚健康状态。而长期处于疲劳状态，

网络企业文化

相当于在慢性自杀。过度的疲劳，会让身体免疫力下降，各种重大疾病的发病年龄也会悄悄提前。于是，那些容易导致猝死发生的冠心病、高血压性心脏病、心肌病、严重心律失常等，开始在年轻人群里流行起来。

中国国家心血管病中心统计数据显示，我国每年心源性猝死者高达55万人，平均每天1500人死于心脏骤停，每分钟就有1个人因为心脏骤停而毫无征兆地突然倒地，这些意外87%发生在医院外，抢救的成功率不足1%。

2023年我国高校毕业生达1158万人，再创历史新高。2023年6月15日，国家统计局发布的数据表明，16—24岁青年人当中失业的共600多万。一方面存在着年轻人就业难问题，另一方面是已就业的年轻人加班十分常见。面对这种现象，无疑企业，特别是利润丰厚的互联网大公司，不应鼓吹"996""007"这种明显违反劳动法的工作模式，而应在人本管理方面有所作为、敢于担当，以起到良好的示范带头作用。

（资料来源：①顾泳. 我国每年心源性猝死者55万人，87%发生在院外. 上观新闻. 2022-09-29.
②国务院新闻办就2023年5月国民经济运行情况举行发布会. 中国政府网.
www.gov.cn/govweb/lianbo/fabu/202306/content-6886554htm. 2023-06-15.）

第四节　企业文化的个性化

在实践中，不同的企业体现出不同的行为风格，展示出不同的企业个性；企业的竞争力越强，其个性特征往往也越明显。网络企业文化个性化的思想基础是个人主义和合作主义相结合的综合个性体系。个人个性强调个人主体性，从个人利益出发；合作主义是强调整体大于个人，以整体利益为出发点。"世上没有两片完全一模一样的树叶。"在数智化网络时代背景下，企业文化日益显现出个性化的态势，包含三个特点：企业家个性化、企业环境个性化和企业成长个性化。

一、企业家的个性化

企业家(entrepreneur)的原意是指"冒险事业的经营者或组织者"。在现代企业中，企业家大体分为两类，一类是指作为企业所有者的企业家，作为所有者他们仍从事企业的经营管理工作；另一类是指受雇于企业所有者的职业企业家。在更多的情况下，企业家只指第一种类型，而把第二种类型称作职业经理人。企业家作为一个人格角色，具有鲜明的个人特征与个性化色彩。建立起个性化影响力的企业家，其形象具有强大的公众价值，企业家个人影响的个性化能让社会公众了解到企业本身的与众不同和独特之处，更多地展现企业鲜明的与其他企业所不同的特质，帮助企业在营销传播活动中树立个性化的形象。

作为企业的灵魂和标志性人物，企业家形象很大程度上代表着企业形象。当企业家的形象以各种场合和方式传播出去被受众知晓和认同时，企业的形象也就自然而然地与企业家个人形象紧密联系起来，尤其是创业型、成长型企业家更容易把自己的人格特质映射到企业当中。有调查数据显示，50%以上的人认为企业家形象与企业形象密不可分。企业家形象作为企业形象的重要组成部分,二者之间的关系是相互作用、共同促进的。许多拥有高知名度的企业家,公众对其个人的讨论往往会直观地与他所领导的企业联系在一起。当企业家参加社会性和公益性活动时,体现的也是以企业家为代表的企业的风范与形象。企业家的个人活动信息会通过各种方式对外传播,向受众传递一些独特的个人形象信息,如爱国的、文明的、创新的、好胜的、勤勉的、坚韧的、冷静的、节俭的等。同时,这些形象信息的传播会在潜移默化中被受众带入到对企业形象的理解中,此时企业家个性化影响就为企业形象贴上了一种人性化标签。这种人性化标签能帮助企业家与公众之间建立起一条情感纽带,获取更多与公众互动和沟通的机会。

有些企业并不是所处行业规模最大或影响最高的,但因为拥有一个非同凡响的企业家,这些企业本身也就具备了别具一格的独特魅力,更能吸引业界与媒体的关注。像小鹏汽车的何小鹏、OPPO的陈明永等类型的企业家,他们受到关注的程度不仅不亚于顶流网红,还在一定程度上成为自身产品的代言人。他们的言行往往被视为行业内人士观察和了解行业动态的风向标,他们善于利用网络营销手段,通过个性化的传播推广活动帮助企业品牌脱颖而出,受到社会大众的关注,助推企业的持续快速发展。

企业家个性化形象与影响力是企业宝贵的无形资产,企业家对于企业的发展有着至为关键的、息息相关的促进关系。许多知名企业家都是伴随着企业成长的创始人,他们不但是企业很好的形象代言人,而且在与目标受众进行情感交流时,能准确地传达企业品牌的价值内涵,在相互之间快速产生情感共鸣,他们在竭力打造个人品牌的同时,利用个人影响力为他们所在的企业扩大知名度,成为企业形象的重要依托,并获得了社会的认可。例如华为的任正非、小米的雷军、360的周鸿祎、SHEIN的许仰天等等。

二、企业环境的个性化

在经济社会与科技水平日益发达的背景下,企业所面临的内外部环境往往也呈现出更明显的复杂性以及日益加剧的竞争性的特征,每个企业所面临的内外环境不尽相同甚至可以说是千差万别,呈现出鲜明的个性化特征。

数智化网络重构了社会连接关系,缩减了连接层次,强化了连接效率,客观上推动了虚拟社会的不断扩张,进而导致虚拟社会与现实社会的深度融合。当前,家喻户晓的O2O(Online to Offline)就是在这种融合趋势下产生的电子商务模式,线下的实体商家通过网络、电子商务平台将线下的产品、促销等信息告知消费者,吸引消费者产生兴趣,主动上网搜索、选择、线上支付并进行网上评价和分享。这种O2O模式不断冲击、颠覆着包括金融、医疗、影视、餐饮、健身、旅游、娱乐休闲等传统行业领域。除了各行各业主动或被动地广泛运用了O2O模式,社会治理层面也涵盖了类似于O2O的新型模式,即虚拟社会的网络空间社会治理(Online)与现实社会的物理空间社会治理(Offline)的线上线下双治理模式,虚拟空间的环境管理已与现实空间的环境管理同等重要。"一千人,就有一千个哈姆雷特",每一个企业都面临着前所未有的复杂、动态、易变环境。不单单顾客的需求越来越个性化、多样化;同时更重要的是,企业获取价值的主导因素由过去的土地、资金向智力、资本转化。

传统的企业能力观,往往关注的是与客户打交道的能力,与竞争对手的作战能力,与供应商、渠道商的沟通协调能力。在当下的环境状况中，企业在发展过程当中所遇到的各种各样的问题千变万化，基于动态能力的角度拓展资源、创新发展的能力获得越来越多的企业关注，也就是企业通过各种方法对环境的适应能力是公司所具备的动态能力。企业所具备的动态能力能够帮助公司提升自身在复杂市场环境当中所拥有的竞争能力，并由此建构起相应的创新与动态演进的企业文化。特别是企业进行技术创新需要大量资源的支持，而技术创新所具备的环节是复杂而又多样的，同时又牵涉到企业内外部多个方面因素的共同作用。在以往的技术创新过程中，在单一企业的内部即可不同程度地完成战略目标。但随着市场环境的逐渐复杂化，单一企业自我对于市场环境压力所承受的风险加大，若是想要持续地进行技术创新，更需要从外部环境当中摄取精髓以及创新资源。因此，在企业环境的个性化背景下，企业要想实现转型升级发展，就需要在技术创新过程中有效整合企业的内部和外部资源，摆脱"单打独斗"的技术创新模式，更加体现出"协同创新""融合创新""开放式创新"的特点。通过集群式、联盟式、协同式研究和创新合作，促进知识共享和创新资源的深度融合，从外界获取并正确使用各种资源，才能改进产业生产要素的配置，避免产业脆弱性负面影响，以供应链协同创新，保证企业技术创新的绩效，从而推动产业变革。

三、企业成长的个性化

企业个性化是一个企业所独有的、对手不易模仿的，建立在企业智力资本基础上并能够带来或释放企业价值潜力，强化企业持续竞争优势的特性总称。企业的个性化不同于差异化，差异不一定具有持续竞争优势。它也不仅仅等同于核心能力，欲获得企业价值的增值，能力要有互补性资产与之匹配。企业个性化的基础是企业的智力资本，而企业持续竞争优势的获取是企业个性化的结果。企业成长的个性化通常具有如下特点。

(一)敏捷性

敏捷性(agility)是指企业在不断变化、不可预测的经营环境中善于应变的能力，是企业在市场中生存和领先能力的综合表现。敏捷性意味着企业高速、低耗地完成它需要的任何调整；还意味着高的开拓、创新能力，企业可以依靠其不断开拓创新来引导市场、赢得竞争；敏捷性形容的是战略性能力，企业响应变化着的市场机会和压力，迅速地、非计划、非常规、"动如脱兔"地改变。与之相关联的概念是敏捷制造，敏捷制造不主张借助大规模的技术改造来硬性地扩充企业的生产能力，不主张构造拥有一切生产要素、独霸市场的巨型公司。

(二)专注性

专注性(specificity)是指集合企业自身的特点和优势，深耕于某一特定领域，把自己擅长的做到极致。企业需要具备足够的战略定力，"十年磨一剑"地专注于单一产品或服务，企业能够"业精于勤、行成于思"地将精力集中在一个业务领域，从而有更多的时间和资源提高其专长和市场占有率。这种专注性成长模式可以简化生产和运营过程，减少制造成本和管理费用，提高生产效率和利润率；同时，专注于单一业务模式能够使得企业积累优

第六章　网络企业文化的演进

势技术，控制关键资源，聚焦特长领域，发展主导业务，更好地了解特定市场的顾客需求，深入研究市场走向和竞争情况，进而给客户提供高质量产品和服务。

> **【启示】网络热词——"专精特新"**
>
> 专精特新，网络流行语，是《中国名牌》2021年度品牌十大热词，是指中小企业具备专业化、精细化、特色化、新颖化的特征。"专精特新"企业是未来产业链的重要支撑，是强链补链的主力军。
>
> 截至2022年年底，我国累计培育专精特新中小企业7万多家、"小巨人"企业8997家、制造业单项冠军企业1186家，超六成集中在工业基础领域，超七成深耕细分行业10年以上。"专精特新"企业将为推动经济高质量发展注入源源动力。
>
> (资料来源：工信部：近年来已累计培育专精特新中小企业9.8万家，民营企业占95%左右．中国青年网．2023-09-04．)

(三)灵活性

灵活性(flexibility)是在一个持续、不可预测性变化市场机遇的竞争环境中，企业响应和处置发展变化的能力。随着国际国内竞争环境的剧烈变化，灵活性被认为是企业成功甚至成长持续性的一个先决条件。企业可根据市场机会和环境变化进行动态调适，对各类资源、能力按需动态快速调整配置；具备灵活性成长的企业业务流程具有高度的柔性，商业模式面向客户，能够快速开发新产品、新的服务方式、定制特殊产品，以满足不同层次客户的各种需求，为提供企业一个新的增值空间。

为实现企业的战略发展目标，而建构起一种有机的、高度灵活的柔性组织文化，不仅具有能用同样的设施生产出不同产品的能力，而且还具有实现多元化目标的能力，包括业务柔性、模式柔性、渠道柔性、产品结构柔性、组织结构柔性、人力资本柔性和战略柔性。因此，企业具备"一叶落知天下秋"识别变化能力，具有"水因地而制流，兵因敌而制胜"的迅速响应变化能力。

> **【实例】SHEIN的成长之路**
>
> SHEIN是一家十年间连续保持成长式发展的跨境电商企业。通过深耕供应链，并抓住市场变幻中的每一个机遇，成功地演绎了一个持续创造价值、提升效率、"慢即是快"的企业文化。SHEIN的核心竞争力在于其"在线零售+按需生产"的能力，通过将技术和信息化驱动的体系引入到服装的设计、制造、推广和销售等领域，正在彻底改变着迭代升级服务，满足用户的需求。这一点也为其赢得了众多忠实用户的支持和信任。
>
> SHEIN依靠其强大的供应链网络，实现了快速反应市场需求的能力。与传统服装品牌相比，SHEIN更加敏捷和灵活，能够迅速调整产品结构和上新速度，满足消费者的多样化需求。同时，SHEIN采用了按需生产的模式，有效降低了库存压力，提高了资金利用效率。SHEIN与大多数平台化模式的互联网企业有着显著不同，这或许与整个公司多年积累形成的企业文化以及整个管理团队的风格密切相关。
>
> (资料来源：钱玉娟．从SHEIN看服装产业小单快反模式背后柔性改变了什么？经济观察报．2023-08-15．)

(四)适应性

适应性(adaptability)是企业生命体在生存竞争中与环境条件互动而形成的一定性状的现象,适应性既表现为一个过程,也可以是一种结果。作为过程的适应现象包含感应、解析、反应、行动、发展、学习、创新等操作,作为结果的适应现象是其结构、机能、理念(文化或价值观)、运行机制等经过长期的生存竞争而与其生存环境条件相和谐、协调的属性,是企业对周围环境变化而形成的能够正确反应的能力。

在自然界,"物竞天择,适者生存"。物种之间及生物内部之间相互竞争,物种与自然之间的抗争,是适应自然者被选择存留下来的一种自然法则。一切生物,包括人类,甚至于是一切事物,都可以通过这个法则进行选择和淘汰,凡是能够适应自然、社会的事物就能够顺理成章地保留下来,继续在历史和大自然中发展和收到新的考验;反之,不适应自然环境和社会环境,成为阻力的东西就应该毫不留情地遭到淘汰。因此,适应性本来是一个生物生态学术语。生物生态学中对动物适应性的界定是相对其与环境的互动而言的,当今时代,人们普遍认为企业是一种类似于生命体的有机组织,而且是被赋予了人的意志的一种特殊的生命体;同时,企业的生存环境具有类似于生态系统的结构和功能,在该环境中生存的企业与环境是互动的关系,即:企业生命体创造或影响环境,环境给企业以机会和压力。

在自然界,很多动植物为了生存,会改变自己的形态、温度或颜色,来适应环境的变化。最典型的例子就是变色龙。这种变色能力,既有利于它们隐藏自己,又有利于捕捉猎物。因此,企业为了生存和发展,也常常要改变自己的产品服务、商业模式,甚至企业文化、组织架构等,从而适应市场的变化。尤其是在"百年未有之大变局"向纵深演进的背景下,提升企业适应能力,既有利于企业在短期内的生存发展,也有利于在长期内的成长壮大。

【实例】两家名酒企业不同的啤酒业务攻略

高端白酒的品牌文化影响力是酒企借力扩张的重要资产。近年来,泸州老窖跨界布局啤酒业务。而2022年,贵州茅台集团将仅剩的4.27%的股权转让给华润雪花啤酒,彻底告别啤酒业务。

茅台啤酒是茅台集团"一品为主、多品开发"战略的产物。茅台集团早在2000年就收购遵义高原啤酒厂,投入2亿元新建厂区,并改扩建10万吨高档啤酒生产线,产品定位为"啤酒中的茅台"。为此,茅台集团不惜从澳洲进口大麦,从美国进口酵母,从德国、意大利进口灌装设备,并大修专用管道引用天然矿泉水酿造,造成单位成本远远高于行业平均水平。加之所谓的高端市场主要在北上广,运输回瓶成本高企,导致产品在终端缺乏竞争力。到2010年,年销量仅6万千升左右,相当于一个三线城市小啤酒厂的水平,茅台集团最终选择与华润雪花啤酒合资建设新厂,占股30%,并不断减持直至清空股权后退出。

泸州老窖涉足啤酒,则是2018年集团公司用奥普蓝品牌参股两家民营企业,小试牛刀。直到2021年,公司旗下的百调新酒业公司,使用"泸州老窖·百调"双品牌,用轻资产的模式,在全国遴选顶级供应链合作,历时两年,匠心打磨出了深受消费者喜爱的精酿啤酒,为中高端白酒渠道做了有益补充,深得渠道商的拥护。

不难看出,茅台与泸州老窖对于啤酒业务的战略定位不同,经营方式不同,适应市场

第六章 网络企业文化的演进

变化的具体路径也就不同。

(资料来源：①李佳铭，李晨. 清盘啤酒业务，出售华泰保险股权！茅台"组合拳"背后有何深意？红星新闻网. news.chengdu.cn/2022/0127/22403281.shtml. 2022-01-27.
②泸州老窖做啤酒了，它能成为"市场热卖"吗？澎湃新闻. m.thepapar.cn/baijiahao_18129674. 2022-06-07.)

综前所述，个性特色是企业文化建设的生命力。不少企业的文化理念看似相同，但呈现形式和深层逻辑完全不同。每家公司的文化特征都离不开其行业特性、创始人风格、成功基因等要素的影响。作为市场竞争主体，由于企业形成历史、所属产业、规模特点、构成素质、所处环境和地位作用不同，企业文化建设必须从本企业的实际出发，把共性和个性、一般和个别很好地结合起来，在本企业精神提炼、经营理念概括和视觉形象设计上体现出鲜明的个性，形成富有行业特点和独具魅力的企业文化。

【自检】商汤科技、旷视科技、依图科技和云从科技四家公司被称为我国 AI 四小龙，你知道它们各自的企业文化特点吗？

本 章 小 结

企业文化是随着时代和社会的发展而不断演进，其发展过程体现出全球化、民族性、时代性和个性化特点。企业文化内容的不断创新是助推企业高质量持续发展的重要保障。

在动态、多变的市场环境里企业面对着各种挑战，比如组织文化变革阻力，由组织系统的外在阻力、员工的内在阻力、员工与系统之间的互动阻力三部分构成。在数智化网络时代背景下，企业文化日益显现出个性化的态势，包含三个特点：企业家个性化、企业环境个性化和企业成长个性化。因此，企业文化建设要遵循一定的原则，特色文化的形成需要一个长期的、渐进的过程。

思 考 题

1. 选择一个公司，描述在全球化背景下，该公司企业文化在动态演进中各种特性的变化。
2. 中国电信的百年发展历史铸就了其深厚的文化底蕴，请简要分析我国电信运营商的企业文化包括哪些现代化特点？
3. 企业文化的全球性、时代化、民族化和个性化有什么区别和联系？
4. 你认为我国新能源汽车在跨国发展中应打造具有怎样特色的企业文化？
5. 决定企业动态演进的社会因素有哪些？对企业文化有怎样的影响？
6. 新时代企业文化建设应当体现出哪些最基本的内容？
7. 根据企业文化演化的特点，分析企业文化的 Web 4.0 发展方向。

本章案例

格力的企业文化实践

"一个没有创新的企业,是一个没有灵魂的企业;一个没有核心技术的企业是没有脊梁的企业,一个没有脊梁的人永远站不起来。"展望未来,格力电器将坚持"自我发展,自主创新,自有品牌"的发展思路,以"缔造全球领先的空调企业,成就格力百年的世界品牌"为目标,为"中国创造"贡献更多力量。

1991年成立的格力,经过20多年的发展,从一个默默无闻的小厂,一跃成为国内乃至全球空调制造行业的老大。所以,今天从企业文化这个角度去探索一下格力成功背后的基因密码。格力是通过什么行动来实践自己的企业文化的呢?

1. 创新为本

格力把创新作为自己的核心理念。"格力电器"自成立以来,始终坚信"创新是企业的灵魂",致力于技术创新,把掌握核心技术作为企业立足之本,以此推动企业增强自主创新能力,完善有利于自主创新的内在机制,制定正确的技术创新战略,促进企业成为技术创新的主体。在这样的核心理念驱使下,格力对于研发的大力持续投入,为自主创新成果的不断涌现提供了有力的物质保障。仅2019年,格力电器研发投入就达到了60.11亿;同时,14000多名技术人员、12个研究院、74个研究所、2个院士院和1个国家重点实验室为格力的创新提供了人才及技术保障。

除了上述创新技术及产品外,格力在专利授权上也是在国内同行业居于领先水平。据国家知识产权局发布的我国专利、商标、地理标志的相关统计数据显示,截至2021年3月,珠海格力电器股份有限公司的累计发明专利授权数量,已经超过10000件,格力电器已经成为国内首家已授权发明专利过万的家电企业。

2. 质量第一

有人曾经说过,企业产品一旦失去质量的支撑,营销无异于行骗。格力作为家电制造企业,深刻地认识到这个道理。在格力,有句名言"对质量管理的仁慈就是对消费者残忍。"他们把这句名言落实到生产质量管理中,那句"空调售出后八年不与消费者见面"就是在追求产品最好的质量。为此,格力电器"像修炼生命一样修炼质量",从设计产品的源头到采购、生产、包装、运输以及安装、服务等全过程实行严格的质量控制。为了在设计开发的源头控制质量,格力电器在设计开发过程中要求经过"五方提出、三层论证、四道评审",决不拿消费者作试验品。

3. 诚信立企

"人无信不立,业无信不兴,国无信不盛。"说的就是诚信,是做人、立业、兴国的重要根基。在格力电器,对消费者、对合作伙伴、对社会、对员工的责任心和爱心,构筑了格力精神的核心。诚信,已经成为格力电器的灵魂和宝贵财富,是格力打造世界品牌的坚实根基。对技术、质量孜孜不倦的追求体现出的是格力对消费者讲诚信;而在内部管理中,营销出身的董明珠把诚信看得最重。格力选拔人才的标准——忠诚第一,格力认为,企业需要的人才,应该尽可能地自己培养。市场竞争造就了不少人才,一些企业不想花钱花工夫培养，喜欢用摘桃子的办法到其他企业拉人，格力把这种行为上升为职业道德缺乏的高度。格力对待自己的合作伙伴、经销商一样也讲究诚信。遥想当年的"凉夏血战"，当时为了争抢市场，经销商打价格战打得头破血流，亏了大钱。格力也不例外，一些经销商做格力也亏了本。董明珠希望所有做格力的经销商都能赚钱，不希望他们亏本。所以，"凉夏"结束之时，为弥补经销商的损失，格力拿出1亿元来补贴给经销商，这被称为"空调史上的一个创举"，并被其他厂家效仿。

4. 善待员工

在格力电器看来，善待员工并不只能仅仅凭借薪资待遇的提升。更重要的是，企业有责任去为员工提供一个值得用一生去追求的价值舞台。作为一家掌握核心科技、坚持自主创新的技术驱动型企业，格力视员工为战略资源，通过职业生涯规划、内部培训、"能者上，庸者下"的晋升机制以及各种物质的、精神的激励机制，努力为员工搭建事业发展的平台，提供广阔的发展空间，使人尽其才，才尽其用。

格力从四个方面践行自己的企业文化，只有当墙上的文化、纸中的文化与现实中的行动相一致，并且在企业上下，全体员工当中有了真正的共同认识，有了共同的愿景、价值观和行为规范，就能产生无穷的力量，推动企业不断的发展，即俗话所说的"人心齐，泰山移"。

(资料来源：格力薪酬管理与企业文化案例. MBA智库·文档. doc.mbalib.com/view/aae3da5fe7cbaa3afca70b0e4b3adba.html. 2023-08-12.)

讨论题：

1. 企业文化全球化问题的产生受哪些因素的影响？
2. 结合企业文化时代性、个性、民族性、全球性特点，如何发扬格力的企业文化？
3. 联系企业文化特点，总结出格力从零到现在对我们有哪些启示？

第四篇

网络企业文化建设篇

第七章 网络企业文化与企业形象

视远惟明,听德惟聪。

——《尚书·太甲中》

随着社会生产力的进步,企业资源的开发逐渐由有形的形态——人、财、物,扩展到无形的形态——时间、信息、知识。借助数字化网络工具,价格战、宣传战、渠道战的新策略与新方法层出不穷,企业竞争的舞台更加广阔,企业文化传播推广的途径更加丰富。企业要想在激烈的市场竞争中脱颖而出,离不开企业对品牌形象的打造。塑造良好的企业形象,培养和建设独特的企业文化,已成为企业实现战略制胜的重要手段。企业形象是企业精神文化的一种外在表现形式,是社会公众与企业接触交往过程中所感受到的总体印象。认清企业文化与企业形象的关系,了解企业形象作为企业文化外部表现的主要内容,夯实企业形象建设的基础,找到建立良好企业形象的途径,有利于企业在竞争中"制人而不制于人"。

第一节 企业形象

一、企业形象的内涵

企业形象(corporate identity)是指人们通过企业的各种标志而建立起来的对企业的总体印象。企业形象是企业精神文化的一种外在表现形式,是社会公众与企业在接触交往过程中所感受到的总体印象,通过感官传递获得的,是企业文化的外在表现,也是企业自身价值观、行为准则、外在形象和声誉的综合体现,更是企业的无形资产。企业形象包括企业的产品形象、媒介形象、组织形象、标识形象、员工形象、文化形象、环境形象、社区形象等,一定程度上反映着公众对一个企业的认识。企业形象能否真实反映企业的精神文化,并被社会各界和公众舆论所理解和接受,在很大程度上取决于企业自身的主观努力。不同的企业有着不同的企业形象,但它们都能体现企业的发展和内涵,同时,企业形象是一个有机的整体,是由组织内部多种因素共同作用的结果。根据不同的分类标准,企业形象还可以划分为不同的类型。

(一)有形形象和无形形象

按照形象的可见性来划分,企业形象可分为有形形象和无形形象。有形形象是指可以通过公众的感觉器官直接感觉到的组织对象,包括产品形象(如产品质量性能、外观、包装、商标、价格等)、建筑形象、员工风貌、市场形象、技术形象、社会形象等,是通过组织的经营作风、经营成果、经济效益和社会贡献等形象因素体现出来的。无形形象则是指通过公众的抽象思维和逻辑思维而形成的观念形象，虽然看不见，但更接近企业形象的本质，是企业形象的最高层次。对企业而言，无形形象涵盖企业经营宗旨、经营方针、企业经营哲学、企业价值观、企业精神，企业信誉、企业风格、企业文化等，往往比有形形象更有价值。

(二)内在形象和外在形象

以企业的内外在表现来划分，企业形象可以分为内在形象和外在形象。内在形象主要指企业目标、企业哲学、企业精神、企业风气等不易直接观察，但可以间接感知得到的部分，构成企业形象的内核；外在形象则是指企业名称、商标、广告、官方网站、产品介绍、外观设计、包装、典礼、公开活动等直接可见或可听的部分，是内在形象的外在表现。

(三)实态形象和虚态形象

按照主客观属性来划分，企业形象可以分为实态形象和虚态形象。实态形象又称客观形象，是指企业实际的观念、行为和物质形态，是不以人的意志为转移的客观存在。诸如企业生产经营规模、产品和服务质量、市场占有情况、产值和利润等，都属于企业的实态形象。虚态形象则是指用户、供应商、合作伙伴、内部员工等企业关系者对企业整体的主观印象，是实态形象通过传播媒体、网络媒介等渠道产生的映像，类似通过镜子观察物体所得的虚像。

(四)内部形象和外部形象

根据感知者的范围划分，企业形象可以分为内部形象和外部形象。外部形象是指员工以外的社会公众形成的对企业的认知，一般所说的企业形象主要是指这种外部形象。内部形象是指企业的全体员工对企业的整体感觉和认识。由于员工置身企业之中，他们不但能感受到企业的外在属性，而且能够充分感受到企业精神、风气等内在属性，有助于形成全面深入的企业形象；但是如果缺乏沟通，员工可能只看到局部，会有"管中窥豹"之感。我们认为，内部形象虽受众较小，但作用重大，与外部形象同等重要，不可忽视。

(五)正面形象与负面形象

依照社会公众评价态度来划分，企业形象可分为正面形象和负面形象。公众认同或肯定的部分构成正面形象，抵触或否定的部分构成负面形象。企业形象是由正反两方面构成的，公众会既看到企业的正面形象，也看到企业的负面形象。对于企业来说，一方面要努力扩大正面形象，另一方面又要努力避免或消除负面形象，两者同等重要。

> **【启示】影响某医院形象的条幅事件**
>
> 2022年1月，一张"××医院"年终总结大会的图片刷爆网络。图片显示，该院手术室举行2022年年终总结大会，活动现场悬挂了"虎虎生威迎新年，手术室里全是钱！"的条幅。公然宣扬"手术室里全是钱"，如同一把尖刀，深深地刺痛了众多网友的心。网友纷纷谴责医院"医德缺失""毫无人性""想钱想疯了"。无论悬挂者承认与否，条幅内容都折射了其经营理念的扭曲和价值追求的异化。

第七章　网络企业文化与企业形象

医院发现上述舆情后高度重视，及时启动相关调查。经了解，当晚医院中心手术室部分员工自发组织在某餐厅用餐，为了营造轻松氛围，由护士自行制作横幅在现场悬挂，横幅内容表述极其不当，严重违背了医院办院宗旨，经网络传播后产生恶劣影响。对此，医院深感痛心并郑重地向社会道歉。医院第一时间对相关责任人进行了严肃批评教育，将对涉事科室和个人做进一步调查，并按医院相关制度严肃处理。医院表示将以此为鉴，杜绝类似情况再次发生，同时进一步加强员工的思想教育，欢迎社会各界人士继续监督、支持医院的发展，帮助医院更好地成长与进步。

(六)直接形象和间接形象

依据公众获取企业信息的媒介渠道来划分，企业形象可划分为直接形象和间接形象。公众通过直接接触某企业的产品和服务、由亲身体验形成的企业形象是直接形象，而通过大众传播媒介或借助他人的亲身体验得到的企业形象是间接形象。对企业形象以这种划分十分重要，如果一个用户在购买某种商品时看到的是包装粗陋、设计落后，试用时出现毛病、不尽如人意，无论别人告诉他产品如何好、企业如何不错，都不会去购买，因为直接形象比间接形象更能够决定整个企业的形象。有些企业可能过于依赖广告宣传，而忽视产品质量和服务水平的提升，这实际上是过分强调间接形象而忽视了直接形象的重要性。

(七)主导形象和辅助形象

根据公众对企业形象因素的关注程度来划分，企业形象可划分为主导形象和辅助形象。公众最关注的企业形象构成了主导形象，而其他一般因素则构成了辅助形象。例如，对于智能手机，公众最关心其质量(性能、屏幕、摄像头、续航、存储、系统流畅度等)和价格(是否公道合理)，这些因素构成了智能手机厂商的主导形象，而智能手机厂商的企业理念、员工素质、企业规模、生产环境、创新能力、是否赞助公益事业等，则构成了企业的辅助形象。企业形象由主导形象和辅助形象共同组成，主导形象决定了企业形象的性质；辅助形象对主导形象具有影响作用，在一定条件下，辅助形象能够与主导形象相互转化。

二、企业形象的功能与作用

(一)企业形象的功能

企业形象作为企业为长远发展所进行的全局性、根本性的规划，其良好的企业形象是企业的一项无形资产，在市场竞争中发挥着重要作用，直接关系到企业的长久发展。企业形象具有七个方面的重要功能。

1. 规范与导向功能

企业形象确立了企业的价值观念和行为规范，为企业自身的生存和发展树立一面旗帜，向全体员工发出号召。一旦员工认可、接受并拥护这种号召，就会产生巨大的规范与导向作用。例如，中国移动公司提出的"沟通从心开始"，TCL公司强调的"敬业、团队、创新"，海信公司倡导的"胜任本职工作就是人才，创新开拓就是优秀人才"等，都是在教

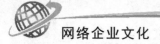

育、引导、规范员工的言行、态度，让他们在工作中注意将个人形象与企业的形象相结合，助力企业成为世界一流的企业。

2. 资产增值功能

企业形象是企业的无形资产，具有实实在在的资产增值功能，使企业在市场开拓中获得丰厚的利益回报。有形资产和无形资产共同构成了现代企业的资产，尤其是在网络环境下，无形资产的价值占比越来越重。有形资产指企业所具有的实体形态和资产，包括固定资产、对外投资和自然资源等；无形资产是指企业经过多年经营取得的没有物质实体而以某种特殊权利、技术知识、公众评价等信息形态存在的资产，如专利权、商誉形象等。良好的企业形象有助于扩大销售量，使企业在同等条件下获得超额利润，形成直接的经济价值。

3. 关系构建功能

企业形象确立的共同价值观和信念，像一种高强度的黏合剂，将全体员工紧紧地凝聚在一起，形成"命运共同体"，产生集体安全感。这使企业内部协调和谐、配合默契，成为一个高效率集体。从企业外部来说，只有塑造好企业形象，才能为企业构建良好的公众关系打下基础，有助于留住顾客，构建公众关系网。美国 PIMS 战略设计院做过一项调查，研究报告显示开发新客户比维护旧客户要多花 5 倍的成本；96%的顾客遇到不好的服务，当场不会做出反应，多半自认倒霉而不再光顾，然后平均告诉周围 10 位好友；有 20%的人传播力更强，一般会告诉 20 余人；一次不好的服务造成的损失，需要 12 次好的服务才能弥补；而这样的现象在信息传播极度发达的网络时代，其极低的信息传播成本会造成更严重的损失。所以企业形象塑造是一个持续不断的过程，一次短期的行为可能会为企业的长期利益带来难以补救的损失。为了避免此类事件发生，企业应将优质产品和优质服务作为企业未来发展的关键，一方面能稳住老客户，另一方面又能开发新客户。

4. 激励功能

企业形象可以有效地强化员工的归属感，充分调动员工的积极性与创造性，从而增强企业的向心力和凝聚力。一般而言，企业良好的形象会使员工产生荣誉感、成功感和前途感，认为在企业工作是一种骄傲，从而形成强烈的归宿意识和奉献意识。某种意义上，良好的企业形象可以成为激励员工的重要因素。

5. 辐射功能

企业形象的建立，不仅对内部具有凝聚、规范、号召、激励作用，而且能对外辐射效应，影响其他企业乃至整个社会。例如，20 世纪 60 年代的"铁人精神"，以及在现在经常听到的"中铁人""宝钢人""华为人"等，都是企业形象对外辐射的典型范例。

6. 促销功能

企业形象的确立旨在赢得公众信赖。只有在公众信赖的基础上，公众才有可能进一步购买企业的商品或服务。这一机制是企业形象能够产生市场促销的根源。企业形象具有特殊的促销功能。在相同的质量水平下，好的企业形象，可以使企业的产品成为公众购买的首选商品。企业形象的促销功能，不仅限于传统的商标，如今还能利用网络传播和官方网站渠道进行推广。形象是公众对某种商品的一种心理印象，虽然无形，但公众对企业标志的认同，反映了对企业形象的认同。

7. 扩张功能

良好的企业形象可以为企业赢得良好的市场信誉，市场信誉在网络时代成了市场的"金字招牌"，有助于企业快速扩张，吸引资金，吸引更多的合作者，从而扩大自己的市场影响力。企业形象具有特殊效用，所以现代企业都十分重视形象战略。对于企业来说，塑造企业形象的过程，其实就是品牌成长曲线的修正与调控过程。

(二)企业形象的作用

良好的企业形象可以给客户留下深刻印象，为企业发展带来源源不断的效益，并为企业解决许多不易察觉的问题。企业形象主要有五个方面的作用。

1. 改善企业体制

在"舟至中流不进则退，唯奋楫者方能破浪前行"的数智化网络时代，企业正面临着全方位的挑战。国际大市场的竞争、新技术的迅猛发展以及信息的超载，使整个产业结构发生着深刻变化，劳动密集型产业结构正日益向技术和资金密集型产业结构过渡。新产业有新的特点，旧有的观念和体制已成为障碍，企业必须全面反省和适当调整自己的组织行为、价值观念、经营方向、组织结构乃至企业名称、标志、色彩等，以适应网络环境下的转型冲击。企业形象的建立应通过系统工程，对企业状态进行全面彻底的检讨，并根据发现的问题，设计出解决问题的方案，以帮助企业转变机制、更新观念、规范行为、广纳贤才和重塑形象，使企业具备自我适应、调整和更新的能力，从而推进企业的成长。

2. 统一和提升企业形象

企业形象多方面因素的综合体现，不仅包括产品、商标、生产设备等外在的有形因素，也包括信誉、风格、价值观、经营哲学、行为规范等隐含的无形因素。然而，一般人眼里的企业形象多半指产品形象、商标形象、建筑形象等外在的视觉印象，既没注意到企业价值观、行为规范等内在的文化形象的重要性，也缺乏规范、综合内外形象的意识。比如，一个企业可以根据环境的变化将其经营理念由原来的"以品质求效益"改为"高品质——新生活的象征"，以此宣告本企业对提高人们生活所做的贡献。但如果企业在其行为规范、视觉信息方面都未体现这一新理念，其结果是企业形象支离破碎，会大大地破坏企业形象的表现力。企业形象是对以经营理念为核心的所有形象要素的整合，以形成一个全面统一、独特的企业形象，将企业的各种特性要素化作一个简单的视觉符号——标志、标准字体，形成一种统一的色彩，一句广告口号，一种行为模式。通过各种传播媒体，尤其是网络工具，使人们在信息繁杂的世界中即刻便能识别出该企业。美国汽车旅馆开始是以个人经营为主，这种经营方式深受欢迎，许多地方的旅馆纷纷加盟，形成了连锁经营的形式。但是由于各地的汽车旅馆在外观上各具特色，缺乏一致性，直接影响了它的发展壮大。后来，他们设计了统一的标志、标准字、标准色，以招牌的形式统一其形象，在服务上也力求形成统一的风格，"汽车旅馆"很快站稳了脚跟，生意越做越红火。

3. 加强内部凝聚力

我国有句俗话："人心齐，泰山移。"劳动人民在其实际的生活和斗争中早就把这一人生哲理概括成了言简意赅的谚语："烂麻拧成绳，力胜千斤鼎。""合群的喜鹊能擒鹿，齐心的蚂蚁能吃虎。"这两句话形象生动地说明了"事成于和睦，力生于团结"。任何一个企业，其内部成员之间是否团结一心、精诚合作，其部门之间是否协调统一、配合默契，直接决定着该企业是否具备较强的竞争力。企业形象对于增强企业的凝聚力、提高企业竞争力的作用主要表现在两个方面：其一，通过对员工价值观和行为观的造就与规范，使员工超脱低层次的狭隘眼光，动员其为共同的企业目标团结成利益一致的有机整体，自觉调节个人与集体之间的关系，培养员工的归属意识、群体意识和参与意识。其二，标准化、规范化的视觉统一设计，能给人耳目一新、朝气蓬勃的感觉，可以为企业创造良好的环境氛围，起到潜移默化的作用，激励员工士气，使其最大限度地发挥积极性和创造性，产生 1+1>2 的整体效应。

4. 赢得消费者信任

企业形象是企业属性、身份与状态的体现，一个良好的企业形象可以帮助企业建立起真实、可靠、稳定的经营态势，并促进人流、物流、资金流、信息流的良性循环，让消费者更容易记住并信任该企业，由此增加消费者对该企业产品和服务的购买信心。例如，诚信是商人的立身之本，企业的信用也是企业成功的关键。只有坚持诚信经营，才能够建立起优秀的企业品牌形象，实现企业的可持续发展。诚信经营，不仅是企业的社会责任，也是满足消费者需求的必要条件。以智能手机行业为例，国产品牌如华为、OPPO、一加、小米等，之所以成为广大消费者信任的品牌，就是以实际行动树立了良好的企业形象，赢得了消费者的信任，摆脱了"山寨"的负面形象。当前我国智能手机销量在全球手机销量中占比巨大，这些产品都是自主设计和自主研发，摆脱了"山寨"的负面形象。自主创新成为时代的主旋律，我国逐步从劳动密集型产业转向高科技、高附加值的产业，虽然还有一些领域被人"卡脖子"，但是，相信不久的将来，也会像摆脱"山寨"的帽子一样，彻底地改变"卡脖子"的现状。因此，在现代社会中，顾客是企业的上帝，他们手中的钞票就是选票，支持符合其期望的企业，消费信心是他们投票的导向，而良好的企业形象是投票的依据。企业形象创造出的统一、独特的企业形象，像是企业发给顾客的信用卡，使顾客放心大胆地购买。

5. 创造适宜的外部经营环境

良好的企业形象，犹如一个巨大的磁场，吸引着资金、技术、人才等资源，保持企业长久的生命力。卓越的企业形象战略，吸引着优秀人才的加盟，并发挥他们的最大潜力，吸引着银行的贷款、股东的投资、政府的支持、保险公司的担保、产业链上的合作等，为企业创造了良好的外部经营环境。可口可乐公司曾宣称：如果有一天，一场大火把公司化为灰烬，我们仍可以凭借可口可乐的声誉重建可口可乐帝国。良好的企业形象能带来社会资源的广泛支持和帮助。一个深得社会公众认同和好感的企业，总是能更顺利地推销它的产品、服务，开拓它的新业务，即使与其他企业做相同的事情、销售相同的产品，也容易得到更高的评价和认可。

三、企业形象的发展

(一)企业形象发展历程

我国的企业形象建设起步较晚，20世纪80年代开始才陆续进行系统的企业形象建设。1982年，台湾宏碁电脑开始着手企业形象建设，经过五年的不断探索与创新，最终以一个钻石图形标志面世，代表着该企业持久、勇猛、坚毅、宝贵、独一无二的企业形象。其他地区的知名企业，例如台塑集团、味全集团等，也纷纷加入了企业形象重塑的行列。

20世纪90年代初，随着社会主义市场体制的建立，市场竞争日趋激烈，生产规模急剧扩大，产品服务同质化突出，低层次的竞争手段如简单的价格战、广告战等已司空见惯，从而使得企业形象之争变得日益重要，这迫使广大企业界人士开始重视企业形象战略，致力于培养公众对企业及其产品和服务的信任感与忠诚度，让公众相信企业产品和服务值得信赖，所做的承诺是可信可行的。一些企业，如太阳神、乐百事、娃哈哈等，通过企业形象战略赢得公众的好感，取得公众的信赖，在竞争中求生存、求发展，通过企业形象战略为企业带来了骄人的成绩，并引来更多企业跟进。然而，并非所有企业都能取得成功，盲目模仿和急功近利的态度往往导致失败。一些曾红极一时的保健品、减肥产品、白酒、房地产企业等，未能摆脱快速兴衰的模式。

随着网络时代的到来，企业形象设计进入了新的发展阶段，企业领导者对其也有了更加理性的看法，在网络时代环境中更为冷静地摸索着企业形象建设道路，企业形象策略正在慢慢地发挥它应有的效用，如今企业形象建设已成为全球范围的企业战略举措。由于东西方环境、传统文化、价值观念、生活方式、民族发展历史等的不同，企业形象建设在实施过程中也存在着显著的差异：欧美国家塑造企业形象时偏重外观感受，以视觉重塑为主导带动消费者对企业和企业产品的改观，力求以新颖、独特的形象吸引更多消费者的青睐；东方国家的企业在塑造企业形象时更注重内涵的塑造，力图在展示新形象时充分诠释企业精神、企业价值观念等，而不只是注重外在。就我国企业而言，企业形象建设策略是一种后发优势下的自我超越与创新发展，在企业建设中要坚守对文化的信心。文化自信是更基础、更广泛、更深厚的自信，尤其是在5000多年文明发展中孕育的中华优秀传统文化，更是积淀着中华民族最深层的精神追求，代表着中华民族独特的精神标识。企业形象建设应当勇于担当时代赋予的光荣使命，在"科技强国""制造强国""质量强国""网络强国""文化强国"等建设中，充分展现中国企业的新形象。

(二)企业形象管理内容

数智化网络背景下，企业形象已发展成为一种管理职能，是从如何建立和维护组织与公众之间的互利互惠关系、树立组织良好形象的角度，来促进企业的发展。其核心是以内强素质、外树形象为目标，全面提升企业的内在素质和外在表现，从而提高其市场综合表现的现代管理，是对企业内外各方面的全方位的管理。企业形象管理的内容十分广泛，主要涉及企业总体形象、产品形象管理、人才形象管理、环境形象管理、员工形象管理、文化形象管理和社会形象管理。其中企业总体形象管理是企业形象管理的灵魂和灯塔，是企业决策者根据企业长期发展战略，在对企业现状调查、公众调查和市场调查的基础上，为

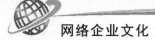

企业确定的总体价值标准、行为标准、素质标准、市场定位和个性特征等，一旦确定就应该成为一切管理活动的指南和行为。

1. 产品形象管理

产品形象是企业形象的重要组成，它不仅是企业形象的物质基础，也是企业最主要的有形形象。大多数企业形象主要依靠产品形象进行表现，其中最直接的方式则是产品标识，包括企业或产品名称、徽记、商标、标准色、标准字等。这些标识帮助公众识别企业，并传播企业形象。标识形象会在公众心目中留下深刻印象，而其中的品牌名称和品牌标志又是标识形象中最重要的部分。有些消费者往往只依据品牌名称或品牌标志来选购商品，甚至只认品牌不认企业。因此，品牌名称和品牌标志既是标识形象的重要组成部分，也是企业产品形象最直接、最具体的外在表现形式。对于企业产品形象管理，企业可以从公司的员工着装、企业服务、企业Logo、企业内部色彩搭配等方面来不断完善，以增强产品形象的冲击力。而企业产品形象的最佳视觉冲击力就是企业产品的色彩。就像每个人都有属于自己的色彩一样，每个企业产品也有自己的色彩。根据"四季色彩理论"结合企业色彩和员工个人的色彩特点，打造出个性又统一的企业产品形象，提升企业整体实力。全球经济时代让企业越来越多地与国际合作伙伴建立联系，企业产品形象国际化和企业管理国际化是现代企业创新的重要方向。

> **【启示】网络热词背后的商机**
>
> 近年来，网络造就了很多网络热词。一般来说，网络热词即热门网络词汇，网络热词作为一种词汇现象，反映了一个国家、一个地区在某个时期人们普遍关注的问题和事物。比如，与工作有关的"打工人"，与购物节有关的"尾款人"，与竞争有关的"内卷""躺平"等。事实上，这些网络热词与人们的工作生活息息相关，这里面蕴含着巨大的商机。
>
> 一方面，一旦出现网络热词，就会有大量的公司抢注商标。中国商标网显示，2022年，在618购物节刚过去没多久，有关"尾款人"的商标就有数十家公司申请注册。另一方面，这方面成功的例子有瑞幸咖啡。它把流行语"YYDS"作为商业营销的手段，申请注册"歪歪滴艾斯"商标、推出《瑞幸YYDS》广告宣传片、文案使用"陨石拿铁，YYDS""冰厚乳拿铁，YYDS"等等，抓住网络热词的机会，获得了大量关注。

2. 员工形象管理

员工形象是与客户最直观接触的企业形象部分，商场如战场，只有"先发制人"才能获得成功。在看不见"硝烟"的竞争环境下，只有好的形象才能够抢占市场先机，抓住机遇，进而在商务谈判中运筹帷幄。良好的形象使企业得到更多关注，从而得到更多机会，进而在竞争中立于不败之地，晋升企业在市场中的品牌地位。因此，企业要不断地提升整体员工的形象礼仪，对企业形象管理定位，抢占市场先机。完善的服务是现代企业核心竞争武器与形成差异化的重要手段，是提高企业形象的有效途径，良好的服务是降低顾客流失率和赢得更多新客户的有效途径，通过提供良好的服务促进企业利润持续增长。通过对员工的形象管理和礼仪训练的培训，给客户留下良好形象，提升服务质量，赢得更多客户。

3. 人才形象管理

人才形象作为企业形象的重要组成之一，与员工形象有所联系但也有所不同，前者不仅包括执行层员工形象，还包含领导者的形象。领导者主要是通过对整个企业的管理、决策来间接反馈到公众身上；执行层员工的形象是通过员工的品行、素质、作风、服务、态度和仪表体现出来，员工和顾客进行最直接的接触，因此，在日常工作中，公众往往对员工的形象拥有更直观的心理感受。因此，企业必须要重视人才形象这一要素，从引进人才、培养人才、尊重人才和使用人才等方面入手，真正提高企业员工的整体素质。同时认识到培训的重要性，通过培训可以培养自己的人才，企业获得人力资源的自我更新能力，实现从优秀到卓越的自我超越。企业培训为员工塑造统一而完美的职业形象，潜移默化地给员工灌输企业文化的内涵，增强员工的归属感、忠诚度和凝聚力，从而使员工呈现积极的精神面貌，有效地提升工作效率。从某种意义上讲，企业的竞争最终还是人才的竞争，除了人才的选拔与引进，最主要的还是体现在企业培训的竞争中。科学、完善的培训体系在为企业带来系统的现代管理知识与技能的同时，还能为企业带来高额回报。这种回报主要体现在，让企业更具凝聚力、加强企业员工忠实度、提升员工专业技能、融洽员工之间关系等多个方面。企业形象也是在企业培训中不断完善与发展的，能够给企业带来许多内在的利益。

4. 文化形象管理

企业的竞争是人才的竞争，更是文化的竞争，企业的文化形象是企业形象中的重要一环。在网络时代中，形象资源、文化资源已成为比人、财、物更重要的新竞争资源，形象战略、文化战略虽不是包治企业百病的灵丹妙药，但确实是提高企业竞争力的有效手段，所以企业更应该注重文化形象。文化形象是企业在生产经营实践过程中，逐步形成的为全体员工所认同、遵守的价值观念，是企业形象中最抽象而又难以衡量的，但同时它也是企业形象中最精髓的部分。文化形象主要包括企业经营宗旨、开拓创新精神、企业价值观、企业精神等。企业经营宗旨彰显企业发展方向和理想目标，一般渗透在关系全局和长远的经营发展战略之中，并对企业的经营战略、经营目标起导向作用，能在一定时间内为全体员工指明企业发展的基本方向。企业经营宗旨是文化形象的具体表现，同时也体现文化形象更新、完善的能力。企业价值观是企业员工在共同的企业目标下形成的价值观念。它集中反映了企业员工群体的价值取向，即企业员工为人、处世、从事生产经营活动，以及辨别是非、好坏、善恶、美丑的价值取向。企业精神是建立在共同价值观、共同信念的基础上，具有企业特色的群体意识。它是企业价值观的体现，是通过领导者的引导、宣传、教育、示范，员工的积极参与配合，在长期实践中形成的一种意识。这种意识渗透到企业生产经营活动的各个方面，是一种无形的资源，它犹如一面旗帜，对企业成员具有强大的凝聚力和感召力，激励和引导着他们的意志和行动。所以，企业精神是企业形象的灵魂，对企业形象的塑造起着决定性作用。

第二节　企业文化与企业形象

在日益激烈的市场经济竞争中，企业为了实现可持续发展，越来越注重企业文化和企业形象软实力的力量。企业形象在一定程度上反映了企业文化，企业形象和企业文化都与企业的经营绩效有着重要关联,越来越受到当代企业家的重视,那么企业文化与企业形象之间是什么关系呢?企业形象包含了三个层次,分别是企业理念形象(MI)、企业行为形象(BI)和企业视觉形象(VI),相对应于企业文化的精神层、制度层和物质层,如图7-1所示。

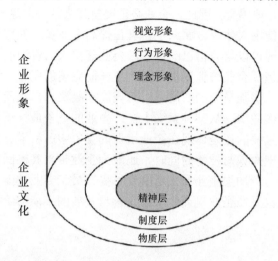

图7-1 企业形象与企业文化关系对应图

虽然企业文化和企业形象在结构层次上有着对应关系,但从本质上讲,企业形象不等同于企业文化。企业文化是客观存在于企业内部管理活动中的价值观,是企业形象产生的前提;企业形象更多地从宏观环境反映,如知识吸收能力、教育程度、购买能力等,企业形象不完全是企业文化的全部反映。因此,二者既有联系,也存在一定的差异。

一、企业文化与企业形象的联系

(一)企业形象是企业文化的表现和升华

企业是人、物、经营思想三者的组合体,也可以说企业是物质文化、社会文化、精神文化的组合体。企业的物质文化表现为企业的生产场所、设备设施;企业的社会文化表现为企业的人际关系和企业的有关制度;企业的精神文化表现为企业的经营思想、价值观念。这三种文化在企业内部相辅相成,相互作用,形成了完整的企业文化。企业形象是企业内外成员对企业的总体印象,在企业形象中,企业只是作为人们认识的客观事物而存在,是客体。根据马克思主义物质意识的关系,企业文化是企业形象形成的物质基础。在企业的生存和发展中,企业文化建设应该是第一位的。一个企业,如果没有质量过硬的产品、没有一个团结守法的员工群体、没有一种健康向上的文化氛围,无论怎样宣传,都不可能在公众心目中形成良好的形象。

企业文化是可以通过载体传播的,传播过程中的全部信息构成了企业形象。以传播媒介为载体,企业文化依靠企业形象传达给观众,而社会大众也是通过企业形象来了解企业文化。换句话说,企业文化的内容决定了企业形象传播的内容,企业形象在企业文化传播过程中受观众对形象评价的影响。所以,企业形象是企业文化对外传播的载体和外延,从数学角度来讲,企业文化是传播媒介上的映射,如图7-2所示。

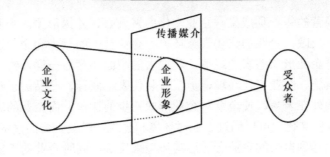

图 7-2　企业文化传播示意图

企业要想在竞争中脱颖而出、在消费者心中树立起良好形象，必须确定企业的核心价值观，制订企业的发展计划，有一套适合自己的营销策略和管理措施。企业将自己的经营理念、服务宗旨、管理方法、文化内涵和视觉形象等因素，以一种统一而系统的整体形象战略的方式向外界传达，以求得到社会、市场、消费群体等各方面的认同和信任，支持并促进其发展壮大，便形成了企业形象系统。

企业形象是企业精神文化的一种外在表现形式，是社会公众与企业接触交往过程中所感受到的总体印象，并通过人体的感官传递获得的。企业形象处处反映企业价值观所在，每个员工都代表着企业形象，企业形象是否真实地反映企业的精神文化，以及能否被社会各界和公众舆论所理解和接受，在很大程度上取决于企业自身的主观努力。

企业形象由企业理念形象、企业行为形象和企业视觉形象三大部分相辅相成。企业视觉形象从多角度、全方位、深层次反映企业文化，最直观、最形象、最具传播力和感染力地表现出企业文化的内涵，将企业文化信息运用视觉形象识别表达的形式进行规范管理和宣传推介，从视觉上表现企业的价值理念，从而形成独特的企业形象。由于视觉是人们接受外部信息最重要和最主要的通道，企业视觉形象设计的主要任务就是将企业所有的非可视内容转化为形象的、直观的、可视的形象视觉识别符号、文字和色彩等元素，以丰富且直观的多样应用形式，在最广泛的传播媒介层面上，进行最直接的宣传传播。所以设计合理、实施有利的企业视觉形象识别，是企业文化宣传贯彻落地实施中最明显的方式，也是有效地传播企业形象、建立企业知名度、塑造认知度的快速便捷的途径。

企业形象作为人们对企业的总体认识，是企业文化的直接体现。人们能够认识和辨别的企业形象，是各个层次的企业文化的具体化。人们的感觉、知觉、记忆、联想、思维等一系列活动，只是在重复着各个层次企业文化建设的内容。在公众心目中形成的企业形象绝不是企业文化的简单复写，而是一种对企业文化升华了的认识。天猫宣传中的"上天猫，就购了"的广告语，留给人们的不仅仅是一句广告语，而是一种企业对所售产品的质量优良与种类繁多所具有强烈自信的印象。同时，企业的产品和包装，在人们的心目中，代表的是一种风格、一种象征。

(二)企业文化决定企业形象的发展

企业形象既是企业文化影响结果的一部分，也是企业文化的外在表现。企业文化作为一个大系统，包含企业哲学、企业精神、企业目标、企业民主、企业道德、企业制度、团结意识、企业文体活动、企业价值观、企业实体、企业素质、企业形象等若干子系统，几乎涵盖企业生产经营活动的方方面面，像血液一样渗透到了企业经营的每一项工作的各个环节，影响企业经营的每一项成果。企业文化内聚人心、外树形象，企业在社会的形象可以通过三个载体来反映：企业的物质表象环境、企业员工的行为和企业运营的业绩。企业的物质表象环境是企业形象的表层载体，就像人的脸面和穿着一样，给人以第一印象，企业的建筑、生产设施、企业工作环境、员工着装仪表、商标、产品的包装、广告与宣传都是在社会中企业的外在表象，使公众对企业形成初步的认识，而企业的表层现象正是企业文化的最外层的物质文化，可以通过企业对环境和建筑，以及宣传的投资反映企业的文化。对企业本身和文化感到自豪的企业会通过其环境来反映，同时企业的表象环境也反映了企业对员工的态度，因而企业的物质表象环境是企业文化的外在表现；员工行为展示的是企业队伍形象、管理形象、经营形象、市场形象等，同时员工的行为又受企业长期以来形成的共同价值观的影响和制约，所以员工的行为也是企业文化的外在表现；企业文化最终影响企业的经营业绩，企业的经营结果就是产品和服务的形象，业绩好的企业受社会的认同度也会高，因此企业的运营业绩同时也是企业文化在反映企业的经营与管理时的外在表现。

  企业文化是企业形象的灵魂与支柱。有什么样的企业文化，就有什么样的企业形象，如果把企业比作一个人，那么企业形象就如同他的外表或行为给别人的印象，企业文化则是他内在的修养和素质，是他的价值观和精神世界，不仅决定他对外表的重视程度，而且还影响着行为，所以企业文化支配和支撑着企业形象。提到华为，我们能瞬间想到这些词语：5G、手机、民族之光、科研、创新……作为通信技术领域的科技企业，华为无论是产品服务还是企业文化，都是行业标杆，尤其是完全自主研发的鸿蒙系统的全面问世与应用，更彰显了其不凡的科技实力，还在智能手机、电脑和其他技术产品方面取得了不俗的成绩。华为一直以来坚持的文化价值观是"客户至上，团队合作，不断创新，追求卓越"。这种文化价值观使华为的员工们在工作中充满了激情和动力，同时也使华为的客户始终得到优质的产品和服务。这种文化价值观也是华为能够在全球范围内建立良好口碑的重要因素。

  企业形象受企业文化的指导和约束。企业文化是企业信奉并付诸实践的价值理念，人们认可的价值观和理念会在公司内部形成一个统一的做事原则和做事风格，从而形成对事物是非判断的统一认识，进而影响到员工的行为，而员工的行为和行为的结果最终影响社会对企业的评价，所以企业形象是外界对企业文化所带来的各种影响的反映，只有好的企业文化才会有好的企业形象，良好的企业形象是在良好的企业理念、文化的指引下逐步形成的。"茅台"品牌在"夕阳产业"诸多言论中顶住压力，坚守品质品牌品位路线，正是这样在困难时期的战略定力和工匠精神，才有了茅台今天的辉煌，打造出了与时代同步的优质产品。如今，"茅台"品牌可谓家喻户晓，成为消费者心目中优质产品的象征，渗透到员工内心的"坚持品质为硬核""恪守工匠精神"等价值理念，体现了茅台企业对产品与消费者的负责精神。正是这种"一丝不苟酿好每一瓶酒，方能行稳致远"理念的深入人心，对员工的行为产生引导，才会形成优质产品的企业形象。中国移动认为，文化建设锻造内力，形象塑造磨炼外功，内外兼修将成为中国移动通信塑造卓越品牌和迈向世界一流通信企业的动力源泉，其价值观是持续为社会、为企业创造更大的价值；企业精神为"改革创新、只争朝夕、艰苦创业、团队合作"；企业服务理念是"沟通从心开始"，是中国移动的服务品牌和形象灵魂；以"创新"为企业文化的核心，在变化莫测的市场中迅速反应，马上行动。

  在管理企业时，不仅要重视企业物质和财富的增长，还要重视员工的思想基础建设，不能只一味地追求企业的业绩。企业未来的竞争将是品牌和形象的竞争，而品牌的竞争归根结底是文化的竞争，企业文化的建设不是一朝一夕的事，是日积月累的结果，但却对企业的发展具有长期、深远的影响。人是企业最重要的主体，积极健康的企业文化将会挖掘员工的潜能、引导员工的行为，从而最终体现在效益和业绩的增长乃至社会形象的塑造。

【实例】聚美优品：一颗营销的流星

2012年，一句"我是陈欧，我为自己代言"的广告词火遍大江南北。广告中年轻的陈欧一记重拳打破眼前象征着阻碍的那层玻璃，伴随着毅然决然的眼神，坚定地说出："你否定我的现在，我决定我的未来。"自此陈欧多了一重身份，即聚美优品代言人。聚美优品与陈欧实现了捆绑，陈欧的个人影响力也达到巅峰，微博粉丝从1000万飙升至4000万以上，2013年，聚美优品的年销售额高达60亿元。借着陈欧个人品牌的东风，聚美优品迅速跃升为化妆品垂直电商第一名。但这个曾经被称为"中国美妆电商第一股"的聚美优品，从风光上市到私有化退市，也仅仅用了六年时间。

聚美优品定位为：努力为打造女性面子工程的美妆B2C电商。女性消费者对彩妆、护肤品等质量要求高，特别是在网上购买，顾客无法对商品进行直接、直观的了解，所以很容易会对网上销售的化妆品产生不信任感。因此，聚美优品抓住机会，乘势而上，造就了营销界和电商界的一个奇迹，但聚美优品的奇迹来得快，去得更快，就像一阵旋风。而导致这一悲剧的直接原因是电商企业的通病：假货，屡禁不止。早在2013年，就有用户反映，使用聚美优品的化妆品后脸部过敏，疑似假货。对此，聚美优品给出的解释是个人肤质不同。但是，此后不断地有用户在网络发声，质疑在聚美优品买到假货。为了维护聚美优品的正面形象，陈欧不惜在其微博上与网友呛声，称如果有人在聚美上买到假货，验证后，他愿意赔偿一百万元。陈欧此举看似光明磊落，力证聚美优品绝对没有假货，但后续售假实锤落地后，聚美优品形象大损，股价随之暴跌。2014年12月底，聚美优品股价已经不足13美元，较发行价22美元近乎腰斩。公司市值只剩13亿美元，较历史最高峰57.8亿美元，足足蒸发掉近45亿美元。2019年第三季度，聚美优品在国内网络零售B2C的市场份额只剩0.1%。曾经颇为风光的聚美优品，随着美妆电商业务的衰落，早已不是聚光灯下的焦点，就如同它的创始人陈欧，一位既能"代言"又能"带货"的第一代"网红"，如今，在社交平台上也不再活跃，2020年以来仅发过两条微博。

企业形象是品牌形象的良好依托。企业家形象是企业形象中的一个重要方面，因为市场传播受到个人影响力的影响，且企业家的个性会直接渗透到公司的各个方面，聚美优品选择和陈欧捆绑，平台售假也意味着陈欧为自己代言的模式走向反面，要想树立良好的品牌形象，产品形象是基础，产品质量更是基础中的基础，只有消费者对聚美优品的化妆品认可、放心，聚美优品才有可能保持持久的竞争优势，从而树立良好的品牌形象，即使后续聚美优品做出了许多努力，但大势已去，无力回天，让人唏嘘。

(https://www.sohu.com/a/388276456-104421. 2020-04-15.)

(三)独特的企业形象源于个性化企业文化

企业文化决定企业形象的塑造方向，一方面，企业形象是企业文化内涵的外化与延伸，是企业内部管理的外在表现；另一方面，企业形象根植于企业文化中，二者虽有共性，但又各具特色。从企业形象塑造的方向来看，包括组织形象、文化形象、媒体形象、员工形象等，这些形象的塑造突破依赖于企业文化建设的努力和创造。同时，网络时代中企业生命力就在于能够发现并解决消费者的痛点，适应消费者个性化需求的能力和机会，"个性化"已经成为对当代企业的基本要求。

特色鲜明的企业形象源于个性化的企业文化。所谓的个性，是指企业的特殊性，与其他企业比较具有独有的特征。如企业的价值观、经营观、处理问题的方法、团队精神状态等方面的特殊性。没有个性及差异化的企业文化必将缺乏活力，也不会被受众所记忆和接纳。提倡个性，但并不排斥对优秀企业文化观共性的吸收，是强调在共性的基础上保持个性。要营造富有个性的企业文化，必须充分认识到只有员工对企业的认同与融合，才能支撑并推动企业文化的作用，以及企业文化在协调个体与企业整体中的作用。富于个性的企业文化，才是一种创造性的群体劳动，才能使企业内聚力量，提升企业的整体实力。用文化带动生产力，进一步提高企业的竞争力，让企业在市场竞争中立于不败之地。优秀的企业文化可以转化为竞争优势、发展优势和效益优势。优秀的企业文化是企业的核心竞争力，具有唯一性且无法复制，是企业形象得以发扬光大的基石。企业核心竞争力是指企业赖以生存和发展的关键要素。可以说，企业核心竞争力是企业在市场行为中获取利润和资源的一项最重要能力。

企业文化是人们认识企业精神的一种表现，优秀的企业形象源于优秀的企业文化，独具个性的企业文化是企业鲜明形象的根本保障。企业形象是企业文化在受众者头脑中的反映，是社会公众和社会机构共同认知的结果。良好的企业形象有助于企业创造良好的外部环境，能够充分发挥天时、地利、人和的优势，提高在公众心目中的知名度、美誉度和忠诚度。良好的企业形象，能让企业有机会与消费者进行直接沟通，能进一步拉近企业和消费者之间的距离，更能直接从消费者的反馈中发现企业存在的问题。良好的企业形象对企业文化的改进和创新有重大促进作用。

在企业形象的塑造上，不仅要借鉴国外的经验和模式，还要与企业自身结合，具体问题具体分析，注重将理论和经验与中国的具体国情相结合，实现理论策略的"本土化"，避免"水土不服"；还要注重民族的特殊性与世界的普遍性相结合，要让企业文化在国际化进程中凸显民族特性；与此同时，企业还要不断地研究战略理论，摒弃模仿与克隆，坚持理论联系实际、与新时代中国特色社会主义相结合，内修文化、外树形象，内外兼修，以文化力带动形象力，从而推动企业的良性发展，确保企业风采在众多企业中脱颖而出。

【实例】吉利的企业文化

吉利集团成立于1986年，是全球性的电动汽车和能源服务科技公司，1997年进入汽车行业，专注于汽车、发动机、变速器和车载电子产品的研发，现已形成完备的整车、发动机、变速器和汽车电子电器的开发能力。吉利集团的汽车品牌有：吉利汽车、领克汽车、沃尔沃汽车、Polestar、宝腾汽车、路特斯汽车、伦敦电动汽车、远程新能源商用车、太力飞行汽车等。吉利汽车集团以"自主突破创新，融合全球智慧，掌握核心技术"为研发理念，实施"产品平台化""安全第一""能源多元化""智能化技术"战略，秉承"快乐人生，吉利相伴"的核心价值理念，长期坚持可持续发展战略，通过领先的安全、智能、新能源、车联网及环保健康技术的应用，为用户提供高品质产品和高增值服务，致力于成

第七章　网络企业文化与企业形象

为中国新能源节能技术引领者；打造具有全球影响力和国际竞争力、受人尊敬的中国汽车品牌，为实现中国汽车强国梦而不懈奋斗。

吉利的企业文化精髓主要包括：愿景——"让世界充满吉利"；使命——"战略协同 推动变革，共创价值"；口号——"快乐人生，吉利相伴"；企业价值观——"团队，学习，创新拼搏，实事求是，精益求精"。2022年11月，吉利推出了汽车品牌全新LOGO，延续了品牌3.0时代的六块宝石设计理念，以延展的宇宙为设计源点，将星光银、深空灰和地球蓝融汇其中，展示了吉利汽车从品牌3.0时代的蓝天大地，升级为对广袤宇宙的追求。全新LOGO更具质感和科技感，令吉利汽车的品牌形象焕发全新的活力，这象征着吉利汽车将迈入全新的年轻化、科技化、全球化战略时代。

二、企业文化与企业形象的区别

企业形象是企业自身在消费者心目中的地位和价值的体现，是企业在长期经营中形成的消费者对企业的评价或口碑。良好的企业形象是企业的一项重要的无形资产，不仅代表了拥有一批忠实的顾客，形成了稳定的消费群，还由于知名度、信任度和美誉度使企业的营销成本降低、销售额稳定、利润上升，这意味着掌握了网络平台交易市场中的话语权。从企业自身角度来看，企业的核心技术是生产力也是竞争力，如百事、红牛、王老吉饮料配方，是不能公开的，核心竞争力一旦失去，企业就难以在市场上生存。从企业形象传播视角来看，企业向外界传递的形象是有选择性的，只包括需要公开的部分，企业内部的商业机密是不会对外公开的。因此，企业形象并不等同于企业文化，它们之间存在本质区别。

(一)企业文化是企业员工的意识形态

企业文化作为员工的意识形态而存在，是企业领导引导并在员工长期工作中形成的，企业文化通常是深入企业员工内心、人人都了解的一种理念。由深层到表层可分为精神文化、制度文化、行为文化和物质文化，都是以员工为主导，深入到员工日常工作中。企业形象则是可以看得到，可以通过某些指标去测量的，企业形象的好坏会直接反映在企业的利益上，在很大程度上，企业的竞争是企业形象的竞争。因此，许多企业都非常重视企业形象的发展与管理。而且企业形象是需要社会公众和社会机构的认同和评价，不以企业员工意识的变化而变化，企业形象的意识主体是社会，但可以通过企业的行动和业绩来改变，而这些又受企业文化的指导和影响。

(二)企业形象是企业状况的综合反映

形象是人们通过视觉、听觉、触觉、味觉等各种感觉器官在大脑中形成的关于某种事物的整体印象，简言之，就是各种感觉的再现。印象受到人的意识和认知过程的影响，所以不同的人对同一企业的感知不会完全相同，同时由于意识具有主观能动性，因此在人们头脑中形成的不同形象会对行为产生影响，正如企业形象有好与不好之分，它会影响消费者的行为：当企业在社会公众中具有良好企业形象时，消费者就愿意购买该企业的产品或接受其提供的服务；反之，消费者将不会购买该企业的产品，也不会接受其提供的服务。这一现象在网络时代的线上消费渠道中尤为明显，消费者更易受到企业形象的影响。当然，

企业形象的好与否不能一概而论,多数人认为某企业很好时,可能另一些人感到很差,任何事物都不能追求十全十美,因此我们必须把握矛盾的主要方面,从总体上认识和把握企业形象。

企业文化应以企业精神的共识为核心,由企业哲学、企业目标、企业民主、企业道德、企业制度、群体意识、企业形象等构成一个大系统,而企业形象只是企业文化大系统中的一个子系统,是企业文化的一部分,如果将企业文化比作一只雄鹰,企业形象只是其身上众多器官之一而已。企业的各种状况都可以通过企业形象传递出来,企业形象也时刻反映着企业的经营状况,所以,企业要想在激烈的竞争中立于不败之地,不仅要注重自身企业的形象塑造,还要时刻关注竞争对手通过企业形象反映出来的企业经营状况。

此外,企业文化是内在的、精神性的范畴,是企业的意识形态和上层建筑,处于观念层面;企业形象则侧重于企业内涵的外在表现,通常是物质层面的表现;而企业文化的功效以企业员工能否认同为评判标准,企业形象的塑造则以社会公众的认知和评价为标准。

【自检】"周黑鸭"公司从创立以来,坚持"会娱乐,更快乐"的理念,只做鸭产品不做其他,认为"食"字下面是良心的良。你认为这对"周黑鸭"企业形象的塑造会产生什么样的影响?

第三节 企业形象建设

21世纪,随着网络技术的迅猛发展,数字化、网络化、智能化已经成为时代潮流和发展趋势,人们进入了数智化网络时代。在新的经济发展形态中,不同领域的市场经济体系均得到了不同程度的完善,相应的市场竞争也越来越激烈,简单的有形资源竞争已经难以使企业在新兴市场中取得优势地位,所以企业之间的竞争越来越表现为企业文化的竞争,数智化网络社会下企业文化建设与企业形象提升对企业的生存和发展的作用越来越大,成为企业竞争力的基石和企业发展的驱动器。于是越来越多的企业在这样的竞争背景下开始制定企业战略,为企业文化建设与企业形象提升提供战略指导。而企业文化战略常常是个别战略的综合,每个战略都是围绕着一个中心制定,个别战略是企业总体战略的一个组成部分,为实现总体目标服务;企业形象战略同样是企业总体战略中的一个重要部分,是为树立良好企业形象目标而制定的企业个别战略。

一、企业形象战略

(一)企业形象战略的内涵

企业形象战略(Corporate Image Strategy)是指对企业形象的有关要素(理念、行为、视觉)进行全面系统的策划、规范,并通过全方位、多媒体的统一传播,塑造出独特的、一贯的优良形象,以谋求社会大众认同的企业形象战略。企业形象战略不是一般的管理工程,也不仅是视觉传达设计,更不是为企业装潢门面,而是企业总体战略的重要组成部分,如图7-3所示。

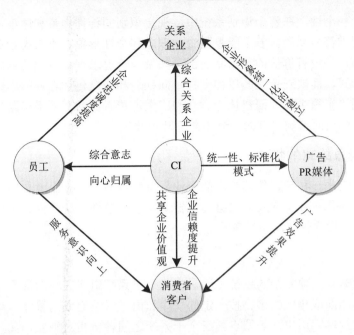

图 7-3　企业形象战略图

(二)企业形象战略的内容

企业战略形象主要由理念识别(Mind Identity,MI),行为识别(Behavior Identity,BI)和视觉识别(Visual Identity,VI)三部分组成。企业的理念识别是企业的思想和灵魂,即企业的想法,属于企业的最高决策层次。理念识别是整个企业形象战略的核心,是企业形象战略运作的原动力和实施基础,是在企业经营管理过程中形成的,并为员工所认同和接受的企业经营理念、发展战略、企业哲学、行为道德准则、企业精神、企业文化、经营方针、策略等。

企业的行为识别是企业在理念指导下的一切经营管理行为,即企业的做法,是动态的识别形式。它一般分为对内和对外两个方面,对内包括保证正常生产运作的内部管理规范(岗位职责、行为规范等),先进技术的研究开发,提高干部员工素质和工作能力的教育、培训(技术水平、职业道德、服务态度、技巧、礼貌等)以及改善工作环境和条件等;对外包括市场调研、市场营销、公共关系活动、广告宣传,还有公益性社会活动等。

企业的视觉识别是企业理念的具体化、视觉化,亦称为企业的脸面,是静态识别符号。由基本要素和应用要素两部分组成,基本要素是视觉系统基本构成要素,可分为主要的和辅助的,主要的包括企业标志、企业标准字、企业标准色;辅助的包括象征物、专业图案和版面编排统一设计。应用要素是基本要素的应用媒体,包括办公和事务性用品,招牌、标识牌和旗帜,员工制服,交通工具,建筑和环境,商品和包装,广告用品和展示陈列等。

理念识别、行为识别和视觉识别是一个统一的、不可分割的整体,有着各自的特点和体系,形成完整的企业识别系统。企业理念是企业存在和发展的指导思想,是企业形象定位和目标的依据,企业形象战略能否成功,在很大程度上取决于企业的思想理念和总体战略。企业的识别行为是理念的具体表现,只有在理念的指导下才能有方向,才能达到预期目标,否则就会使行为陷入麻木无序的状态。视觉识别可以用生动具体的视觉形象来表现抽象的企业理念和个性，在整个识别系统中，视觉识别的传播力量和感染力最具体直接。即使是很美的视觉符号系统，若不能表现企业理念和个性形象，不考虑企业应用媒体的实际情况，也只不过是没有价值的艺术品而已。如果一味追求哗众取宠的表面包装、美丽动人的视觉传达形式，而缺乏企业的精神支柱，向社会和公众传达企业的虚假信息，名不符实，终究也会因"东窗事发"而在社会大众和广大消费者面前"原形毕露"，对企业的经营和发展只会造成负面影响，有的甚至还会危及企业生存。

(三)企业形象战略的特点

企业形象战略是一种超越传统观念的企业形象整体战略，是企业总体战略的一个重要组成部分。作为现代企业持续发展的有力武器，具有系统性、统一性、差异性、传播性、稳定性、长期性、操作性、动态性等特点。

1. 系统性

企业形象战略是一项复杂的系统工程，由三个子系统组成完整的形象识别系统。所谓"系统"，是指相同或相似的事物按一定的秩序和内部联系而成的整体。系统性具有整体性、结构性、层次性、历史性等特点。三个子系统之间各自相对独立，又互相紧密联系。理念识别系统是企业识别的核心和系统运作的原动力，是整个系统的基础；行为识别系统是理念系统的外化与表现，是实施导入的主体；视觉识别系统直观鲜明地向外界传播和展示企业生动具体的视觉形象，是最快捷的传播形式，能有效地促成社会大众对企业的认知和识别。企业形象战略的系统性还体现在，是多学科相互渗透、相互融合的产物，企业形象战略不仅涉及传播学、市场学、设计学、广告学、公共关系学，还涉及管理学、心理学等相关学科知识的综合应用。完整而有效的企业形象战略，是企业理念、文化、组织、管理、目标、发展战略、社会责任等内在因素与外在形象的结合。企业形象各部分只有在统一的形象目标指导下，才能规范化、标准化地表现出一个系统的、整齐划一的形象，是企业形象战略的核心，也是企业形象战略成功的关键。

2. 统一性

企业形象战略的基本内容之一就是形成统一的企业识别系统，使企业形象在各个层面上得到有效的统一。如企业理念识别与行为识别、视觉传达识别的整体统一，以企业理念为灵魂、精髓、核心，向行为识别系统和视觉识别系统扩展，三者相互联系，形成一个密不可分的有机统一体。企业在导入企业形象战略的过程中，不能只注意外观设计，忽视企业的经营理念管理活动和企业文化建设。企业形象战略的整体统一，还反映了企业内、外活动的整体性。企业形象导入的过程是企业形象进行调整和再创造的过程，必然会引起企业内部思想观念的更新、企业理念的重新整合和定位。不仅必须取得企业内部成员的理解、支持和合作，还要得到外部社会公众的理解、支持和认可，使企业形象扎根于社会公众的心目中。

【启示】中国高铁的"走出去"形象战略

"一带一路"倡议的提出，为中国高铁"走出去"提供了巨大契机。作为国家重要的战略性支柱产业，中国高铁面向国际高铁市场需求，从"一带一路"共建国家、非洲到拉丁美洲，在互利合作、共建共赢的基础上，确立了咨询先行、合作联盟、技术创新、本土化运作和中铁品牌五大战略布局；一批中国设计制造的技术装备和参与建设的国际高铁合作项目正在顺利实施。今天，安全、舒适、快捷、绿色的中国高铁已成为世界高铁公认的领跑者，着力打造世界一流的高铁品牌形象，不断扩大中国高铁品牌的国际影响力和话语权，彻底摆脱廉价、低端的中国制造传统形象，成为国人引以为傲的"国家名片"。

3. 差异性

企业形象战略的根本目标是全方位塑造个性鲜明的企业形象。因此，它归根结底是一种差异性的战略。可以说，个性化是企业形象的灵魂和生命，只有独创的、有个性的东西，才有存在的价值，才有生命力，反之，就没有存在的价值。所以，企业在实施企业形象战略时要注重形象识别的独创性、个性化，是企业形象战略策划与实施的关键。无论是理念精神、行为规范，还是视觉识别，都要有自己的特色、个性化、差异性是企业形象功能发挥的重要条件，创造与企业竞争对手之间的差异性，是取得企业形象战略成功的重要因素。在当今竞争激烈、强手如林的市场中，企业如果不能因势利导、开拓创新，就可能被淘汰。

4. 传播性

企业形象战略是企业信息传达的全媒体策略。在企业形象导入的过程中，企业的信息传播不只是局限于大众媒体，而是扩大到所有与企业有关的媒体上。企业形象战略是一种全方位的信息传达体系，是一种企业全员传播战略。企业信息的传播对象不仅是消费者和一般社会大众，还应包括企业内部员工、社会大众、机关团体等。企业在实施企业形象战略的过程中，必须运用自己的力量来进行企业理念的整理和开发工作，动员企业员工的力量，深入开展内部的教育工作，内部员工的认同和自觉参与是促成良好内部形象形成的关键因素。

5. 稳定性

企业形象战略的整体性特征表现一旦在企业形象的规划形成并确立，制定成推进手册之后，就进入企业形象的导入程序，企业形象的导入程序是一个长期的、相对稳定的过程，是不能随便改变计划的。因为一个朝令夕改、朝秦暮楚的企业形象，不可能在社会公众的心目中塑造出一个高大、稳固的企业形象。此外，企业形象一旦形成，在社会公众的心目中形成的固定印象是不能随意改变的，要改变已经形成的形象是需要一段时间的。当然，企业形象战略的稳定是相对的，而变化是绝对的。但它必须有稳定性的一面才有利于与其他企业形成差别，才有利于社会大众认知和识别。整个企业形象的导入和实施，应该说是在一个稳中求变的动态发展之中。在整个发展过程中，企业所处的环境、经营规模以及消费者结构都会有所变化，企业形象的内涵也是不断发展、充实或者发生微妙变化的，而如何在变与不变中寻求平衡点，在稳定中不断发展，达到内外、前后的"对应"和"统一"，正是企业形象策划与设计所追求的崇高境界。

6. 长期性

企业形象战略是企业长期战略，而非短期行为。这有两层意义：一层意义是就企业发展的某个阶段而言，企业形象的策划和实施需要一个长期的过程，是一项长期战略，从开始启动、策划到实施导入、反馈修正一个周期，往往需要较长的时间，如一两年、两三年或者更长的时间。在国外，有的企业用了八年到十年。另一层意义是指，企业形象策划和实施作为企业的形象战略，目的是为企业创造可以永续经营的无形资产，因此，必须伴随企业成长、发展的全过程。企业形象战略是企业一项不断完善、没有终点的长期战略，一个形象目标的实现，预示着向新目标前进的开始。企业的经营永无止境，企业形象战略永无终点。

> **【启示】曹德旺与福耀玻璃的形象**
>
> 曹德旺，福耀玻璃工业集团股份有限公司创始人、董事长。1987 年成立福耀玻璃集团，是中国第一、世界第二大汽车玻璃供应商。他是不行贿的企业家，自称"没送过一盒月饼"，以人格做事；他是行善的佛教徒，从 1983 年第一次捐款至 2020 年，曹德旺累计个人捐款已达 110 亿元，认为财施不过是"小善"。2009 年 5 月，曹德旺获得有企业界奥斯卡之称的"安永全球企业家大奖"，是首位华人获得者。"坚持企业家的使命感和责任感，不以物欲为目的的挑战极限，挑战尖端，保证企业长期持续有效的改进创新。"曹德旺手捧奖杯自豪地对大家说，"能在一群如此优秀的企业家中胜出，捧得奖项是莫大的荣誉。这个荣誉不仅是我个人的，这是全体福耀人的荣誉，是全中国人的荣誉。"
>
> 2018 年 9 月，曹德旺入选"世界最具影响力十大华商人物"。2018 年 10 月 24 日，曹德旺入选中央统战部、全国工商联《改革开放 40 年百名杰出民营企业家名单》。2020 年 11 月 28 日，曹德旺当选 2020 中国经济新闻人物。2021 年 2 月 4 日，曹德旺入选"中国捐赠百杰榜"课题组发布的十年致敬人物。2021 年 2 月 8 日，曹德旺获评 2020 十大经济年度人物。2021 年 5 月 4 日，曹德旺创办的河仁慈善基金会计划出资 100 亿元，投入筹建"福耀科技大学"。
>
> (https://baijiahao.baibu.com/s?id=1796727491123372140&wfr=spider&for=pc. 2024-04-14.)

7. 操作性

企业形象战略不是一种空洞的抽象哲学，也不是企业装潢门面的花瓶，而是一种实实在在的战略和战术，必须是可以操作的。企业形象战略的可操作性主要包括以下两个方面。

(1) 三大识别系统必须具有可操作性。企业理念的构成、表现和渗透方法是具体可行的；行为识别系统是结合企业经营管理、市场营销、公关活动等实际情况；视觉识别系统不是漂亮的视觉艺术作品，而是企业理念、企业的风格个性的具体表现，而且制定的传播应用媒体策略是具体的、可执行的、可控制的。

(2) 整个企业形象导入计划是符合企业实际状况的，是可以长期执行的。企业的情况各不相同，因此企业形象导入的模式和方法也应该是各有特点，不能简单、教条地套用国内外企业的一般做法。企业形象作为企业的系统工程，其每一个步骤、每一个细节都必须是具体可操作的。

8. 动态性

企业形象战略的策划和导入是一项复杂的系统工程，涉及企业的方方面面，既是企业外在形象的创立或革新，也是企业内部形象的革命。企业形象战略是一项长期战略，需要较长的时间，在较长的周期内，企业的经营状况、组织机构、市场竞争策略等可能会发生变化，这就需要不断地完善、修正企业形象计划。即使在完成企业形象计划后，企业达到了预期的形象目标，随着时间的推移，企业外部环境和内部情况的变化越来越大，原先良好的形象和现状的差距也越来越明显，变革过去的旧形象，建立新的形象又会成为企业新的企业形象战略任务。

(四)企业形象战略的功能

企业形象通过对理念识别、行为识别和视觉识别的协调统合，对内可以强化群体意识，增强企业的向心力和凝聚力。同时，通过标准化、系统化的规范管理，还可以改善企业体制，增强适应能力。对外可使社会大众更明晰地认知该企业，建立起阳光正向、特色鲜明、卓尔不凡、出类拔萃的企业形象，为企业的未来发展创造整体竞争优势。企业形象战略有以下主要功能。

1. 识别功能

企业形象战略的开发和导入、能够促使企业产品与其他同类产品区别开来，如今，各企业的产品品质、性能、外观、促销手段都已趋同类，唯有导入企业形象战略，树立起特有的、良好的企业形象，从而提高企业产品的非品质的竞争力，才能在市场竞争中脱颖而出，独树一帜，取得独一无二的市场地位，才能有利于在消费者心目中取得认同，建立起形象的偏好和信心。

2. 管理功能

在开发和导入企业形象的过程中，企业应制定企业形象推进手册作为企业内部法规，让企业全体成员认真学习并共同遵守执行，这样才能保证企业识别的统一性和权威性。通过法规的贯彻和实施，统一和提升企业的管理水平和战略规划，保证企业自觉地朝着正确的发展方向进行有效的管理，从而增强企业的实力，提高企业的经济效益和社会效益。

3. 传播功能

企业形象战略的导入和开发能够保证企业信息传播的同一性和一致性，并使传播更经济有效。例如，视觉识别系统是关系企业或企业各部门可遵循统一的传达形式，应用在企业所有的媒体项目上，一方面可以收到统一的视觉识别效果；另一方面可以节约制作成本，减少设计时无谓的浪费。尤其是编制标准手册之后，可使设计规格化、操作程序化，并保证一定的传达水准。在企业形象战略系统操作过程中，统一性与系统性的视觉要素计划可加强信息传播的频率和强度，产生倍增的传播效果。

4. 应变功能

在瞬息万变的市场环境中，企业要随机应变，变是绝对的，不变是相对的。企业导入企业形象功能可以促使企业对外传播具有足够的应变能力，可以随市场变化和产品更新应用于各种不同的产品，从而提高企业的应变能力。

5. 协调能力

企业有了良好的企业形象，可以加强公司内部组织成员的归属感和向心力，齐心协力

网络企业文化

为企业的美好未来效力。也就是说,它可以将地域分散、独立经营的分支业务机构组织统合在一起,形成一股实力强大的竞争群体,发挥群体效应。

6. 教育功能

企业形象具有很强的文化教育功能,因为导入企业形象战略的企业能够逐步建立起卓越而先进的企业文化和共享价值观。而一个拥有强大的精神文化和共享价值观的企业对其员工的影响是极其深远的。员工不仅体会到工作的价值,而且会因为属于企业的一分子而倍感自豪,从而更加主动地认同企业的价值观,并将其内化为个体价值观的一部分,从而提高员工士气,增强企业的凝聚力。同时,企业形象的导入还可以为企业吸收最新的理论、科学、技术、人才等,从而使企业在运转有序、协同统一的基础上,加快企业的发展。

二、企业形象建设体系

(一)企业形象建设原则

从微观上讲,在数智化网络时代与市场经济条件下,塑造良好的企业形象对企业的发展是相当重要的,把企业形象灌注并体现在经营思想和经营活动中,已经成为强化经营管理、拓展国际市场的重要手段;从宏观上讲,企业形象不仅是企业实力的象征,更是地区实力,甚至国家实力的象征。一个国家拥有的著名企业越多,说明这个国家的企业在世界上越具有竞争实力,越能够开拓国际市场,从而赢得更多的商业利润,综合国力自然大增,国家因此也就成为经济强国,进而成为世界强国。虽然我国企业的形象价值或者说品牌价值已经取得了卓越成效,但为了保持全球领先地位的经济发展,应该大力推行企业形象战略和企业品牌战略,以此来逐步强化我国的企业实力、地区实力和国家实力。而按照企业形象建设中的战略理论和操作技法的要求,塑造良好企业形象应遵循着以下原则。

1. 战略性原则

现代企业形象建立的战略必然具有长期性、全局性和策略性的特征,企业形象战略应立足当前,放眼长远,绝非几年间的近期规划,而应该是企业未来十年、二十年甚至更长时间的具体发展步骤和实施策略。

2. 民族性原则

"越是民族的,越是世界的"。现代企业形象竞争是综合实力的竞争,"文化"在其中所起的作用是不可否定的。企业形象战略是从企业发展方向、经营方向上设计与规划自我,企业形象的创意、策划、设计工作的基础应该立足于我们民族的文化传统、消费心理、审美习惯、艺术品位等,在网络化背景下,企业更要注重社会民族文化与现代科技管理的结合,才有可能为公众所认同,从而获得成功。我国企业要想尽快受益于企业形象策略,就应该在如何使传统与现代达到有机结合中下功夫。

3. 个性化原则

企业形象战略是企业为塑造完美的总体形象在企业群中实施差别化的策略,重要的一点就是要求企业形象具有鲜明的个性特征和独具一格的特质,不能"千人一面",人的个性是塑造企业形象的决定性因素,尊重个性、重视个性、相信个性、发展个性已成为现代企业形象塑造的核心问题,这意味着需要承认精神的价值,并充分发挥观念的力量。海尔与华为就是个性成功的典范,企业形象的作用使我们认识到,在企业形象的塑造问题上,投入的是无形资本,产出的是有形或具体的财富;塑造的是文化形象,带来的却是工业利润。

4. 整体性原则

从企业形象的多方面角度看,企业形象建设并非相互脱节,需要达到表里一致、协调统一。孔子云:"质胜文则野,文胜质则史。文质彬彬,然后君子。"若仅仅做好了企业形象建设,却忽视了整体性的建设,必然是违背了外美内秀的标准,企业需要让行为识别、视觉识别为理念识别服务,在建设途中始终坚持整体性原则。

(二)企业形象评价指标

企业形象是一个综合性的概念,是一个集合体,是企业的多种要素在公众心目中的综合反映,是公众对企业的理性判断。企业的产品质量和服务质量在任何时候都是企业良好形象的坚实基础。企业形象在现代经营管理中具有非常重要的作用,如果企业形象很难具体评价和定量测定,那么企业形象的重要作用就很难发挥,特别是将企业形象作为企业的一项考核评价指标就无法实现。因此,对企业形象的评估测定反映了企业经营状况,同时在现代化生产技术不断普及的情况下,同类产品之间的质量差异不断缩小,致使企业形象的内容就不仅限于产品质量、服务质量,而扩展到企业的外在表现及行为的各个方面,例如:职业道德、管理能力、科技能力、企业文化、员工素质、企业对社会所作的贡献等。因此,构成现代企业形象这一综合概念的因素也有很多,比如:产品形象、服务形象、员工形象、环境形象和企业整体形象等。而这些因素又由若干子因素构成,例如:产品形象由产品质量、价格、品种等构成;服务形象由售前服务(广告服务、咨询服务、官方网站建设等)、售中服务和售后服务(产品退换服务、维修服务、安装服务等)构成;员工形象由领导者形象(领导人的思想、政治素质、知识结构、工作经验、组织指挥决策能力、公关意识、开拓精神、气质风度等)和员工形象(员工的职业道德、文化素养、精神风貌、言谈举止、装束仪表、专业程度、服务态度等)构成;环境形象由企业外观形象(企业名称、标志、商标、标准字、标准色、企业网站)和企业内部环境(员工工作生活环境、辅助设施、咨询接待服务环境等)构成;企业整体形象由企业经济效益、企业规模、企业文化、科技水平、宣传影响、公益事业和市场形象等构成。为准确全面地进行企业形象评价,可选择主要的企业形象构成因素进行分析研究。

企业形象指标体系设计的基本要求

◆ 符合企业发展前途。
◆ 准确评估企业的获利能力,为指标的设立打下坚实的基础。
◆ 准确评估企业的资产,是否有能力进行有效管理。
◆ 全面考虑企业经营风险,为企业长远发展做评估。

三、企业形象评价方法

企业形象的提升是企业成功的关键,科学、客观地评价企业形象,从而寻求提升、增强和塑造企业形象的途径和方法,是一项具有重要理论价值和现实指导意义的工作。因此,建立科学的评估体系十分必要。要想正确评估企业形象,必须建立一套科学的评价指标体系。为了科学、全面、准确地选择评估企业形象的指标,并遵循一定的原则。企业形象的评价方法主要有分析评价法和专家评议法。

企业形象评估指标选择原则

- ◆ 重点性原则。
- ◆ 科学性原则。
- ◆ 全面性原则。
- ◆ 定性和定量相结合的原则。
- ◆ 通用性与发展性相结合的原则。
- ◆ 硬性指标与软性指标相结合的原则。

(一)企业形象的分析评价法

企业形象的评价项目主要有两个,一是企业知名度。企业知名度是企业名称、厂标、商标、产品、广告、服务、经营者以及员工等方面的情况被公众了解的程度和企业形象在公众中的影响范围。企业知名度在企业形象上有褒贬之分,在企业声誉上有覆盖面和影响度之分。褒义知名度是与企业良好的形象相联系的,如企业的优质产品和良好的售后服务赢得了广大消费者的信赖,家喻户晓。贬义知名度则反映了低劣的企业形象,如企业的假冒伪劣产品在市场上销售,损害消费者利益,必然会声名狼藉。二是企业美誉度。企业美誉度是企业形象在公众中所形成的满意状况和信誉程度。企业美誉是对企业整体信誉所做的评价,是一种较高层次的信誉,包括企业内外公众对企业的全面评价,例如:企业是否遵守国家的方针、政策、财经纪律,企业内部成员有无凝聚力,企业与外界公众关系是否良好,有无影响公众的利益等,如图7-4所示。

首先,运用四象限分析法,从企业的知名度和美誉度两方面综合公众的评估。各企业的形象,在图中的反映为一定的"企业形象区"。区域越大,企业形象则越好,最理想的企业形象区域是知名度和美誉度均为100%。

一般来说,第1象限为高知名度与美誉度区,反映理想型(高声誉型)的企业形象,即为企业公共关系的目标区域。第2象限为低知名度与高美誉度区,反映弱名声型企业形象,企业公共关系的工作重点为提高知名度,扩大企业影响。第3象限为低知名度与低美誉度区,反映低声誉型的企业形象,企业公共关系的工作重点为全面提高企业的知名度和美誉度。第4象限为高知名度和低美誉度区,反映弱信誉型企业形象,企业公共关系的重点为提高企业美誉度。

其次,企业形象成因分析。通过具体分解知名度和美誉度项目,分析和评价公众心目中企业形象的成因及内容。知名度一般可分解为企业规模、企业领导者声望、企业产品及服务质量水平因素。美誉度一般可分解为企业经营方针和策略、企业营销信用和服务态度等因素。通过对各项因素的调查分析，可绘制企业形象图，如图 7-5 所示。

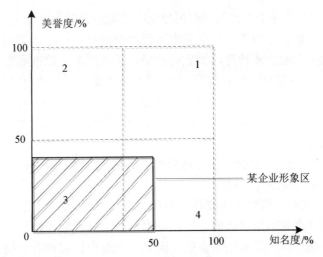

图 7-4　综合评价象限图

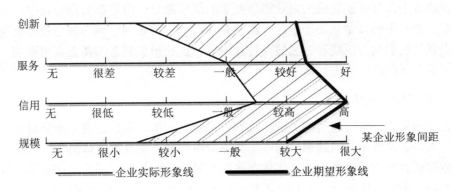

图 7-5　企业形象图

最后，比较评价。即对比分析企业自我评价结果与公众评价结果，认识"企业形象差距"，以便确定企业公共关系的工作目标。

(二)企业形象的专家评议法

企业形象不仅是企业综合素质的表现和反映，同时也是消费者对产品价值评估的重要因素之一。企业形象的巨大功能表现为"对内增加凝聚力，对外增加吸引力"，因此要遵循一定的程序，对企业形象系统进行评价。

> **企业形象评价的重点**
> ◆ 评价企业形象系统。
> ◆ 进行企业形象调查。
> ◆ 确定企业形象评价的关键项目。
> ◆ 定性与定量相结合进行企业形象评价。
> ◆ 采用专家评议法对企业形象进行评价。

1. 进行企业形象调查

企业形象调查包括对企业内部与外部形象资产的构造和效力进行全面系统的调查，主要也是对企业的基本形象进行调查。企业基本形象调查的目的在于认清由企业内在实质系统的识别因素而形成的企业总体特征，如企业业绩、经营理念、管理和营销能力、员工的行为等诸多因素，对企业的综合性印象都有直接或间接的影响。具体内容包括以下几个方面。

(1) 企业知名度调查。企业的知名度主要是指企业名称、外观、标识、产品特点、商品包装、商标等被公众认识和了解的程度，还包括对社会影响的广度和深度，从客观上说是评价企业名声大小的尺度。

(2) 企业美誉度调查。企业的美誉度是指企业在获得社会公众信任、赞美的程度及评价。它构成了对企业好坏程度评价的指标。

(3) 企业信誉度调查。信誉度主要是指公众对企业产品、价格、服务方式等是否满意和信任的程度。公众对企业形象的认同，往往是因为个人对社会地位和企业的了解程度、认识水平的不同而存在差异，是无法避免的，因此，企业应该重视并识别公众意见的代表性和正确性。

企业的各个部分都能够成为企业形象要素的组成部分，但是在公众心目中，决定企业形象的要素是有限的。企业要想塑造一流的企业形象，就必须了解这些企业形象包括哪些方面，也就是它们的形象要素。当然，行业不同，企业形象要素的侧重点也不同，特别是在形象要素上存在着明显的差异。

2. 确定评价的关键项目

对企业形象的评价可选用的关键项目有：对照上一年总形象、视觉形象设计、实施与管理、广告与公共关系、网站形象与电子商务应用程度、企业家群体形象、证券市场股票形象、顾客满意度与消费者评价、媒体曝光率及曝光良性指数、品牌资产评估排行、技术创新及荣誉、国际市场评价、行业影响力、社会公益活动、销售网络及业绩等。

3. 定性与定量相结合

随着人类的发展和时代的变化，对企业形象评价的方法和内容也在不断变化。在企业中的一切行为动作，比如产品的设计、研究、生产、流通及使用，都是以服务于人类生活和社会发展为前提的，是根据人类自身发展需求而产生，是为了解决自身的某一问题或事物而设定，一切都围绕着"人"的存在而存在，其价值完全取决于人的情感因素。所以，人的评价非常重要。但是人的情感是复杂多变的，特别是受到一些感官因素的影响，会出现很多不确定性的评价因素，对企业形象的评价会出现模糊不清、难以确定的情况。要对企业形象进行公正、合理的评价就必须建立结合定性和定量的评价系统，当涉及人类情感、美感或具有时代性时尚等因素时，就可以进行定性的方式评价；对功能、性能和技术手段可以用量化的方式进行评价；有的还需要用两者结合的方式进行评价。

4. 采用专家评议法

用专家评议法对企业形象进行综合评价，邀请多方面的知名负责人或者相关人员作为专家来对企业形象进行评价，他们的意见往往可以代表大多数民众的意见。专家的组成可以是：知名企业形象设计公司的负责人、著名企业形象学术研究人员、财经类媒体相关人员、广告设计类媒体相关人员、证券公司分析人员、电子商务专家及网络营销专家、广告公司创作人员、企业咨询顾问等。当然对专家的选择也要注意专业性、信息量和主观角度等方面的因素。

完善的企业形象识别系统，不仅可以帮助公众建立一个清晰统一的形象和价值观，还可以有条理地将企业信息通过人、物、环境充分地表达出来。在对企业形象进行评价时，要根据实际情况，采用合适的评价项目，在评价方式上要特别注意遵循定性和定量相结合的原则。

四、企业形象建设过程

根据各国企业形象建设的发展与完善，将企业形象建立的本质进行系统化归纳，可以分为四个阶段，分别是：企业实态调查阶段、形象概念确立阶段、设计作业展开阶段、完成与导入阶段。企业实态调查阶段的重点在于把握公司的现况、外界认知和设计现况，并从中确认企业实际给人的形象认知状况；而形象概念确立阶段是以调查结果为基础，分析企业内部、外界认知、市场环境与各种设计系统的问题，来拟定公司的定位与应有形象的基本概念，作为企业形象设计规划的原则依据；设计作业展开阶段则是将企业的基本形象概念转变成具体可见的信息符号，并经过精致作业与测试调查，确定完整的并符合企业的识别系统；最后的完成与导入阶段，核心在于排出导入实施项目的优先顺序、策划企业的广告活动以及筹组企业形象。

《晏子春秋·内篇杂下》记载："橘生淮南则为橘，生于淮北则为枳。"企业形象建设行为产生于市场经济的土壤，企业形象一开始并非现在的样子，虽然在不同的发展时期，不同的国家和地区，都把企业形象作为企业参与市场竞争的一种有力工具，但由于情况的不同，其企业形象建设的方法和目标有所不同。在不同时期、不同国家和地区的企业形象各有其特定含义，随着国情不同，各国发展也会有所区别。尤其是在变化迅速的网络时代，照抄照搬他国企业发展模式，不仅难以解决本土企业的问题，还会因水土不服造成严重后果。在企业形象建立过程中，各国需要根据自己的实际情况，不断地对企业形象进行消化、改造和完善，形成独具特色的典型模式，正是在这样的情况下，我国企业形成了一套符合我国国情与文化的本土化企业形象建设模式，在中国特色社会主义道路上形成自己独特的文化模式，造就了自己的中国模式。

1. 结合企业文化开展企业形象建设

企业形象对于企业的口碑、经营、销售、发展等都具有重要影响，为了促进企业的长期发展，需要构建形象工程，塑造代表企业优秀文化的企业形象。随着互联网的发展，企业形象变得越来越直白，大众可以通过网络搜索企业的各种信息，甚至翻出企业的黑历史。在这种环境下，国有企业构建形象工程尤为重要，以国防工业集团为例，要结合企业文化内容，作为企业形象核心，长期围绕这一核心，制定一系列的形象塑造计划。企业形象塑造属于动态过程，要将其融入集团工作开展的各个环节，列入重点管理的范围之内，从而提高企业的社会形象。对于企业形象的构建，结合形象塑造程序，首先要收集相关信息，了解社会对企业的实际看法，再对比企业形象的人、事、物与实际社会形象之间的差距；其次，以差距为目标，制定企业形象工程实施策略，确定短期的形象塑造目标与长期的形象塑造目标；最后，制订企业形象实施计划，具体流程是公共策划、组织实施、分阶段获取实施反馈、检查实施结果。按照标准程序实施企业形象工程，可以提高形象塑造的科学性与实效性，对企业的经营发展具有重要意义。

2. 联系实际制定企业形象总体规划

以有一定发展历史的大企业为例，企业形象建设，需要联系实际制定总体规划，主要包括以下几方面。

(1) 定位企业精神与奋斗目标。企业要做好企业文化与精神宣传工作，对员工进行培训，提高员工的思想品质，再动员全体员工宣传企业的文化精神，进而提高企业的社会认同感。

(2) 确定"着力点"。企业的管理要坚持"以人为本"，尊重员工的思想与需求，提高员工的思想文化，促使其认同公司的企业文化，才能将形象工程建设落到实处。

(3) 平衡继承与发展的关系。对于企业形象工程的建设，要继承企业文化的优点，再结合社会实际要求，不断提升自身形象，通过学习、考察，解放思想，引入新的思想理论，从而优化企业文化，塑造更好的企业形象。

3. 构建完善的运行机制

企业形象的建设，需要全体员工的支持，遵守标准要求，将自身工作有效地落实，才能提高企业形象建设的质量。企业形象工程的落实，每一位员工都需要负起责任。无论是员工的形象还是领导的作风，都代表了企业的整体形象，若是出现公司员工的作风问题，企业的整体形象就会受到影响。因此，为了维护企业形象，公司要明确各个岗位职责，领导要起到表率作用，塑造良好的个人形象，对内对外都起到正面影响。为了确保企业形象建设工作的有效落实，管理层要采取一体化管理模式，将形象塑造贯穿企业的生产、经营、销售等各个流程，从而整体提高企业的良好形象。将企业形象工程建设归纳到管理层人员的绩效考核，加强领导班子对企业形象的重视，为形象工程的具体落实提供保障。构建完善的运行机制，提高形象工程的建设效率，例如，建设鼓励机制，对形象建设表现优秀的员工进行表扬，对行为表现较差的员工进行惩罚。建立监督管理机制，对形象工程建设进行跟踪管理，对企业的环境进行评价，从而优化内部风气，提高企业整体形象。

五、企业形象的维护

从健力宝到联想，再到格力、华为等，经过几十年的发展，中国企业正在走向世界，同时在国家日益强大的背景下，中国企业保持和国家一致的步调，成为国家形象的主要建设者。如今中国企业在国内外的发展不仅追求利润的增加，更为注重对主观形象的建设，坚持遵守企业形象建设原则，在形象建构路径中不断探索的行为已初具成效。据调查显示，国内民众对于国产品牌与民族企业信任度逐年上升，外国公民对中国本土企业的赞誉度也逐年提高。同时中央企业在海内外的形象塑造工作进展顺利，例如，中国南方航空公司驻新西兰办事处每年通过举办大型活动增强与当地政府、媒体、公众的互动，吸引受众的关注度，不断拓展合作的深度和广度，为品牌推广奠定了良好基础。随着中国企业走向国际市场，中国企业经营过程中，受本土文化思想影响，更加注重于发展硬件产品，倾向于通过自身技术水平和创新能力的提高来赢得竞争，但是对于企业形象传播与维护的重视程度

第七章 网络企业文化与企业形象

依旧不够，经济全球化促进了信息的传播，这成了企业形象影响力扩大的直接原因，同时也为企业的形象建设与维护带来了更严峻的挑战。在网络时代下更好地维护企业形象，提出以下几点对策。

1. 成立对口处理部门

当企业遇到危机时，企业文化和企业形象能够在良好的沟通中得以体现，而内部环境与外部环境中沟通渠道的不畅通成为消解危机的桎梏，对内，企业无法将真实的情况告知员工，造成人心惶惶的局面，尤其是企业若无法整合资源、及时发布有效信息，仅仅依靠临时组建的"危机处理班子"进行应对，缺乏专业的人才完成企业形象维护，便会使企业在危机中处于被动地位，所以企业在信息传播中应把握好"唯一性"，即企业设立一个专门的信息处理部门；对于外部公众而言，它是一个信息"从内到外"的"输出口"，正如国内正处于发展阶段的新闻发言人机制。

2. 塑造权威信息源头

在数智化网络时代，新闻媒体对于企业的报道会引发网民对涉事主体的探讨，也影响着受众对主体的印象，网络群体意见是指在网络空间中的主体对某个特定的话题形成的具有倾向性的评论和看法，当与企业形象相关的事件，尤其是企业危机事件通过网络传播进入到受众的视野时，网络群体就会对事件展开讨论，在意见领袖的带领下形成多种声音，成为舆论的观点。在相关讨论中若企业不占据舆论中心，放弃舆论阵地，则会被动地接受公众对事件的随机认知，甚至是偏激的"网民意志"。因此，为避免处于弱势地位，企业应将自身塑造为一个具有权威性的信息源，把握企业信息发布、传播的统一性，在企业形象维护中及时、准确地把握舆论核心，树立意见领袖，引导舆论的正确走向，通过网络渠道将企业形象有效地在公众群体中进行传播。企业可实行策略先行，以整体的信息传播计划来整合和统一自身对内、对外的传播信息。事实上，统一的信息更有利于公众的认知，并有利于企业最终以信息的明确性来树立起企业作为信息源的权威性。当然，这里应当以信息的真实性作为前提，做到以事实来引导，端正事件在媒体、公众之间的传播方向。

3. 建立信息收集机制

在传统传播模式下，企业只能选择与媒体合作对外发声，处于比较被动的地位，但随着互联网的发展，为公众提供沟通和交流的场域与话语中心发生转变，由单向传播转为双向互动。企业形象建设应该成为企业积极发挥主观能动性的管理领域，在以往中国企业形象的建设过程中，单纯地回复负面信息是常用手段，往往忽略议程设置的重要性，认为凭借自己产品的"硬实力"足以应对危机，难以成为议程设置者，发布的公告和声明也可能被误读，造成公众信任的缺失和指向性明显的偏见，影响企业的发展和形象建设。所以企业需要建立完善的反馈信息收集机制，"立足点"放在"广阔"之上，以营造一个宽松的信息反馈大环境。其中"广阔"有两层意思：其一，从态度层面上说，企业必须持着"广阔"的"胸襟"，欢迎公众不同的反馈信息。正面的反馈信息，从某种程度上说，是公众对企业的一种认同和赞赏，的确让企业欣慰、向往；然而对于企业的不断成长和自身完善来说，负面的反馈信息更有利于企业找出自身的问题，并对症下药。其二，从信息源的层面来讲，企业可从自身与公众接触的多个接触点进行考察，实行"多方位式"的考察。可

以从企业销售产品或者服务在消费者总体印象的考量、购买行为后，消费者的使用满意程度、企业宣传有效性与广度以及企业形象自我建设和改良措施的实施情况等多方面进行评估，这些对企业形象建立过程中的战略调整与策略选择具有指导性意义。

本 章 小 结

　　企业形象是指人们通过企业的各种标志而建立起来的对企业的总体印象，与企业文化相辅相成。产品创新力、企业文化凝聚力和企业声誉感召力构成企业形象体系模型的层次结构主体框架，从而形成现实或潜在的企业形象，其出现让人们开始重新审视品牌视觉形象设计的内涵。品牌形象设计是企业进行品牌延伸的前提。品牌延伸可以减少新产品导入市场的风险和成本。品牌标志设计已经不再是原来单纯区分品牌产品的作用，其被动的地位逐步上升为主动的地位，向人们推销着其所代表的品牌理念与观念，与消费者在情感上达成一种共鸣，让消费者真切地感受到品牌的文化内涵。

　　数智化网络环境下企业形象的塑造工作是一项具有综合性、整体性、学科交叉性的系统工程，它涉及面广，除了涉及企业经营管理的专业知识与经验外，还需要对网络、艺术、社会学等多方面进行了解与学习，这给企业发展提出了更高的要求。不仅需要企业的管理层重视网络环境下的企业形象建设工作，尽可能地参与其中，还需要建立独立研究部门去涵盖企业形象建设的技术、管理、规划三方面，否则基于网络环境下企业形象的建设很难取得成功。

　　与传统的企业形象塑造方法相比，网络为企业形象塑造所带来的新方式方法具有明显优势，因此当前企业如能利用好现代信息技术来做好企业形象建设与维护工作，将助力于企业在激烈市场竞争中获得一席之地。

思 考 题

1. 创业型企业如何在形象理念、行为、视觉识别中体现自身特色？
2. 如何理解企业文化与企业形象的区别？
3. 国内外企业为什么把提升企业形象作为首要目标？其评估系统有哪些具体因素？
4. 企业文化与企业形象的提升具体表现在哪些方面？
5. 试比较分析国内外企业形象战略的异同？
6. 企业形象有何特征与作用？
7. 企业形象的评价方法有哪些？有何区别？
8. 选一家知名企业，对该企业进行企业形象评价。
9. 服务型企业如何制定并实施企业形象战略？
10. 长安福特公司以"全心全意为客户提供卓越汽车营销服务"的企业形象为众人所知，分析该企业的企业形象对企业文化的提升有哪些作用？多元化文化和专业化文化有什么区别？

第七章　网络企业文化与企业形象

本章案例

华为公司的企业形象

华为非常崇尚"狼",认为需要将狼群作为企业学习的榜样,要向狼学习"狼性"。作为华为企业中最著名也是最核心的团队精神,华为的"狼性文化"可以用这样几个词语来概括:学习、创新、获益、团结。其中学习和创新代表敏锐的嗅觉,获益代表进攻精神,而团结就代表群体奋斗精神。华为的企业文化与企业形象主要表现在以下几方面。

1. 民族情怀的担当者

华为公司将远大的追求、求实的作风作为企业文化的重要关键词,华为公司的远大追求表现在三个方面:实现顾客的梦想,并成为世界级领先企业、在开放合作的基础上独立自主和创造性地发展世界领先的核心技术和产品、以产业报国、振兴民族通信工业为己任。这也是华为在成长为世界级公司的过程中,强调"技术是第一生产力"的原因。没有核心技术,就不能长足发展,华为正竭力实现独立自主、自力更生地发展领先的核心技术体系和产品系列,从全球研发投入来看,华为已经进入了国际视野,与三星、大众、微软、英特尔、苹果等进入全球研发投入第一梯队。同时华为公司的企业家和员工从爱国情怀与民族感中汲取长期艰苦奋斗的精神力量,爱祖国、爱人民,又爱事业、爱生活、爱自己和家人,将远大的追求与员工的切身利益有机地结合,把"造势与做实"紧密地结合,这样的企业文化在华为成为民族企业骄傲的奋斗路上是不可或缺的动力源泉,这也造就了其面对美方压力时不屈不挠而且绝地反击的强大自信。

2. 培养一群狼

尊重个性,集体奋斗。华为企业坚持不搞偶像崇拜,不推崇个人主义,强调集体奋斗,也给了个人充分发挥才能的平台。高技术企业的生命力在于创新,而突破性的创新和创造力实质上是一种个性行为。这就是要求尊重人才、尊重知识、尊重个性。但高技术企业又要求高度的团结合作,今天的时代已经不是爱迪生的时代,技术的复杂性、产品的复杂性,必须依靠团队协作才能攻克。华为公司是以高技术为起点,着眼于大市场、大系统、大结构的高科技企业。它需要所有员工必须坚持合作,走集体奋斗之路。一个没有足够专业能力的人跨不进华为的大门,融不进华为的企业文化,也难以在华为有所发展。坚持企业应该在组织上,特别是科研和营销组织上采取团队方式运作;在工作态度考评上强调集体奋斗、奉献精神;在工资和奖金分配上实行能力主义工资制,强调能力和绩效;在知识产权上,要保护个人的创造发明;在股权分配上,强调个人的能力和潜力。

3. 尊重奋斗

公平竞争,合理分配。华为公司的价值评价体系和价值分配制度是华为获得成功的关键,是华为公司管理中最具特点之处。华为在设计人力资源体系时,便能够体现"公平竞争,合理分配"的核心思想,在改革薪酬体系时,创新性地将人岗分离,建立职能型薪酬体系,从知识能力、解决问题的能力以及职责范围三个维度衡量员工。采用该评价系统,可计算出各个职位的难易程度,并依此给出符合岗位难度的薪酬。因此,从理论上说,拥有相同难度的不同岗位会获得相同的报酬,这样报酬的多少就完全不取决于任职者的资历、年龄或者教育背景。华为的这些举措，可以看出其企业无时无刻不尊重"公平竞争，合理分配"原则，平等地关注每一名员工，以奋斗为本。

华为从一家小公司到今日的全球大企业，靠的就是每一名华为人的坚持和努力，专注于奋斗，专注于自身的发展，华为的"狼性文化"就是给予奋斗者以激励，帮助他们不断前行。就像华为创始人任正非所说，既要集体狩猎，又要集体分肉。《孙子兵法》云："上下同欲者胜"，意思是军队的首领和士兵须上下一条心才能打胜仗。正是华为这样的企业文化并处处践行的行为，给员工注入强大工作动力的同时，又给予他们极大的激励，让华为能够不屈不挠地在通信电子设备这一主战场上与全世界的一流巨头企业竞争，并逐步成长为民族企业的骄傲。

讨论题：

1. 华为公司的企业形象张力体现在哪些方面？
2. 华为公司在战略管理、人力资源管理、市场营销管理方面有哪些独到之处？与华为的企业文化有什么联系？
3. 华为公司的企业文化有何独特之处？这对企业的发展有何意义？

(https://www.yjjbys.com/edu/qiyewenhua/2899863.html. 2022-03-10)

第八章 网络企业文化建设

"善用兵者,能变主客之形,移多寡之数,翻劳逸之机,迁利害之势,挽顺逆之状,反骄厉之情。"

——《兵经百篇》

数智化网络环境下的企业文化建设,是 21 世纪企业管理最具远景的发展方向,是提升企业管理水平的有效手段,它所产生的巨大作用有目共睹、有口皆碑。同时,随着现代信息技术的飞速发展和广泛应用,特别是新一代万物互联及人工智能技术在全球范围内蓬勃兴起,为生产生活方式的跃变注入了新动能,正在深刻地改变着人们的生产生活方式,这都要求企业文化建设需要顺应不断变化的市场需求,把握时代的脉搏和发展的潮流,使企业文化成为企业创新发展、相互为养、经久不竭的催化剂、助推器和动力源。

第一节 企业文化建设重点

要建立具有自己特色的竞争力的企业文化,需要彰显个性、求同存异。管理者要对企业文化不断地注入新鲜元素,建立差异度高、鲜明的、适用的文化体系,统筹考虑来自各方面的外部影响因素。为适应数智化网络环境下的市场竞争需要,还应摒弃传统的以集权为特征的金字塔型层次结构,采用扁平化的柔性层次结构,以及网络虚拟组织结构等。另外,企业尊重成员的个体价值文化,但更加重视弘扬团队创新精神的协作文化。

一、明确建设战略

企业文化建设是一项意义深远、贵在长期的系统工程,不可能一蹴而就,而是要循序渐进、一步一个脚印、踏踏实实地经历每一个环节、阶段和历程。因此,企业文化建设必须有明确的计划,它不仅是完成建设的基础,也是整个建设过程中的重要保障。我们可从三个方面来理解企业文化建设的计划范畴。

(一)企业文化建设的战略定位

企业文化是企业之魂,是企业最显著的软实力和最强大的精神动力,任何企业都不可或缺;企业文化建设不是一时之需,也不是一个部门之责,它是公司战略层面的重大任务。企业文化不能沦为仅供宣传的口号标语,也不能只停留在华丽辞藻的文件制度层面。需要从战略层面,系统地思考企业愿景、文化观念、价值观念、企业精神、道德规范、行为准则、历史传统、企业制度、文化环境、企业产品等定位,应采用哪些重大的举措,建设契合企业发展、具备鲜明特色的企业文化。企业文化建设的基本流程如下。

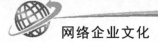

网络企业文化

(1) 形成企业文化建设的责任体系，由公司高管主导建设，各部门、各层级人员共同参与、积极配合。

(2) 确定企业文化建设在精神层面和物质层面的中心任务。

(3) 达成企业文化建设战略目标、举措、流程、机制、模式等基本层面的共识。

(4) 营造企业文化的建设氛围和涵养环境。

(5) 经历一定的建设周期，评估建设成效，持续改进、完善、巩固和强化。

(二)企业文化建设的基本原则

企业文化建设是构建具有特色的、长期的适合企业发展的文化体系，必须坚持一些客观的、有积极意义的基本原则，才能使企业文化成为维持企业发展的动力。

1. 战略导向原则

2020年4月20日，习近平总书记在陕西考察时，特别强调："各级党委和领导干部要自觉讲政治，'国之大者'，为国为民。"后来诸多报道均有此说法。遵循国家和社会的文化发展战略和要求，并从企业战略目标、战略指导和战略管理方面的实际情况出发，为企业长期发展与永续经营服务。

2. 以人为本原则

"我为人人，人人为我。"对外尊重消费者等利益相关者权益和社会公众利益，对内激发全员活力和创造力，提高全员文化素质和工作能力。

3. 领导垂范原则

"火车跑得快，全靠车头带。""榜样的力量是无穷的。"树立领导带头的思想，领导者通过实际行动把理论转为实践，带头引领、带头执行、带头坚持、带头践行，知行合一，言行一致，为员工作出真实、具体而长期的表率。

4. 尊重基层原则

"基础不牢，地动山摇。"从企业精神、企业愿景、企业文化理论的角度出发，在建设任务和重要举措的实施过程中，充分听取基层员工建议，分析工作的重点、难点和共同点，调整管理结构与运行机制，使企业目标和员工期望有机结合，在重要事项上达成共识。

5. 顺应环境原则

"不审势即宽严皆误。"作为引领科技革命和产业变革的战略性技术，数字化、网络化、智能化具有溢出带动性很强的"头雁"效应。这种效应不仅为人们带来更大的商业价值和社会价值，也将推动生活、生产方式的根本性变革。因此，企业文化建设需要具有自组织、自适应特征，审时度势，因势利导，以适应包括技术环境在内的各种环境条件的剧烈变化。

【启示】管理者的自我警醒

"夫以史为镜，可以知兴替；以人为镜，可以明得失。"这就要求管理者要有闻过则喜的胸襟，听到他人指出自己的缺点或错误，能愉悦、坦诚地听取。所谓"正人易，正己难"，人们经常如入暗室，有错难以自知。作为领导者，若固执地否定他人的诤言、劝诫，就会失去许多修正的机会。特别是已取得成就的高管人员，当以他人之言，琢己璞玉，善于从他人的诤言中不断审视、警醒、完善，从而提升自己。

(三)企业文化建设的关键工作

目前，许多企业都致力成为以创新发展为特征的主体，推崇先进的企业文化观念、健康阳光的企业形象，以及与一流产品形象与品牌相结合的企业战略。这些都是建设企业文化的关键所在。

1. 重视实践

"纸上得来终觉浅，绝知此事要躬行。"在企业文化建设中，实践是把关键理论落实到企业的运用中，提高企业员工对企业文化的认知度和认同度。

2. 规范管理

企业文化建设需要配套的科学管理方式、流程、机制与模式，为此需要建立起完善的管理制度体系，通过有效的、规范的管理制度来引导企业活动和员工行为，通过内在管理、外在行动使企业文化得到升华。

3. 文化育人

体现在人才的培养上，坚持凝聚人、培养人、提升人、激励人的培养导向，增强员工道德意识、伦理意识、文化意识、价值意识、责任意识、进取意识、创新意识、团队意识等，不断充实员工文化修养与内涵。

二、完善组织制度

企业文化建设是一个系统的、整体的、长期的、战略性的庞大工程，只有高层重视、方法得当、措施有力，才能形成企业文化建设的有利环境。在"水无常势，兵无常形，人无常态，事无常规"的数智化网络时代，需要构建起灵活的、有机的、柔性的组织结构形式，以实现"兵因敌而制胜，水因势而制流"的动态管理。在此基础上，构建起企业文化建设管理的良性循环机制，企业组织结构与文化管理体制有机结合，形成协同推进的格局。组织保障应遵循以下三个原则。

1. 权威性、代表性和创造性

组成高层、中层、基层代表参与的企业文化建设决策团队，共同制定公司发展战略。

2. 目标性、计划性和有效性

在企业文化建设管理的计划、组织和实施中，落实企业文化建设的责任体系，确保有的放矢、有条不紊、卓有成效地开展各项企业文化活动。

3. 多样性、普遍性和适用性

形成企业文化建设长效机制，开展丰富多彩的企业文化活动，将企业发展的理念注入员工价值观,增强全员素质和工作能力。同时,秉持"他山之石、可以攻玉,他人之事、我事之师"的理念,本着"走出去、学进来"的目的,不断拓展企业文化建设新的思路和做法。

> **【实例】比亚迪的企业文化建设**
>
> 比亚迪是一家以新能源汽车、电池、电子元器件等为主营业务的企业,其企业文化建设一直以来都受到重视。比亚迪在二十多年的发展期间,形成了以创新为基因的企业定位、以人才为根本的管理模式、以模仿式创新为技术路径、以低成本高品质为竞争优势,且始终贯穿于比亚迪的发展历程,并以内化于心的形式促进了比亚迪企业文化的形成。
>
> 以创新为核心:比亚迪一直以来都非常注重创新,将其视为企业发展的核心。比亚迪在新能源汽车、电池等领域取得了很多创新成果,推出了全球首款双模混合动力汽车、全球首款铁锂电池等。这些创新成果不仅提升了比亚迪的竞争力,也为行业的发展作出了贡献。
>
> 以质量为生命:比亚迪一直以来都非常注重产品质量,将其视为企业的生命。比亚迪在生产过程中采用了严格的质量控制体系,确保产品的质量符合国际标准。比亚迪的产品质量得到了广泛认可,比亚迪电池在美国、欧洲等地的市场占有率都非常高。
>
> 以诚信为基石:比亚迪一直以来都非常注重诚信,将其视为企业的基石。比亚迪在商业活动中秉持诚信原则,与供应商、客户等建立了长期稳定的合作关系。比亚迪还积极参与公益事业,例如设立医疗保障基金、捐赠物资等,关爱社会弱势群体。
>
> 以人才为根本:比亚迪一直以来都非常注重人才,将其视为企业发展的根本。比亚迪在人才引进、培养等方面投入了大量资源,建立了完善的人才管理体系。比亚迪还注重员工的职业发展,为员工提供了广阔的发展空间。
>
> 比亚迪形成了"平等、务实、激情、创新"的企业价值观、员工关怀的道德意识、"技术为王、创新为本"的发展理念、品质文化所组成的企业文化,影响着比亚迪过去和未来的行为模式。比亚迪的企业文化建设得到了广泛认可,比亚迪被评为"中国最具影响力的企业""中国最具创新力的企业"等。比亚迪的企业文化建设也得到了实践的验证,比亚迪在新能源汽车、电池等领域取得了很多创新成果,产品质量得到了充分认可,与供应商、客户等建立了长期稳定的合作关系。
>
> (https://www.byddglobal.com/cn/index.html)

三、优化流程

企业文化建设过程中,必须有一套符合企业发展的保障体系,该体系是成为优秀企业的重要目标。打造制度健全、职位清晰、机会公平的保障平台,最终为企业在剧烈变化的网络时代中实现长期稳定发展提供强有力的文化支持。构建企业文化建设的一系列制度设计流程,需要对企业战略、组织结构、管理方法进行深入的研究。在制度方面,要完善决策制度、专项制度、激励制度等,确保这些制度在实践中得到有效检验。在运作管理方面,加强管理与控制,明确奖惩机制,使企业流程设计简明化、标准化,提高管理的科学性、有规律性和可操作性。企业制度的流程设计需要注意以下几点。

第八章 网络企业文化建设

1. 流程的系统性

根据企业性质和实际情况来拟定流程内容。它不仅要与企业目标、愿景、价值观一致，而且要与企业行为层、精神层的内容协调一致。

2. 流程的严肃性

流程一经制定与实施，就需要得到不折不扣地严格执行。对于违反制度、不遵守规则的行为应当惩戒，从而保障企业制度的导向和约束功能。

3. 流程的配套性

重视员工居住、娱乐的条件和服务的设施建设。在能力范围内，设立专项资金，加强硬件的建设，如员工操场、文体娱乐中心等企业文化设施。

4. 流程的调适性

流程一经制定，并不意味是一成不变的，而是可以根据具体情况进行调整和优化的。同时，需要根据企业文化管理的需求，建立企业文化监控保障。对企业文化的传播和落实进行有针对性的监控，使企业文化与企业发展动态和环境变化始终相适应和匹配。

【实例】腾讯公司的企业文化环境

"人性化"几乎是腾讯各大办公大楼在建筑、设计时考虑的第一因素。超长的通风时间、超高的环境标准、超大的休闲空间、超多的样式选择，从方方面面出发，力图为腾讯员工创造一个不仅是"宜于工作"，更"宜居"的腾讯空间。例如，于2017年10月正式启用的腾讯全球新总部——腾讯滨海大厦，是一座集数字化、智能化于一体、以"互联互通"为特色的智慧大厦，象征着互联网将各个角落互相连通，更体现了腾讯是一家专注连接人与人、人和服务以及未来人和设备的互联网高科技企业。除此以外，腾讯在北京、上海、广州等多个城市以及美国、韩国等多个海外国家建立了分支机构，并为当地员工打造了舒适、创新，体现腾讯文化特色的办公环境。另外，腾讯推崇"活水文化"，可以让员工在多个舞台挥洒激情、获得持续成长，通过多元化业务布局给员工提供丰富的发展机会，所有的工作机会都会对内部员工开放，只要工作满一年就可以自由申请内部转岗，每年都有上千名腾讯员工通过活水机制找到更适合自己的工作岗位。

(https://www.163.com/dy/article/DVQD6L8605380VYW.html. 2018-11-05)

四、设立激励措施

企业文化是企业在长期发展过程中形成的具有特色的精神财富，它不仅对企业的凝聚力有重大贡献，而且对员工的工作态度起到了调节作用。当前，人工智能呈现深度学习、跨界融合、人机协同、群智开放、自主操控等新特征，正在对经济社会发展产生重大而深远的影响。万物互联时代的到来，越来越多的设备将在无屏、移动、远程、泛在状态下使用，人工替代、人物沟通、物物交流也将成为万物互联时代的常态现象，这些都对企业文化激励带来了新的挑战。在企业文化建设中，也存在一些负面的影响，主要体现以下几种情况。

(1) 理想主义。产生这种企业文化建设现象的原因在于脱离实际导向，将虚无缥缈甚至是"画大饼"式的理念灌输到企业中，好高骛远，盲目自大，没有扎扎实实地结合现实的企业状况，造成意识与现实不一致，从而使企业文化建设陷入"假大空"的境地。

(2) 功利主义。产生这种企业文化建设现象的原因在于好大喜功的导向，领导者期望在短时间内建立起优秀的企业文化制度，却没有足够的准备和基础支撑，导致短视现象突出，成员忠诚度与归属感不高，缺乏成就感。

(3) 专制主义。产生这种企业文化建设现象的原因在于故步自封、自以为是的导向，领导的权威性建立或者凌驾于对企业的整体影响上，有意强调和推崇企业家、实控人或高管的个人权威和影响。这样的企业往往会出现压制员工的现象，从而阻碍企业的改革和发展。

(4) 市侩主义。这种企业文化建设现象产生的原因在于粗陋浅薄的导向，领导的内涵、品质与格调不足，激励"重物质、轻精神""重短期、轻长期""重外在、轻内在""重个体、轻群体""重高层、轻基层""重结果、轻过程"，这样的企业往往培养出"精致利己主义"员工，导致企业难以实现稳定和长远的发展。

针对以上这些现象，企业应当设立科学的文化建设激励制度，在把握人性和需求的基础上，实现员工的创造性、价值性和独立性。对于激励体制，从两个方面来体现：一是公开、公平；二是有科学的考核依据。二者都是企业为员工而建设企业文化的内在要求，它们相互影响、相互补充。在现实的企业经营活动中，可以表现在激励制度的透明性、工资分配的公平性、考核制度的公开性、透明性等。在企业奖惩制度中，必须合理、公平地做好每一环节。然而，在现实企业中，公平与效率结合并不是绝对的公平，体现在外部环境，如不同的工作性质和岗位，获取利益的方式会不同。收益也分为资本收益、劳动收益、脑力收益三种。

五、检视考核评价

企业文化建设的内部考核制度是从企业文化建设工作出发，检验企业文化工作的科学性、系统性、完整性，即企业文化建设的内部考核制度是企业文化建设与发展工作执行的保障。可从以下三个方面来检视企业文化的考核工作。

(一)企业文化内部的考核工作

企业文化内部的考核工作主要是针对企业文化的历史、现状和未来进行分析评估，对自身的优势进行传承、对自身的劣势进行规避。这类工作在很大意义上是为企业理念体系的塑造及内部制度的建设提供良好的依据。企业文化内部具体的考核工作如下。

(1) 审视企业文化建设过程，了解开展评估工作的准备情况。

(2) 查看工作日志和工作总结，保障考核工作的专业性和严谨性。

(3) 验证评估报告的科学性、真实性和逻辑性，为考核工作的准确性提供依据。

(二)企业文化设计体系的考核工作

在企业文化内部考核工作的基础上，构建起活动行为与理论规范相结合的企业文化体系。该体系不仅要表达准确，还需要体现企业的个性和管理理念。企业文化设计体系的考核工作在企业文化建设过程中具有指导性意义，主要考核内容如下。

(1) 企业文化理念体系的系统性、完整性、开放性、真实性等情况。

(2) 企业文化体系与员工行为的一致性、持续性情况，以及在人事管理方面的约束性、指导性、可操作性等情况。

(3) 企业文化设计体系与企业识别系统的指向性、契合性、全面性情况，包括是否囊括了企业理念识别系统、企业行为识别系统、企业视觉识别系统等。

(三)企业文化传播考核工作

企业文化主要以多样化、系统化的方式进行宣传、推广和培训，其目的在于通过传播，对企业文化理论和行为规范进行内部的宣传和贯彻。领导者必须带头作出榜样，员工必须服从领导安排。企业文化传播考核工作是一项具体的、公平的体制工作，能给企业带来正面影响。它的具体工作表现为以下几方面。

(1) 各层级领导积极践行企业文化理念，把握其实质和精髓，感召、带领所有员工一起完成企业文化建设的目标任务与要求。

(2) 企业多渠道开展企业文化的宣传推广，包括多频率的文艺活动、专题会议、评选表彰、社会传播、网络交流等。

(3) 奖惩并举、物质与精神并重，因地制宜，因势利导，充分运用多种方式与手段，倡导企业鼓励的行为，使员工深刻领悟并认同企业文化内涵，按企业文化规范自身行为。

【自检】请对阿里巴巴、京东、拼多多、字节跳动等公司企业文化的异同作出直观判断。

第二节　网络企业文化建设流程

新时代企业文化建设的顺利推进，需要有一个完整的项目计划保障，因此，应有始有终、全面细致、科学严谨地稳步开展企业文化建设。企业文化建设流程通常可分为四步：启动阶段、实施阶段、持续阶段和变革阶段。

一、启动阶段

启动阶段是企业文化建设流程的第一阶段，是这项工程的起点。启动阶段主要是对企业文化建设提出必要需求和对文化思想进行深入挖掘，最终提炼出有效的企业文化理论。启动阶段的内容可概括为调研分析、规划设计和组织体系的建立三个部分。

(一)调研分析

调查研究是谋事之基、成事之道。没有调查，就没有发言权，更没有决策权。因为企业文化不是一个人的活动，而是一个群体的活动。尤其是在信息产生价值的时代，大多数企业只有在调研活动中获取真实信息，才能够分析总结出群体的共同价值观和行为习惯。调研分析是企业做研究最基本的方法，是在企业管理运作中普遍的方法。调研分析需要把握以下四点要素。

(1) 对企业的发展历程进行调查分析，主要是对企业的物质文化发展史和精神文化发展史进行调查分析，从发展历程中发掘有价值的文化财富，作为企业文化建设的参考点。

(2) 领悟和把握企业的发展战略，企业文化的建设应该站在企业战略的高度进行建设。

(3) 审视和分析企业所在的行业背景、产业基础、自身条件及所处地域特征等。

(4) 勘察和认清企业发展环境，这里主要是指企业发展所处的政治环境、经济环境和文化环境以及社会环境。

(二)规划设计

在调研分析之后，下一步就是规划设计。在这个阶段，需要坚持以下几个原则性的工作要求。

1. 实事求是

根据企业的客观实际情况，规划设计要兼具挑战性和现实性、前瞻性和可行性，不可高于或低于企业能实现的奋斗目标和理想状态，否则员工无法有效地参与到企业文化建设中来，无法实现企业文化的落地；遵循全面与重点原则，根据实际情况对企业文化进行全面规划与设计，但在建设过程中要有重点，并考虑计划性与灵活性。在建设过程中，大体的框架不能轻易改变，但根据实际情况可以有所调整。

2. 系统完整

一套完整的企业文化建设方案包括企业文化建设的八个方面，即精神文化、物质文化、制度文化、行为文化、管理文化、营销文化、品牌文化及学习型组织。规划设计的基本内容也围绕这八个方面展开，规划设计的重点是精神文化和学习型组织。

3. 研讨论证

实践是检验真理的唯一标准，规划设计的企业文化体系需要论证，主要从两个方面进行论证——理论论证和实践论证。理论论证主要以座谈会的方式进行。实践论证要结合企业的具体情况开展，可以选区域试行，也可以全面试行；可以对规划设计的部分内容试行，也可以对全部内容试行。

4. 传播推广

论证好的企业文化建设方案需要宣传推广，主要是对内与对外，其中对内宣传传播是重点。无论是对内还是对外，都尽可能利用一切可利用的方式进行宣传传播，如对内可采用讲座、宣传栏、企业内刊、户外拓展等方式，对外可利用各种媒体进行宣传，尤其重要的是通过网络渠道进行信息传播。

5. 评估调整

在建设过程中，需要对建设的方案不断地进行微调。评估调整也是阶段性的，可定期评估调整，也可不定期评估调整。调整后再进行优化和固化，在企业里形成统一的价值观、思考和行为方式，有步骤地实现企业阶段性远景。

(三)组织体系的建立

企业文化建设不是单独某个部门的事,而是要求各管理层、员工参与进来,最终由实践和理论相互作用来实现。在企业文化组织体系的建设中,一是要灌输企业各级领导是企业文化建设直接负责人的理念,二是要使组织形成对企业文化理念的坚定信仰。

1. 打造有创新力、影响力的文化组织

管理层的各级领导是文化建设的直接责任人,形成有效的责任团队能为企业文化建设带来科学、合理、有效的决策、行为和示范效应。这类组织体系不能采取硬性的管理方式,更不能打压基层员工,而是要让他们自然形成对企业文化建设负责任的价值观,树立强烈的责任感。要想做到这些,就要把理念提升到实处的管理境界上,不只是形式,还包括主动调动成员的积极性、主动性和创造性,在理论的提炼阶段进行认真分析和比较判断,组织体系就会更有责任感、更有效地在企业文化建设团队中充分地发挥管理水平。

> 【启示】吴起与魏武卒军团
>
> 我国古代有不少的杰出人物在打造高绩效团队的实践中,探索出了一些有益的方法。其中战国初期吴起打造的"魏武卒"团队就具有代表性。《吴子·励士》记载,周安王十三年(公元前389年)的阴晋之战,吴起以五万魏军,击败了十倍于己的秦军,创造了步卒五万人、车百乘、骑三千,而破秦五十万众的中国战争史上以少胜多的著名战役,使魏武卒名噪一时,魏武卒鼎盛时期达到五万人之多。魏武卒也是当时军队最精锐和彪悍的代表。
>
> 吴起一手打造的魏武卒军团之所以战力惊人,和他十分注重领导者的带头示范作用息息相关。他能够与下属"同甘共苦",不搞特殊化。在担任将领期间,他从不自视比普通士卒高人一等,跟最下等的士兵穿一样的衣服,吃一样的伙食,夜晚和士兵一样睡在不平整的田埂上,用树叶遮盖身体来躲避霜露的侵袭,行军不乘车骑马,亲自背负捆扎好的粮食和士兵们一起行军。同时,在日常军事训练中,吴起也特别注重中层管理干部示范带头作用,"一人学成,教成十人;十人学成,教成百人……万人学成,教成三军",使魏武卒整个团队的综合素质和战斗力迅速得到提高。吴起非常注重对基层兵士的关心和爱护。有士兵生了恶性毒疮,吴起用嘴去吸吮该士兵身上的脓液,士兵的病很快就痊愈了。

2. 以企业文化理念形成坚定的信仰

如果把企业家视为企业文化的主导者,那么企业文化组织团队是企业文化建设的中坚力量。在企业文化建设的过程中,只有使企业文化理念被企业全体成员所信奉和赞同,企业文化建设这一项工程才算是真正启动。全体成员的共鸣是企业文化建设的最终战略,只有在这样的基础上,企业文化才能渐渐发展起来,在企业管理中渐渐发挥作用,解决企业内外部环境的挑战。

二、实施阶段

企业文化建设团队在对企业文化理念形成了坚定信仰之后,企业文化建设的实施阶段开始破冰,渐渐开展实际行动。其主要的工作有以下三点。

(一)企业文化理念的现实化

制度对企业来说往往是治理是否步入正轨的标志,同时也是一种规范化、程序化管理水平的反映。具体来讲,企业通过相关制度对企业员工行为进行适度的约束,但如果仅仅凭文化理论来形成管理制度,往往过于理想化。对处于数智化泛在网络环境的现代企业来说,企业文化建设必须依赖于理念的现实化,即在共性管理内容的基础上,将企业制度政策化,通过制度和政策来规范员工行为、引导员工思想。

> **【实例】卡夫食品的"3R"价值观**
>
> 中国卡夫食品公司在成立初期提出了"3R"价值观,"3R"即尊重、责任、结果。在企业经营过程中,面临一些因合资后而产生的磨合问题。由于两个不同背景的企业通过合并成立一个独立的企业,公司上下包括领导层都把文化冲突问题视为头疼的事情。然而,就在这非常时期,"3R"价值观起到了力挽狂澜的作用。因此,公司在制度上进行了以下调整。
>
> 尊重原则,为了体现合资双方成员的平等性,实施中层经理人员本地化政策,也就是说,外方企业的中层经理人员都要置换为对方人员,合理地进行人员调整。
>
> 责任原则,公司废除检查员工携带物品的制度,并设置员工创新奖,做到规范员工行为、权责分明、鼓励创新这一新高度。
>
> 为贯彻责任和结果向导的价值观,对员工进行定期考核,使考核制度深入人心。其形式是多样化的,规范和改变了之前单一的考核制度,采取上级直接对下级进行客观考核的方式。
>
> "3R"价值观使两个不同背景的公司顺利地通过了磨合期,走向了新的台阶。因此,企业文化在公司合资中起到了指导行为导向的作用。

(二)企业文化培训的体系化

企业文化理论的传播需要有形的、有声的宣传和教育,使员工融入企业文化建设和接受企业文化理念的实践活动之中。对于大多数企业来说,内部培训通过两种方式来进行,一是聘请讲师进行文化理论的培训;二是企业内部营造一种浓烈的文化氛围。

1. 讲师宣导

面向企业内部,聘请适合的专家来解读、阐释和宣讲企业文化,一方面,使企业成员对企业文化理念有了深入的理解和研究;另一方面,在企业管理中,对企业文化的深刻内涵与传播方式进行咨询和交流,不仅积累了更多的工作经验,而且能够从专业的视角将理论转化为具体的工作,启发更深层次的思维。

2. 氛围营造

营造文化氛围是企业文化建设必不可少的要素之一,可采用丰富多彩、不拘一格的方式,主要是通过非正式的引导和情景教育来实施。具体方法有反复法、情景法、视觉法等,具体行为有团建培训、专题活动、专项比赛、晚会年会等,使员工身临其境地处于文化氛围中,达到直观理解、感情认同的目的。

(三) 外部环境的传播和理解

企业内部环境主要凭借规范内部管理从而达到收益性的回报，外部环境主要靠提升企业形象来发展，企业文化是提升形象的关键因素。在外部管理中，企业对外财务报告、对外招聘及公开活动等，都是文化在外界的传播形式。为了使企业在企业文化的熏陶下能够在外界顺利地发展，需要把握以下三个重点。

1. 用行动诠释理念

企业文化传播的最高境界就是理论造就实践，实践检验理论。在企业管理范围内，如企业公开的财务状况、各类慈善活动、招聘通知等，都是企业通过行动来诠释文化理念的。人们可以通过企业行为来判断企业的好坏。

2. 用产品传播文化

通常来讲，企业的产品和形象是企业文化的载体，产品质量和标准必须与企业文化相符，企业形象也是企业文化的一部分，都诠释和演绎着企业文化的真谛。只有使消费者感受到产品文化的真谛，企业文化的内涵才能真正被感受到。

3. 用广告传递文化

大多数企业会选择利用广告的实效性和推广性来进行企业文化的传播，这能带来短期的影响，但长远的企业收益在于保障企业文化与广大消费者利益的一致性。因此，在施行广告营销政策时，必须重视广告所传播的企业形象问题，这是企业文化能够受消费者爱戴的关键。

三、持续阶段

建设企业文化这一项工程在实施后并没有结束，为了使企业文化深入人心，必须把它长期植入到每位员工的内心深处。换句话说，企业文化的建设在于"润物细无声"的长期渗透过程。因此，为了达到最佳的完成效果，需要做好以下两方面的工作。

(一) 企业文化内容的内化过程

企业文化建设的内化过程主要体现在内部员工的自觉行为，然而员工工作态度不仅是按照公司员工手册口头演讲，还要实施到具体的实际岗位上。因此，员工行为文化也是一个长期植入的内化过程，是企业长期生存的根本。

1. 企业文化内容的动态管理

企业文化内容直接代表着企业的发展方向和战略目标，所以企业文化内容必须符合合理的价值观和客观的事实。比如"质量是企业生存的源泉"，符合优胜劣汰的企业价值观；"信息是企业发展的外生力量"，阐述外部环境的重要性。通过这些例子，我们可以看出，企业文化内容必须保持先进性、客观性和合理性，应符合当代需要，把握全局观，被社会普遍接纳。这样的企业文化内容才能在企业内部扎根并稳住脚跟。

2. 企业文化推广的长期持续

在企业文化建设中，文化内外宣传的重要性不言而喻，更难能可贵的是做到一贯性、连续性和递进性。虽然重复地宣传或传播可能令人反感，但也是有必要的。员工经常听到或看到，就会潜移默化地接受企业文化内容，在企业内部管理中产生内化企业文化内容的作用。比如，农夫山泉的广告语"农夫山泉有点甜"，会让人们自发地认为农夫山泉纯净水是甜的。

3. 企业文化培训的系统深入

在一家企业中，如果员工的道德观和价值观与企业发展战略不一致，那么企业不可能有良好的发展。员工的培训是企业文化宣传和延伸的基础，由内到外、由浅到深。那么，为什么企业要将企业文化内容作为员工培训内容的标准呢？首先，当新招入的员工在进行岗前培训时，培训的内容是通过企业文化思想来灌输的，是企业价值观的基础保证；其次，企业文化内容作为员工的基本守则，在很大程度上规范员工的态度和行为；最后，企业文化在内外两方面都保证着企业的发展，规划企业的战略方向和发展意义等问题。例如：航空公司的空乘新员工在接受新岗位的时候，必须接受自身素质培养、企业文化、机型理论、客舱服务、客舱安全、团队合作、紧急情况应急处理的教育等，合格者才能被正式录用。

(二)企业员工的固化行为

通常来说，员工行为在一定程度上反映着企业的文化特点。不同的企业有着不同的企业文化，也有不同理论的员工文化。为了使企业文化在企业内部得到更好的宣传和推广，必须规范员工行为，并牢牢地传承下去，这不仅是企业文化建设的持续性基础工作，也是塑造企业独特个性和核心竞争力的力量源泉。

1. 强化领导体制的内生性

员工行为的正确性离不开领导体制的引导。企业文化的形成是一个日积月累、不断分析和总结的过程，在企业发展时期，对待外界平衡的打破以及新平衡的生成和演进过程，不仅是一个管理的过程，也是一个内生的过程。企业内部的领导体制，不仅要完成企业内部稳定发展的任务，还要为企业持久经营的战略目标打下坚实的基础。领导器重的内生性可以使企业不断地更新内容，新制度取代旧制度，因它的与众不同而在市场竞争中站稳脚跟，因独特的魅力而壮大。

2. 更新的内容能迅速被接受

随着市场的变化，企业文化的内容也会不断更新。旧的制度不再适合时代的发展，新的制度怎样才能够被企业在最短的时间内接受并发扬光大呢？首先，新内容必须与员工产生共鸣，能够获得民心是关键；其次，新内容不能与原有的企业文化内容相差太大，最好是在原有内容的基础上进行补充或说明；最后，新内容要通过不断的灌输和演讲，使其潜移默化地被员工了解并赞同。

3. 举办文化渗透的奖惩活动

一般来说，奖惩会对员工起到一定的强化作用，主要是对行为的规范作用。从心理学角度来讲,当我们期待一种上进的行为重复出现时,给予奖励;当我们不希望一种行为再次出现时,给予惩罚。企业管理亦是如此,通过某一项仪式,奖励或惩罚,强化思想理论和规范员工行为,直接让员工了解企业价值观和体制内容。因此,对符合企业文化的行为奖励,对不符合企业文化的行为惩罚的体制,是为了能按照预期的方式来规范企业员工行为,以便更好地塑造企业形象。

四、变革阶段

企业文化体系建设起来后,并不意味着一劳永逸。文化能够保护组织不盲目追逐潮流和不受短期波动的影响,但从另一角度而言,也恰恰是这种作用,使得文化导致组织产生惰性,文化成了企业变革的障碍。文化越强,变革也就越困难。在这一情形下,很多时候变革并不像公司形象要求的那样是必需的。然而,不断变化的环境有时会让企业文化开始陷入与环境不匹配的窘境中。为了生存,企业文化也必须进行变革。

企业文化的变革只能是自上而下的,需要企业高层领导的支持,因为只有企业的高层领导者才有改变企业价值观和深层结构的权力。在以下几种情况下,高级管理层应考虑把重塑企业文化作为企业的重要使命:当企业环境发生根本性变化,并且公司一直以来都是受价值观驱动时;当处于竞争激烈的产业,并且经营环境瞬息万变时;当公司表现平庸或表现欠佳时;当公司真正成为大型企业时;当公司的发展非常迅速时。而企业文化是企业全体员工在长期的创业和发展过程中培育形成并共同遵守的最高目标、价值标准、道德观念、基本信仰及行为规范,所以企业文化变革是企业组织变革中难度最大、持续时间最长的一种。因此,企业文化变革需要利用行为科学的理论结合组织发展的技术来实现,并依照以下原则进行。

(一)审慎原则

企业文化不同于一般的管理制度,可以采取摸着石头过河、实验的方式进行调整。企业文化反映了企业的基本哲学态度,起到基本行动指南的作用。企业文化需要在相对较长的时期内保持稳定,因此,企业文化的变革必须审慎地进行。对哪些东西要变,如何变化,都要进行充分的思考,并且要具有一定的预见性和前瞻性,这样才不会出现改来改去,让人无所适从的情况。反复频繁地改变企业文化,只能反映出企业仍没有形成统一的思想体系以及管理者的能力欠缺和思路不清等问题,这将使企业文化的作用大打折扣,企业的经营也会受到影响。因此,企业文化的变革要审慎进行。

(二)持久原则

企业文化的变革不会轻易迅速地产生,大企业所需要的时间更长。即使是具有非凡领导能力的管理者,也需要其他人的配合来实施变革。伊查克·爱迪思(Ichak Adizes)在《企业生命周期》一书中,将企业生命周期划分为十一个阶段。与之对应的文化发展周期可划分为:潜意识期、意识期、倡导期、塑造期、融合期、熔炼期、固化期、僵化期、衰败期等,在企业文化生命周期的末期,即僵化期就是必须要重构、再造、激活企业文化的变革时期。因此,企业管理者不要期望企业文化的变革可以很快地完成,相反地,要有打持久

战的思想准备,只有这样,才不至于低估企业文化变革的难度,甚至在实施过程中因为缺乏毅力而半途而废。正是因为企业文化变革的持久性,新的企业文化才能真正改变企业成员的认知和行为。

(三)系统原则

任何组织变革都是一个系统的过程,企业文化变革也不例外。在进行企业文化变革时,一定要注意其他相关制度的相应调整与配合,其中用人制度和薪酬考核制度是最直接反映企业价值导向的制度,因此必须作出调整。如果一面强调创新,一面又不愿提拔任用勇于开拓的成员,不愿改变原来僵化的、跟不上时代的薪酬与激励制度,而且决策原则仍然是强调规避风险,那么这种价值观的改变是不可能成功的。所以企业的管理者在进行企业文化变革时,一定要对整个企业管理和经营的系统重新进行审视,并用新的价值观来决定取舍,这样才能保证企业文化变革的最终成功。

第三节 企业文化建设评估

作为对企业发展过程和结果的有效控制及反馈,评价属于管理基本流程中不可缺少的关键一环。同样,企业文化建设评价工作也是贯穿于企业文化建设全流程的一项基本工作,对整个企业文化建设工作有着重要意义。企业文化的解析对企业应用企业文化理论、培育优秀企业文化有着重要价值。企业文化建设评估有三个方面:首先,要明白企业文化的功能;其次,明确企业文化建设的阶段性任务和目的;最后,建立评价指标体系,明确相应的目标。其具体表现为以下几个方面的内容。

一、企业文化建设评估的目的和意义

评价是评价主体按照预定的评价目的,对特定评价客体进行评价性认识与事实性认识的过程,它通常需要针对评价方案确定评价内容,选择评价指标并按照一定的评价标准进行。评价活动包括确定指标权重,选用恰当的评价方法,运用评价准则进行综合分析等内容。企业文化建设评价是指根据一定的原理和标准,对企业文化建设的内容、过程、结果等进行综合比较、分析,发现优点、查找不足,从而使企业能够及时对企业文化建设的方向、内容和对象进行相应的调整和改进,以促进企业文化建设工作有效地开展。

企业文化建立之后,能否对企业的经营管理起到作用,以及对企业哪些方面起到作用,只有通过评估才能知道。企业文化评价的目的有以下三点:第一,企业文化建设评价的终极目的是保证企业文化建设服务于企业健康发展,这是企业文化建设评价中始终要把握的基本方向。第二,企业文化建设评价的显性目的是促进和改进企业文化建设工作。因此,需要坚持评价的全面性、针对性和有效性,以免拘泥于细枝末节,一叶障目不见泰山。第三,企业文化建设评价的直接目的是发现企业文化建设中可能出现的关键问题和不足。既不是为评价而评价,也不是为问题而评价,而是要避免陷入各种形式的指标、数据之中,规避形式主义的误区。

一般而言，企业文化建设评价的意义主要体现在以下三个方面。第一，科学高效的企业文化建设评价工作有助于解决企业文化建设中遇到的难点问题。企业文化建设评价的缺失，一方面，容易导致部分管理者对企业文化价值、企业文化建设的重要性的理解和认识不到位；另一方面，也会直接影响到企业文化建设的先进性、特色性与有效性。第二，企业文化建设评价工作直接关系到企业文化建设的目的能否顺利地实现。企业文化建设是一个长期、复杂的过程，需要持续改进，而改进的前提和基础是对企业文化建设情况进行科学的分析、评估，找出差距和不足。没有分析、评价和反馈，改进和调整就无从谈起，最终也就无法实现企业文化建设的预期目的。第三，企业文化建设评价有利于系统地提升企业文化建设工作的水平。企业文化建设工作本身也是一种管理行为，遵循着管理的基本规律。从企业文化诊断分析开始，到企业文化规划、文化体系的设计和建设，经过企业文化实施，最后通过企业文化建设的评价产生反馈和调整，形成持续改进的管理闭环。缺少评价，既谈不上文化管理，也提升不了工作水平。

二、企业文化建设评估的原则

基于网络化环境下的企业文化特点，在企业文化的精神文化层面应该尽量体现客户导向、创新、平等、协作、容忍失败等活力型、动态型、有机型企业文化特征。另外，测评指标应该保持企业文化的三个层次——精神文化、制度和行为文化、物质文化的一致性，从而克服企业文化内容的偏差、企业文化内涵和外显的脱离等弊端。新时代企业发展在不同阶段所对应的战略也有所不同，企业文化要和战略相适应，同时企业的本质和使命并没有发生很大的改变，但需要通过对相应指标权重的调整来实现企业文化建设，其涉及的方面十分广泛，对企业文化建设进行评价是一个复杂的课题，为了使对企业文化建设的评价更加客观、科学，应该遵循以下原则。

(一)系统性和适应性相结合

企业文化是一个系统，是由企业内互相联系、互相依赖、互相作用的不同层次、不同部分结合而形成的有机整体。企业文化建设如果只着眼于企业的盈利性和经济性，会从根本上制约企业文化的深化和发展。企业文化的各个构成要素以一定的结构形式排列，既有相对独立性，同时又是一个严密有序的结合体，企业内各种因素一旦构成了自身强有力的文化，将发挥出难以估量的功能和作用。企业将企业目标内化为企业的价值系统，通过价值系统的深化运动带动具体目标的实现。因此，企业文化不是各种孤立因素简单而松散的集合，而是相互关联、互为条件的有机整体，其中任何一种因素发生变化，都将引起其他因素发生连锁反应，进而影响整个企业文化系统的变化，这就是企业文化建设的系统性。

企业文化建设的系统性特征要求我们在进行企业文化建设的评价过程中，要遵循系统性原则，即作为评价企业文化建设的指标体系，应该全面反映企业文化建设这一综合系统所包含的各个子系统和各个子系统所包含的各个因素，从横向和纵向两方面揭示各系统之间以及子系统所包含的各种因素之间的相互关系。其次，企业文化建设的系统性特征还要求企业在评价时应遵循定量和定性相结合的原则。一种观点认为，由于在进行企业文化建设评价的实际操作中很难选择统一的评价因子和参数，因而应更多地采用定性描述的方法来评价企业文化建设。但是，由于构成企业文化建设的诸要素之间是有一定逻辑联系的，有些是并列关系，有些是从属关系，而"平拉式"的定性分析，如按甲乙丙丁罗列，使人们很难把握企业文化建设的系统特性；同时，定性分析难以给出综合性的评价结果。所以要反映企业文化建设的系统性，就应该把研究方法从定性分析提高到量化评价，遵循定量与定性相结合的原则。

多年的实践经验表明，与西方企业文化相比，中国企业文化既有与之相通之处，又有许多源于深厚的民族文化底蕴的特色，单纯地采用定量分析的方法很可能在方向上南辕北辙，单纯地采用定性分析又缺乏科学性与系统性，都可能造成对企业文化的严重误判，阻碍企业文化的发展。只有把两者有机结合，尽可能发挥各自优势，才能最大限度地准确评价企业文化，为提升企业文化的创新提供可靠的依据。

(二)客观性与可行性相结合

企业文化本身就是从企业意识层面发力，通过改变观念来改变管理、改变企业命运，甚至改变环境。因此，对企业文化而言，最直接最有效的办法就是调查员工的主观感受并作出判断，把这些判断汇总分析，才能揭示企业文化的真实状态。当然，企业文化建设的直接目的是提升经营管理绩效，在企业文化建设的效果方面还是要看它能否提升企业绩效、品牌价值等。把两者结合起来就是我们要的企业文化建设评价，一个是因，一个是果。

对企业文化建设进行评价时，必须遵循客观性原则。也就是说，进行企业文化建设评价必须从企业的实际出发，以事实为依据，既要看到企业文化建设好的一面，也要看到企业文化建设中存在的问题；既要看到企业文化建设的长期性，又要看到企业文化建设的现实性。在对企业文化建设评价时还应遵循可行性原则。也就是说，进行企业文化建设评价既要考虑和分析某个因素(或指标)的必要性，又要充分认识到在实际评价过程中，每个评价因素(或指标)是否具有可操作性，不能仅从主观意愿出发进行评价。离开了客观实际，评价的结果毫无意义，甚至会得出错的结论。

(三)自评与他评相结合

企业文化的作用效果是内聚人心、外树形象，光看内部员工的感受是不全面的，还要看外界的评价，特别是直接相关的客户、行业内的看法，一些涉及企业战略方面的重大判断还要听取业内专家的意见，才能得出专业的评价结果。在为企业定制评价体系的过程中，企业还应该把客户满意度测评模块纳入企业文化测评模型中。有的企业不愿做第三方测评，害怕得到负面结论影响绩效考核。事实证明，第三方客观、中立的立场和专业水准能够赢得企业领导的尊重，提升其认知水平、重视程度，从而推动企业文化建设的提升。

(四)中高层与基层评价相结合

经验表明，企业中高层员工对企业使命、愿景和战略的理解认同，能够直接推动企业战略顺利实施，在各职能部门、业务部门的具体工作中产生强大导向力。与此同时，基层员工熟知具体工作的指导理念、岗位职责、操作规程，能对工作绩效提升提供更现实的推动力。两者在企业文化建设的职能履行上各有侧重，因此，在企业文化建设评价中，必须把中高层与基层的评价相结合，不仅要设置差异性指标，而且在相同指标上配属不同的权重。这样就能帮助企业找出领导干部期待与现实之间、员工期待与领导期待之间的差距，从而找出企业文化存在的不足与改进的方向。

(五)批判性与思辨性相结合

在企业文化建设评价中应以一种批判性的思维测评，但也不能把发现问题作为测评主旨、在过程和结果中只关注问题。企业文化建设评价是对企业文化建设的全面扫描，要遵循尊重事实、高度负责的原则，全面反映企业文化建设水平，最终促进企业文化的发展。过度偏重问题否定企业文化建设工作成绩，会导致测评失败甚至伤害企业文化的发展。敢于开展企业文化建设评价的企业，特别是开展第三方评价，其锐意进取、文化自觉的精神值得肯定。特别是在结果输出上，要以促进企业文化发展为根本，既要肯定成绩推动企业把好经验形成机制继续开展好，又要发现不足为企业提出中肯务实的建议。

(六)时效性与动态性相结合

企业的运作是在一定时空条件下进行的，受到当时当地政治、经济和社会环境的影响，因此，企业文化建设不可能孤立地进行，它离不开特定的社会环境和时代背景。同时，企业文化渗透着现代经营管理的种种意识，包括商品经济意识、灵活经营意识、市场竞争意识、经济效益意识、消费者第一意识、战略管理意识、公共关系意识等。因此，随着时空条件的改变，企业文化建设可能向更好的方向发展，也可能向坏的方向发展。一般情况下，强力型企业文化有利于企业的发展、经营业绩的提高，但是，当企业面临的社会环境发生变化时，那些经营策略能够合理变化、适应性较强的企业文化，则更有利于促进企业的发展和企业经营业绩的提高。

正是因为企业文化具有时代性和适应性，面对网络时代的迅猛发展，其变化更加要求企业在进行企业文化建设评价时遵循时效性原则，以一定时间范围内的数据为依据进行评价。同时，评价的结果应能够反映一个企业的企业文化对社会环境变化的适应能力：既要能够反映出企业文化建设的现状，又要能够反映出企业文化建设中各个因素的潜在优劣程度。

(七)比较性与差异性相结合

企业文化是共性和个性的统一体，一方面，企业作为产品的生产者、经营者或服务的提供者，有其必须遵守的共同的客观规律；另一方面，由于民族文化和所处环境的不同，企业文化又有其个性的一面。据此，我们才能区别美国的企业文化、日本的企业文化、中国的企业文化等。同一国家内的不同企业，其企业文化也有共性的一面，既有同一民族文化和同一国际环境而形成的一些共性，又有由于其所处行业不同、社区环境不同、历史沿革不同、经营方针不同、产品性能不同、时间特点不同等情况而形成的企业文化个性。因此，企业文化建设的好坏与优劣程度是一个相对概念，是以各企业横向对比作为参照的。评价企业文化建设的好与坏，不能脱离时空背景、条件差异而直接、生硬、孤立地进行比较，否则，也就失去了评判的依据。有比较才有鉴别，因此，衡量一个企业的文化建设的好与坏，应按照比较性和差异性相结合的原则，以具有可比性的其他企业的企业文化建设作为参考，才能真实地反映出一个企业的企业文化建设状况。

【自检】Temu 是拼多多旗下的全品类跨境电商平台。它的运营模式与拼多多截然不同，同时企业文化也有差异显著。你知道产生这种差异的原因是什么吗？

三、企业文化建设评价体系

明确企业文化建设评价的目的、意义以及评价应遵循的原则后，我们需要进一步认清企业文化建设评价体系的要点。

首先要确定评价体系基本框架，评价体系包括三部分，即企业文化建设工作措施、企业文化建设状况、企业文化建设效果。同时，每个部分还应包括三方面的内容，即评价指标、评价标准(包括分值设定和计分办法)和评价方法，具体的指标体系如图 8-1 所示，不同的企业可以根据行业的不同弹性制定评价体系。在确定企业文化评价指标体系的主要内容后，还要设定具体的一级指标、二级指标，精确到每一项具体可测定的项目。某公司的企业文化建设评价指标如表 8-1 所示。

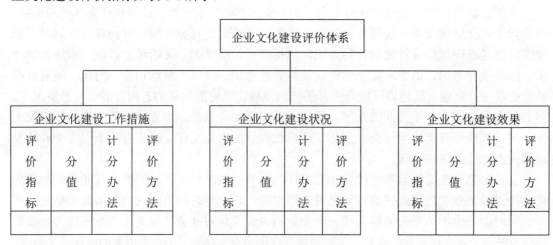

图 8-1　企业文化建设指标体系

表 8-1　某公司的企业文化建设评价指标

企业文化建设工作评价指标		企业文化建设状况评价指标		企业文化建设效果评价指标	
一级指标	二级指标	一级指标	二级指标	一级指标	二级指标
组织保障	1.明确企业文化建设领导体制	精神文化	1.明确企业使命(企业宗旨)	企业凝聚力	1.员工对企业理念的认同度
	2.企业领导定期听取工作汇报、研究解决有关重大问题		2.确立企业愿景(企业战略目标)		2.员工企业发展战略的认知度
	3.明确企业文化主管部门和人员		3.确立企业价值观(价值观、经营理念)		3.员工与本职工作相关的规章制度的认可度
	4.对相关部门企业文化建设职责分工明确		4.确立企业精神		4.企业维护员工合法权益

续表

企业文化建设工作评价指标		企业文化建设状况评价指标		企业文化建设效果评价指标	
一级指标	二级指标	一级指标	二级指标	一级指标	二级指标
组织保障	5.对本系统企业文化工作人员进行业务培训		5.企业规章制度健全	企业凝聚力	5.员工对在企业中实现自身价值的满意度
	6.广泛发动员工参与企业文化建设		6.企业文化理念融入企业规章制度		6.近三年企业职工到上级机关上访等群体性事件情况
工作指导与载体支撑	7.企业文化建设纳入企业发展战略	制度文化	7.建立完善员工岗位责任制	企业执行力	7.员工遵守企业规章制度情况
	8.制定企业文化建设规划或纲要		8.印发员工手册(企业文化手册)		8.员工在工作中形成的良好行为习惯
	9.年度工作有计划、有落实、有检查		9.制定新闻危机处理应急预案		9.员工爱岗敬业的精神状态
	10.组织开展课题研究和专题研讨		10.建立新闻发布制度		10.近三年企业领导班子成员中违规违纪情况
	11.开展企业文化主题活动		11.建立视觉识别系统(企业标识、标准色、标准字等)		11.客户对企业产品或服务的满意度
	12.开展员工企业文化培训、专题教育	物质文化	12.制定视觉识别系统的使用规定	企业形象	12.近三年企业在"四好班子"建设、党的建设、思想政治工作和先进文明建设方面获得党政机关授予的全国或省部级荣誉称号
	13.充分利用企业各种媒体传播企业文化		13.全系统企业标识使用规范		13.近三年企业选评、树立先进典型情况
	14.企业文化设施建设		14.制定员工行为规范	生产经营	14.近三年企业诚信、守法经营情况
	15.开展子文化建设		15.在本系统开展文明单位创建活动		15.近三年企业经营业绩情况
	16.经费有保障并纳入预算管理		16.发布企业社会责任报告		
考核评价与激励措施	17.对企业文化建设工作进行考核				
	18.总结推广典型经验				
	19.定期开展企业文化建设评优表彰活动				

四、企业文化建设评估方法

企业文化建设效果的评价方法有三种，一是企业文化模糊综合评价法，二是企业文化评估矩阵法，三是 PDCA 循环法(即 plan(计划)、do(执行)、check(检查)和 act(处理))。这三种方法各有特点，适合不同领域和不同要素的研究，在企业文化建设中起到综合分析和效用保证的作用。

(一)企业文化模糊综合评价法

企业文化模糊综合评价法是根据企业文化、物质文化和制度文化三个文化定义和标准而建立的企业文化评价指标体系。把不同种类的文化指标归结成一种综合的指标进行综合评价，最后得出结论。这种方法在企业文化建设效果评价中是最常用的。其具体步骤如下。

1. 建立评价指标体系

作为一个体系，必须体现出评价指标的综合性。企业文化评价指标体系一般由大类指标和二级指标构成，其中定性指标通常多于定量指标。在具体评价时，这些指标数据来源于原始数据以及通过专题调研等方式取得的数据。

2. 确定指标权重

指标权重确定常常运用专家调查法，专家调查法常用于技术的预测研究中，是一种在专家个人判断和调查研究的基础上发展起来的一种直观预测方法，适用于在缺乏实证数据的情况下的长期预测。权重设置的参数是根据假设和预测而确定的，由专家通过调查研究对问题作出判断、评估和预测。

3. 进行层次分析

层次分析法(analytic hierarchy process)是一种定性和定量相结合的、系统化、结构化的分析方法，是确定权重的有效方法。表 8-1 所示的指标是某公司用层次分析法来评价其企业文化建设状况时所使用的指标。

4. 分值设定和评价

对各项评价指标的分值设定与评价，应根据企业的不同情况而设定不同的权重。为使评价工作简便易行和评价结果更直观，评价通常采用量化打分的办法。比如，评价总分 100 分，工作评价部分 30 分，企业文化建设状况评价部分 30 分，效果评价部分 40 分，每个指标设定一个分值。评价与计分方法，对可以直接量化打分的指标，通过查阅资料和实地考察的办法，直接进行评判打分；对不能直接量化打分的指标，通过问卷调查的方法，进行定性评价，再将定性评价结果转化为量化分值；在问卷调查中每个指标尽量有四个不同程度的评价，比如"好、较好、一般、差"四个等级，与之对应，在评价得分中设定四个等级分值。问卷调查评价"好"占 90%及以上记一等级分值，占 80%～89%记二等级分值，占 60%～79%记三等级分值，占 60%以下记四等级分值。企业文化建设评价总得分应该等于各项指标评价得分之和，等于三个部分评价得分之和。

(二)企业文化评估矩阵法

企业文化评估矩阵又称为企业文化诊断与评估系统(Corporate-Culture Measurement and Assessment System,CMAS),是仁达方略管理咨询公司在 10 多年的企业文化研究与咨询实践中,对十几个不同行业领域进行研究,积累了大量的企业文化案例,于 2001 年投入大量资金组建了面向我国企业的企业文化诊断评估工具研发团队,并开发出的我国第一套企业文化综合诊断评估系统。

在该评估系统中,企业文化评估矩阵包含 12 个维度(dimensionality),33 个要素(factor)。利用 CMAS 系统所测定的企业文化的 12 个维度,包括工作环境、组织制度、管理方式、内部沟通、员工激励、领导和决策、培训与员工发展、员工工作动机、员工满意度、员工忠诚度、文化建设以及理念与价值观,这 12 个维度涵盖了企业文化的理念层、制度层和行为层三个层次的内容,同时与现代企业管理的主要职能和要素有着很好的对接,该评估结果将比较全面和准确地反映我国企业文化的综合竞争力状况。运用企业文化评估矩阵对我国企业文化进行评价的情况如图 8-2 所示。

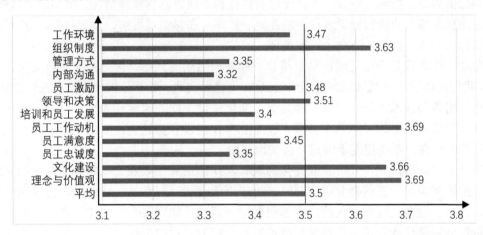

图 8-2　企业文化现状的综合评分矩阵

通过数据计算,我国企业文化现状的综合评分为 3.50 分(采用 5 点计分法)。该得分总体比较高,这与我国近年来企业文化建设的大环境有着重要关系。许多知名企业大力开展建设企业文化,培育具有积极、乐观、团结、向上的企业文化,以客户为中心,打造公司良好服务形象;以员工为中心,打造以人为本的和谐氛围;以公司为中心,树立企业良好形象,明确公司发展和奋斗的目标,打造"你中有我,我中有你,我为人人,人人为我"的强势价值链体系。

企业文化评估矩阵在被众多企业广泛地应用,总的来看,该矩阵具有良好的信度和效度,问卷的信度系数在 0.72 至 0.93 之间,能够全面反映被测试机构的文化现状,从而为企业文化的提升和完善提供量化的依据。一般的企业运用该模型可以达到以下目的:了解并熟悉企业当前的组织氛围、员工态度与企业文化现状,对目前企业文化优势和不足作出基本评价;与行业平均企业文化水平或者其他经营业绩好的企业文化进行比较分析,根据企业所期望的业绩确定文化变革的目标;明确企业文化变革的短期、中期和长期目标和任务;

提高领导者个人对企业文化的认识,进一步引导他们积极发挥企业文化的作用;提供个人和企业双方都可以使用的企业文化诊断评估报告,形成共同认可的企业文化建设思路,建设科学的、合理的企业文化体系。

(三)PDCA 循环法

PDCA 循环法是由美国统计学家和质量管理学家戴明提出来的,也叫戴明环(Edwards Deming Recycle)。戴明认为,一般人做工作总是先有个设想、计划和目标,然后根据这个计划目标去做,在做的过程中还要看看是否达到了原来的计划目标,以修正自己的行为或目标,直至计划目标得以实现,再提出更高一层次的目标。PDCA 循环法就是根据计划、实施、检查、处理这四个阶段按顺序开展管理工作,并且不断循环进行的一种科学方法。

任何管理活动都是一个不断运动、不断循环的动态过程,都是企业使用一定的管理方法和手段,对企业经营管理过程及各种要素发生作用的过程。正如戴明先生提出的 PDCA 循环一样,这个过程以对未来的计划为起点,经过对各种要素的组织和对经营活动的指挥,将计划付诸实施,再通过检查,了解计划的执行和企业目标的实现情况,最后,通过处理,及时总结和提炼企业经营管理过程中的经验、教训。在总结过程中,发现问题,分析原因,制定目标和对策,以进入下一个管理循环。

企业文化建设是一项管理活动,符合一般管理活动的规律。因此,在企业文化建设工作中,我们可以引用 PDCA 循环法指导企业文化建设实践。在应用 PDCA 循环法的过程中,恰当地使用各种技术方法,可大大提高企业文化建设工作的速度和效果。PDCA 循环的工作程序,可以具体分为以下八个步骤。在企业文化建设和实施中,应结合企业的实际情况运用这八大步骤,不要拘泥于形式、机械地套用。

第一步:调查研究,分析企业文化的现状,找出企业在企业文化建设中存在的问题,并尽量用数字说明。在调查分析问题时,可采用调查法、问卷法、访谈法、会议法等技术方法。凡与企业文化建设有关的内容都应做详细调查。如现有企业文化确立时的动机、理由、依据分别是什么?该文化是否已经过时?它们为企业的生存和发展带来什么威胁和机遇等。

第二步:诊断分析影响企业文化现状的各种因素或建设企业文化的详细内容。在这一步要做到:针对逐个问题、逐个影响因素,逐项详细地分析并有数字说明,切忌主观、笼统、粗枝大叶。在分析影响因素或确定企业文化建设详细内容时,可利用讨论法、会议法、因果分析法等。

第三步:找出影响企业文化建设的主要因素或确定建设企业文化的内容。影响企业文化建设的因素或企业文化建设的内容往往是多方面的,从大的方面看,可以有企业核心价值观念、企业精神、企业行为、企业形象、企业凝聚力等方面的影响因素或内容,每项大的影响因素或内容中又包含诸多小的影响因素或内容。要建设独具特色并有助于企业发展的企业文化,就要在诸多影响因素或内容中,全力找出主要的、直接的影响因素或内容,以便从主要影响因素或内容中开始建设有生命力的企业文化。

第四步:针对影响企业文化建设的主要因素或主要内容,制定措施,提出建设计划方案,并预计其效果。在这一步一般要请企业各级领导人员和员工共同制定,以利于措施和计划的贯彻和执行。制定措施可采用对策表法,内容包括:为什么制定这一措施或计划、预计达到什么目标、在哪些部门执行这一措施或计划、由谁来执行、何时完成以及如何执行，等等。

以上四个步骤是"计划"阶段具体化，以下四个步骤是实施、检查和处理阶段。

第五步：按既定的措施和计划贯彻实施，即"执行"阶段。为了提高有关人员对现有企业文化的认同感，在执行计划中，出现的各种问题要及时处理。为了提高有关人员对现有企业文化的认同感、执行计划的自觉性和实践能力，有必要开展教育和培训活动。

第六步：检验执行后的效果。即"检查"阶段。这一步的目的就是把实施以后的结果，和预期的目标进行比较，看看是否达到了目标？达到什么程度？还存在什么问题？如果通过检查，达到了预期目的，就可以进入下一步。否则，就要进一步分析没有达到目的的原因，以重新修订计划、目标和措施。

第七步：根据检查的结果进行总结，把成功的经验都纳入有关的标准、制度和规定之中，巩固已经取得的成绩，防止重蹈覆辙。

第八步：找出这一循环中尚未解决的问题，把它们转到下一次PDCA循环中解决。

第七步、第八步是"总结"阶段的具体化。

以上是PDCA循环法八大步骤的具体内容。企业可根据自身实际情况应用此方法来指导企业文化的建设活动。

【实例】PDCA循环法在艾肯形象策划公司的应用

艾肯形象策划公司在为某集团公司进行企业文化建设策划的第一阶段(即计划阶段)时，即组织成立了企业文化策划专案组，其成员在集团公司内部展开了对近90名中高层干部的访谈，同时筹办一个近3000人参加的集团公司内部发布会，发动集团公司全员参与企业文化工程的建设。集团公司企业文化工程发布召开会上，数千人郑重宣誓，要把集团公司的企业文化做到最好。以此作为开端，艾肯随即展开了对集团公司内部员工的5000份问卷调查、集团公司中高层领导人参加的企业文化研讨营，以深入了解集团公司企业文化现状、企业文化发展方向等问题。这是PDCA循环法P阶段的第一步。

第一步后，艾肯对影响集团公司企业文化的因素进行了全面的调查。调查内容翔实细致，涵盖企业理念、人际环境、内部沟通、企业约束机制、进取精神、工作效率与灵活性、自豪感、企业发展前景等方面。在每一项提问中，都提供了可以参照选择的内容，甚至包括程度上的细微差异。这可以看作PDCA循环法P阶段的第二步。

正是通过如此细致而广泛的调查，艾肯对集团公司内部企业文化状况有了比较清晰的认识，从中认识到集团公司企业文化建设的重点是：提升企业形象和品牌的形象(22.10%)、增强企业内部凝聚力(20.92%)、为企业提供持久的竞争力(18.25%)、完善管理制度(9.85%)、提高生产效率(8.08%)、加强全面沟通(7.38%)、满足员工精神需求(6.78%)、提高利润(6.57%)、其他(0.07%)。这可以看作是PDCA循环法P阶段的第三步。

建设企业文化，企业领导必须重视并参与，这样可对开展企业文化建设工作形成强有力的支持，促使企业文化建设工作深入、扎实、持久地开展下去。为此，艾肯开始为集团公司筹备企业文化研讨营——一次封闭的营队活动，参加者均为集团公司中高层领导，意在通过研讨和训练，让集团公司的领导对如何建设企业文化的方法和技巧达成共识。根据企业文化研讨的研究成果，艾肯的专案小组撰写了第一份纲领式报告书——"集团公司企业文化纲领"。在这份报告书中，艾肯提出和明确了建设集团公司企业文化的基本观点、

基本信念及总体理念、集团形象策略、员工精神口号共五大部分内容，并依此制定了企业文化建设的计划和措施。这就是 PDCA 循环法 P 阶段的第四步。

企业文化的建设任重而道远。艾肯认为，提出纲领，让集团公司上下都明确并达成共识还只是工作的开始，更重要的是将提出的计划和措施通过实质的活动贯彻深入到实践当中。为此，艾肯与集团公司在企业内部开展了一次全员参加的万人发布会，以一种压倒性的气势，在员工心里树立起作为集团公司人的自豪感和二次创业的拼搏精神。集团公司建设企业文化工程由此拉开序幕，进入实施阶段。

(资料来源：中共中央党校. www.CCPS.gov.)

习近平总书记在《文化传承发展座谈会上的讲话》中指出，"中华文明具有突出的统一性，从根本上决定了中华民族各民族文化融为一体，即使遭遇重大挫折也牢固凝聚，决定了国土不可分、国家不可乱、民族不可散、文明不可断的共同信念，决定了国家统一永远是中国核心利益的核心，决定了一个坚强统一的国家是各族人民的命运所系。"中国繁荣发展的文化，正是坚守中华文化立场的文化，是鲜明体现中国特色、中国风格、中国气派的文化。它积淀中华民族最深沉的精神追求，代表中华民族独特的精神标识。华为企业创始人任正非曾说："世界上一切资源都可能枯竭，只有一种资源可以生生不息，那就是文化。"企业文化是所有团队成员共享并传承给新成员的一套价值观、共同愿景、使命及思维方式，它代表了组织中被广泛接受的思维方式、道德观念和行为准则。那么建设企业文化，实际上就是要重新审视企业所遵循的价值观体系，根据长远发展战略重新建立起一套可以共享传承，可以促进并保持企业正常运作以及长足发展的价值理念、思维方式和行为准则；这是一项系统工程，需要按照完善的步骤和规律来执行。站在新的历史起点，只要我国众多的企业勠力同心、和衷共济、持之以恒、众志成城，共同守护中华民族"根、魂、梦"，就一定能够更好地担负起继续推动文化繁荣、建设文化强国、建设中华民族现代文明这一新时代新的文化使命，我国各具特色的企业文化一定会万紫千红、精彩纷呈、争奇斗艳、各绽芬芳。

本 章 小 结

企业文化的建设是需要全体员工共同参与的一项复杂的系统性工程，在建设本企业的文化之前，企业要对现状的各方面进行评估，以便建设工作的全面展开，并提高企业竞争优势。企业文化建设的先决性工作就是要规划好建设流程，确定企业每一步需要做什么，以及如何做。企业文化建设流程通常可分为四步：启动阶段、实施阶段、持续阶段和变革阶段。当然，按照规划的路线进行建设，企业文化在企业生成以后，并不意味着企业文化建设的结束，还需持续地不断修正与动态完善，这就需要对已建立的企业文化进行评估，主要体现在三个方面：首先，要明白企业文化的功能；其次，明确企业文化建设的阶段性任务和目的；最后，建立评价指标体系，明确相应的目标。在评估时也不要主观臆断，需要遵循系统性和适应性、客观性与可行性、自评与他评、中高层与基层评价、批判性与思辨性、时效性与动态性、比较性与差异性七个层面相结合的原则。企业文化建设评价体系

第八章 网络企业文化建设

应包括三部分：企业文化建设工作措施、企业文化建设状况、企业文化建设效果。同时，每部分还应包括三方面的内容，即评价指标、评价标准(包括分值设定和计分办法)和评价方法。企业文化建设常用的评估方法包括：模糊综合评价法、评估矩阵法、PDCA循环法。每一种方法均各有优劣和适用条件。

开展企业文化建设活动，勇于承担推动文化繁荣、建设文化强国、建设中华民族现代文明这一新时代新的文化使命，大力增强企业的凝聚力、向心力、软实力和竞争力，从而有效地推动企业的改革和发展。

思 考 题

1. 建设企业文化有什么意义？
2. 企业文化建设面临哪些挑战？
3. 企业文化评价标准和评价框架是什么？
4. 在企业文化建设中，会受到哪些因素的影响？具体体现在哪些方面？
5. 为什么要进行企业文化建设的评价？
6. 如何设定企业文化建设评价指标？
7. 企业文化如何在企业内长久确立？
8. 如何评价一个企业的企业文化？

本章案例

以儒治企的方太

成立于1996年的方太企业，经历二十几年的奋斗与变迁，其创始人茅忠群最自豪的三方面成就分别是：第一，成功地打造了一个中国高端厨电领导品牌；第二，2017年成为行业中首家突破百亿元规模的企业；第三，"十年磨一剑"，形成了一套具有中国特色、中西合璧的方太文化体系。虽然部分人认为中西文化基本是水火不容的，但在方太，二者却很好地结合在一起。方太企业利用十六个字，将中西文化各取其长又融为一体："中学明道、西学优术、中西合璧、以道御术"。茅忠群先生在学习了十年的西方管理后，将目光投向中国传统儒家哲学，并用儒家文化重新审视公司的战略，塑造企业的信仰和价值观。茅忠群先生对儒家文化的作用深信不疑，并且开始建立一套中国的儒学管理模式。

方太集团专心学习中国传统文化，吸收儒家"五常"(仁、义、礼、智、信)思想，把企业文化与企业管理相结合，建立管理与创新、管理与诚信、管理与道德的企业文化氛围。方太集团认为，"仁"是企业经营管理的道德规范，是企业运作之本。另外，它提出了"五个全员覆盖"，即社会保险全员覆盖、住房公积金全员覆盖、身股制全员覆盖、带薪年休假全员覆盖和工作补贴全员覆盖，这一体系使得方太集团的内部管理井然有序，组织相互照应、相互协同合作，并将企业文化建设视为企业发展的战略资源，不仅投入了大量的人力和财力，还在企业内部不断倡导其权威性，并创立了"方太文化研究院"等核心机构，成为企业文化建设的推动机构，同时也是企业发展战略的推广中心，用儒家文化审视与指导公司的战略，塑造企业的信仰和价值观，把企业文化建设的系统性、稳定性、适用性有

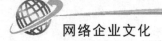

效结合，使企业在企业文化建设中步履稳健。

如果用一句话来概述方太的核心理念，那就是"以顾客为中心，以员工为根本，快乐学习，快乐奋斗，促进人类的真善美"。方太认为一家伟大的企业不仅是一个经济组织，还是一个社会组织。作为经济组织，要满足客户的需求；作为社会组织，要积极承担社会责任，不断引人向善，促进人类社会的真善美，这是伟大企业的内涵。同时，一家伟大的企业要具备四个特征：顾客得安心、员工得成长、社会得正气、经营可持续。并主张将"人品、企品、产品"三品合一，达到三位一体。但儒家文化真的适合一个身处充分竞争行业的企业吗？企业文化看上去很美，感觉又很虚，方太能够从虚到实吗？方太究竟是如何将儒家文化变为企业的一种信仰？在这些外界的疑问下，方太企业将中华优秀传统文化融入方太企业文化中，让方太的使命、愿景、价值观逐渐深入人心，将文化与业务紧密地联系起来。

早在十多年前，当方太企业看到中央电视台的关于厨房油烟增加了家庭主妇罹患肺癌风险的报道后，便迅速大幅地调整油烟机开发的思路，将量化指标调整为朝着定性目标进行开发——要开发出世界上吸油烟效果最好的油烟机。方太客服人员主动承担了一位作为方太老用户的老先生家中装修的任务，半年里从装修风格、橱柜条件、烟道情况、烹饪习惯等方面为生活不便的老者提供了很多建议，还经常和顾客探讨装修风格、注意事项以及家电选购等方面的问题，老先生将其当成了可以依靠的人，从此一直保持联系，经常交流生活、健康方面的内容。有一次，老先生听到有人称赞方太，很激动地与这位工作人员分享，俨然已经成了一位方太人。不论是用仁爱之心来研发吸油烟机的行为，还是为老者体贴考虑的客服服务，都体现了方太企业在中华优秀传统文化与企业文化建设的显著成效，有效地将企业文化转化为了生产力，这与其一直奉行的"以道御术"的方式，也就是通过在中华文化中学到的"道"来驾驭西方管理的"术"，有着密切关系，这笔无形的文化财富为方太迎接未来的挑战奠定了坚实的基础，并为国内企业树立强韧的文化自信，以中华优秀传统文化为源泉造就伟大企业提供了经验与榜样。

截至 2022 年，方太集团与南方周末报社联合主办的公益性国学推广活动——方太青竹简国学计划已实施十二年，并在网络时代中与时俱进，邀请年轻朋友通过聆听讲座、微博参与、随手拍摄等形式参与活动，同时利用南方周末的独特新闻平台，对高校教师、儿童和公司内外部的国学爱好者广泛开展国学活动，邀请了数十位国学大师进行交流与指导，间接影响人数近百万，倡导环境保护、鼓励年轻人独立自主、传播国学文化。方太集团把日常生活和企业管理结合起来，一方面促进了社会的稳定与和谐，另一方面为企业文化的推广增加了更高的认同度。

（资料来源：钱丽娜. 方太：儒学治企的实践与创新[J]. 商学院. 2023 年 1 月）

讨论题：

1. 如何评价方太企业的企业文化？
2. 方太企业是如何使企业文化得到持久发展的？
3. 从方太的案例中，你认为可以采取哪些措施来建设企业文化？
4. 方太在面向"一带一路"共建国家的布局发展，你认为采用什么样的企业文化建设评估是合适的？

参 考 文 献

一、教材与著作类

[1] 本书编写组. 毛泽东思想和中国特色社会主义理论体系概论[M]. 北京：高等教育出版社，2021.
[2] 曹旭平，唐娟. 消费者行为学[M]. 2 版. 北京：清华大学出版社，2017.
[3] 曹裕. 企业战略管理[M]. 长沙：湖南人民出版社，2010.
[4] 陈春花，乐国林，李洁芳，张党珠. 企业文化[M]. 3 版. 北京：机械工业出版社，2017.
[5] 陈丽琳. 企业文化塑造的理论与方法[M]. 成都：西南财经大学出版社，2011.
[6] 陈文武. 文化营销论[M]. 武汉：湖北教育出版社，2012.
[7] 戴兴征，杨美彦，李永祥. 企业全员创新管理研究[M]. 重庆：重庆大学出版社，2014.
[8] 丁宁，武晓荣，陆永君. 企业文化学[M]. 北京：中国商业出版社，2014.
[9] 丁雯，陶金，吴嘉维. 企业文化基础[M]. 大连：东北财经大学出版社，2011.
[10] 定雄武. 企业文化[M]. 北京：经济管理出版社，2012.
[11] 杜海玲，李玉萍. 企业形象策划[M]. 大连：大连理工大学出版社，2014.
[12] 方振邦，徐东华. 管理思想史[M]. 2 版. 北京：中国人民大学出版社，2014.
[13] 方振邦. 管理思想百年脉络[M]. 北京：中国人民大学出版社，2012.
[14] 傅海波. 科技创新视角下地勘单位企业文化创建的路径优化[J]. 中国锰业，2018，36(05)：207-210.
[15] 高青. 汽车服务企业管理[M]. 北京：机械工业出版社，2015；
[16] 葛楚华，黄君麟. 现代企业管理 [M]. 北京：机械工业出版社，2012.
[17] 龚荒. 企业战略管理——概念、方法与案例 [M]. 北京：北京交通大学出版社，清华大学出版社，2008.
[18] 辜堪生. 企业思想政治工作与企业文化融合研究[M]. 成都：四川大学出版社，2012.
[19] 顾雅君. 新编西方经济学[M]. 上海：同济大学出版社，2018.
[20] 郭瑞增. 激励要讲方法[M]. 天津：天津科学技术出版社，2008.
[21] 韩利红，赖应良. 管理学[M]. 成都：成都西南交大出版社，2017.
[22] 何叶荣，李慧宗. 企业风险管理[M]. 合肥：中国科学技术大学出版社，2015.
[23] 洪鼎芝. 从工业文明到信息文明：中华复兴的历史机遇[M]. 北京：世界知识出版社，2016.
[24] 胡建宏. 现代企业管理[M]. 北京：清华大学出版社，2017.
[25] 胡宇辰. 企业管理学[M]. 北京：经济管理出版社，2003.
[26] 黄核成，等. 高校后勤企业文化建设理论与实务[M]. 北京：经济科学出版社，2014.
[27] 黄奇玮，马辉. 体育公共关系：理论与实践[M]. 北京：北京体育大学出版社，2016.
[28] 蒋国璋. 工业工程基础[M]. 武汉：华中科技大学出版社，2022.
[29] 蓝海林. 企业战略管理 [M]. 北京：中国人民大学出版社，2015.
[30] 蓝天. 企业品牌与文化[M]. 武汉：华中科技大学出版社，2012.
[31] 黎群，王莉. 企业文化[M]. 2 版. 北京：北京交通大学出版社，2012.
[32] 李沛强，等. 企业战略管理[M]. 上海：上海交通大学出版社，2015.
[33] 李森. 企业形象策划[M]. 北京：北京交通大学出版社，2009.
[34] 李盛竹. 国际科技合作与自主创新战略研究 2014[M]. 北京：中国经济出版社，2017.

[35] 李盛竹. 企业战略管理[M]. 西安：西安电子科技大学出版社，2010.

[36] 李信志. 华为非常道 [M]. 北京：机械工业出版社，2010.

[37] 李亚. 中国民营企业文化建设发展报告 2014 [M]. 北京：北京邮电大学出版社，2013. 北京：中国经济出版社，2015.

[38] 李亚民. 企业管理理论与方法[M]. 北京：中国林业出版社，2011.

[39] 李亚民. 企业文化学[M]. 北京：机械工业出版社，2012.

[40] 李颖生，等. 营销大变革：开创中国战略营销新范式[M]. 北京：清华大学出版社，2009.

[41] 梁戈敏. 中国公共资源交易管理——理论、实践及制度创新研究[M]. 北京：经济科学出版社，2013.

[42] 刘红. 个人职业生涯规划与管理[M]. 上海：上海财经大学出版社，2009.

[43] 刘建华. 现代企业管理咨询[M]. 沈阳：辽宁大学出版社，2008.

[44] 刘新科. 中国传统文化与教育[M]. 长春：东北师范大学出版社，2002.

[45] 刘星. 互联网+转型："互联网+"下的企业未来发展之路[M]. 北京：中国财富出版社，2015.

[46] 刘兴倍，曹会勇，廖三余. 人力资源管理[M]. 2版. 北京：清华大学出版社，2011.

[47] 刘艳辉. 无为而治 图解最出色的企业文化创立[M]. 北京：北京邮电大学出版社，2013.

[48] 刘艳霞. 福利三角框架内农民工社会排斥形成机制研究[M]. 上海：华东理工大学出版社，2019.

[49] 刘志迎. 企业文化通论[M]. 合肥：合肥工业大学出版社，2004.

[50] 娄萌. 管理者的终极智慧：企业文化建设与管理[M]. 北京：中国财富出版社，2015.

[51] 罗建华，游金梅. 企业行政管理[M]. 北京：机械工业出版社，2017.

[52] 吕璐. 国际市场营销[M]. 北京：对外经济贸易大学出版社，2013.

[53] 马慧，李霜. 组织行为学[M]. 北京：中国经济出版社，2009.

[54] 马江平. 永续经营 保障企业基业长青 [M]. 成都：四川大学出版社，2006.

[55] 马凌. 现代企业管理[M]. 成都：西南财经大学出版社，2008.

[56] 马永强. 轻松落地企业文化[M]. 合肥：安徽人民出版社，2013.

[57] 毛江霖. 成功的企业决策 [M]. 上海：华东理工大学出版社，2003

[58] 苗长川. 现代企业经营管理[M]. 北京：清华大学出版社，2004.

[59] 欧绍华. 企业文化理论与实务[M]. 合肥：合肥工业大学出版社，2011.

[60] 欧绍华. 现代企业文化 [M]. 湘潭：湘潭大学出版社，2014.

[61] 欧阳洁. 决策管理 理论、方法、技巧与应用[M]. 广州：中山大学出版社，2003.

[62] 祁士闯，杨志坚. 市场营销实务[M]. 北京：企业管理出版社，2010.

[63] 秦宣. 中国特色社会主义专题研究[M]. 北京：高等教育出版社，2016.

[64] 秦在东. 现代企业管理新方略 [M]. 武汉：华中理工大学出版社，1995.

[65] 任志宏，杨菊兰. 企业文化：管理思维与行为[M]. 北京：清华大学出版社，2013.

[66] 邵学全. 赢在企业文化：企业文化建设路径方法与操作实务[M]. 北京：清华大学出版社，2015.

[67] 宋锦洲. 决策管理：概念、模式与实例[M]. 上海：东华大学出版社，2007.

[68] 宋力刚. 企业形象策划[M]. 武汉：华中师范大学出版社，2001.

[69] 苏万益. 现代企业文化与职业道德[M]. 北京：高等教育出版社，2008.

[70] 谭开明等. 企业战略管理[M]. 大连：东北财经大学出版社，2010.

[71] 屠忠俊. 现代传媒业经营管理[M]. 武汉：华中科技大学出版社，2007.

[72] 王成荣，周建波. 企业文化学[M]. 2版. 北京：经济管理出版社，2007.

[73] 王富祥,刘铁军. 企业形象策划[M]. 2版. 武汉:武汉理工大学出版社,2014.

[74] 王吉鹏. 如何掌控集团企业[M]. 北京:企业管理出版社,2010.

[75] 王吉鹏. 王吉鹏论企业文化[M]. 北京:中国发展出版社,2006.

[76] 王丽. 企业形象策划实务[M]. 北京:清华大学出版社,2015.

[77] 王险峰. 企业文化管理指南 职场新人必读[M]. 镇江:江苏大学出版社,2014.

[78] 王新哲,孙星,罗民. 工业文化[M]. 北京:电子工业出版社,2018.

[79] 魏杰. 中国企业大趋势[M]. 北京:中国经济出版社,1999.

[80] 魏巍,杨湘. 领导作用——先决条件[M]. 杭州:中国计量出版社,2003.

[81] 吴剑,郭家瑜,钟晓红. 实用公共关系学[M]. 北京:北京理工大学出版社,2009.

[82] 夏洪胜,等. 企业文化管理[M]. 北京:经济管理出版社,2014.

[83] 萧野. 智·信·仁·勇·严 企业家必备的5项成功素质[M]. 北京:中国纺织出版社,2005.

[84] 谢健,奚从清. 现代企业文化[M]. 杭州:浙江大学出版社,2011.

[85] 熊回香. CI与网络广告[M]. 武汉:华中师范大学出版社,2002.

[86] 徐志坚,掌海啸. 苏南企业文化建设案例选编[M]. 南京:南京大学出版社,2016.

[87] 许萌. 企业文化落地与突破[M]. 北京:中国物资出版社,2014.

[88] 严伟,王君. 人力资源管理概论[M]. 北京:清华大学出版社,2014.

[89] 杨刚. 现代企业文化学[M]. 北京:对外经济贸易大学出版社,2007.

[90] 杨清,秦嗣毅,董佺副. 跨国公司概论[M]. 北京:高等教育出版社,2016.

[91] 姚裕群. 团队建设与管理[M]. 北京:首都经济贸易大学出版社,2013.

[92] 易晓芳,陈洪权. 企业文化管理[M]. 武汉:华中科技大学出版社,2016.

[93] 易中华,常利群. CI设计[M]. 武汉:华中师范大学出版社,2011.

[94] 印富贵. 广告学概论[M]. 3版. 北京:电子工业出版社,2014.

[95] 于丹,高俊云. 国际市场营销[M]. 北京:人民邮电出版社,2014.

[96] 俞明轩. 企业价值评估[M]. 北京:中国人民大学出版社,2004.

[97] 张德,吴剑平. 企业文化与CI策划[M]. 北京:清华大学出版社,2000.

[98] 张红艳. 中国刑事赔偿制度初探[M]. 郑州:河南人民出版社,2008.

[99] 张九元,刘斌. 永续经营[M]. 北京:中国经济出版社,2004.

[100] 张明帅. 公司精神:公司成长的核动力[M]. 北京:新华出版社,2009.

[101] 张智海,张云. 企业管理基础[M]. 北京:中国铁道出版社,2013.

[102] 阵献峰,冯涛. 贸易型企业人力资源管理最佳实践[M]. 北京:清华大学出版社,2011.

[103] 周朝霞. 企业形象策划实务[M]. 2版. 北京:机械工业出版社,2010.

[104] 周树然. 企业家:创造卓越世界[M]. 北京:企业管理出版社,2012.

[105] 周松波. 灵性与理性:中国与西欧企业文化研究[M]. 北京:商务印书馆,2010.

[106] 周晓寒等. 精益经营之道:企业创造顾客赢得利润的背后逻辑[M]. 北京:机械工业出版社,2015.

[107] 周旭,罗仕鉴. 企业形象设计[M]. 北京:高等教育出版社,2006.

[108] 朱成全. 企业文化概论[M]. 大连:东北财经大学出版社,2016.

[109] 祝慧烨. 发现企业文化前沿地带 30家中国企业文化优秀案例[M]. 北京:企业管理出版社,2003.

二、论文类

[1] 蔡俊. 浅谈企业文化建设的共性与个性[J]. 商情，2011(41)：2.

[2] 蔡卫东. 如何打造成功的企业形象[J]. 现代企业，2014，341(02)：52-53.

[3] 曹洪儒. 谈新时代企业文化的基本特征[J]. 冶金企业文化，2010(3)：2.

[4] 曹学慧，贾茂来，赵志恒. 基于诚信的企业"双核"竞争力培育[J]. 科技资讯，2009(06)：143，145.

[5] 曹卓君. 互联网时代的企业文化建设转型[J]. 商业文化，2017(05)：58-59.

[6] 陈冰. 塑造良好的企业价值观是企业文化建设的核心[J]. 企业家天地，2013(08)：29.

[7] 陈晔，刘润兴. 企业网站建设与企业形象建设[J]. 商场现代化，2006(11)：171-172.

[8] 陈幼红. 浅议新时代企业文化的基本特征[J]. 商场现代化，2007(06X)：2.

[9] 程文. 略论企业家对企业文化的影响[J]. 科技创业月刊，2009，22(04)：99-100.

[10] 单晓敬. 企业伦理：可持续发展的"秘密"[J]. 印刷工业，2016，11(06)：56-57.

[11] 丁青青. 互联网时代企业文化创新对策研究[J]. 国际公关，2020(01)：193.

[12] 董延涌. 他山之石：国外优秀企业文化建设对当代中国的有益启示[J]. 辽宁省社会主义学院学报，2013(S1)：90-96.

[13] 董玉坤. 论以"以人为本"为核心的企业文化建设[J]. 中国商贸，2011(14)：82-83.

[14] 杜靖. 基于创新精神、素质与环境的企业家成长模式研究[J]. 企业活力，2008(04)：18-19.

[15] 段静. 试论海峡两岸交流合作中的共同愿景领导[J]. 福建省社会主义学院学报，2010(05)：75-79.

[16] 范宏平. 以坚定的文化自信建设优秀企业文化[J]. 企业文明，2019(12)：91-92.

[17] 封梨梨. 企业文化之于CIS的重要性[J]. 商，2013(10)：1.

[18] 冯明兵. "走出去"背景下中国高铁品牌形象的塑造策略[J]. 商业经济，2022，554(10)：60-62.

[19] 高学芹. 关于企业伦理与企业核心竞争力的探究[J]. 中国集体经济，2021(12)：68-69.

[20] 龚蕾. 欧、美、中管理文化的比较研究[J]. 人力资源管理，2011(07)：41.

[21] 郭婷婷. 以坚定的文化自信推进新时代企业文化建设[J]. 今日财富. 2021(1)：52-58.

[22] 郭镇之. 逆全球化背景下的跨文化传播：困境与对策[J]. 对外传播，2020(8)：3.

[23] 洪晓新. 非文化无以致远——浅谈企业文化[J]. 市场论坛，2009(05)：19-20，16.

[24] 黄剑黎. 如何建立健康和谐的企业人际关系[J]. 人事天地，2010(22)：40-41.

[25] 冀淑慧. 新媒体对商业银行声誉风险管理的影响[J]. 南方金融，2013(07)：17-21.

[26] 蒋才芳，陈隆伟. 基于企业伦理的核心竞争力研究[J]. 企业经济，2005(09)：71-73.

[27] 接培柱. 日本文化的特征及其形成[J]. 齐鲁学刊，1992(06)：72-78.

[28] 金乐琴，刘瑞. 低碳经济与中国经济发展模式转型[J]. 经济问题探索，2009(01)：84-87.

[29] 李根平，单明. 初探当前知识经济下企业文化发展的新趋向[J]. 佛山科学技术学院学报(社会科学版)，2004(03)：80-82.

[30] 李金生，张迪. 核心企业伦理型领导与合作创新绩效——心理距离的调节作用[J]. 科技进步与对策，2018，35(18)：135-144.

[31] 李静. 打造企业精神和形象——点化企业之魂[J]. 中国商贸，2010(21)：46-47.

[32] 李丽娇，华艳娇，吕国朋. 民族文化与企业文化关系研究[J]. 文化创新比较研究，2017(27)：2.

[33] 李森彪. 我国产业互联网的发展演进及趋势展望[J]. 未来与发展，2021，45(01)：6-11.

[34] 李维明. "一带一路"背景下跨国企业文化生态建设[J]. 现代经济信息，2015(10)：448.

[35] 李亚平. 从企业文化建设的角度浅谈如何提升我国中小企业的核心竞争力[J]. 商, 2015(13): 2
[36] 李悦. 浅谈现代企业经营管理中的伦理道德[J]. 品牌(理论月刊), 2011(02): 9-10.
[37] 李振兴. 刍议领导者道德观与企业文化建设的关系[J]. 山东工会论坛, 2016, 22(04): 45-47.
[38] 李志启. 企业文化理念解析[J]. 中国工程咨询, 2011(02): 61-63.
[39] 刘菲菲, 高晓方. 初探企业文化与企业形象的关系[J]. 北方经济, 2013, 299(08): 56+65.
[40] 刘琪. 以文化塑造企业良好形象[J]. 东方企业文化, 2011, 93(13): 84.
[41] 刘胜良. 企业伦理与核心能力[J]. 企业改革与管理, 2011(02): 8-11.
[42] 刘天. 企业无形资源相关研究述评[J]. 会计之友, 2014(02): 27-30.
[43] 刘晓. 浅谈企业伦理经营与企业文化建设[J]. 现代商业, 2013(18): 166-167.
[44] 刘筱, 谢翔. 基于互联网环境下的企业文化建设策略研究[J]. 新闻前哨, 2020(07): 43-44.
[45] 刘洋. 浅谈企业形象管理的意义及其提高途径[J]. 中国商贸, 2010, 490(29): 60-61.
[46] 刘芝平. 从与西方七国的经济对比中看中国的崛起[J]. 天府新论, 2011(6): 4.
[47] 陆鸿敏. 浅论经济全球化背景下的企业家精神特质[J]. 现代商业, 2008(14): 78-79.
[48] 陆晶君. 网络时代下的企业文化建设[J]. 新闻研究导刊, 2017, 8(19): 108.
[49] 吕建中. 为什么企业宗旨很重要？(上)[J]. 中国眼镜科技杂志, 2022(09): 21-24.
[50] 马建国. 优质企业文化对企业职工队伍建设的意义[J]. 企业文化, 2017(21): 2, 19.
[51] 马淑娥. 后疫情时代企业内部环境智慧治理路径研究[J]. 现代商业, 2021(20): 154-156.
[52] 马艳. 论企业文化与企业精神文明建设[J]. 中国测绘, 2005(06): 78-79.
[53] 潘琼, 杜义飞. 悖论视角下本土企业家精神内涵及动态形成过程[J]. 中国文化与管理, 2019, 1(01): 30-41, 151-152.
[54] 彭渝. 加强企业文化建设助力企业高质量发展[J]. 经营管理者, 2022(11): 35-37.
[55] 蒲冬梅. 7S管理模型在中小企业管理中的应用[J]. 中国高新技术企业, 2012(03): 22-24.
[56] 祁锡军. 浅析企业形象是企业文化建设的核心[J]. 苏盐科技, 2002.
[57] 任真. 互联网: 改变世界的伟大力量[J]. 企业文明, 2015(07): 24-27.
[58] 石向荣. 秦商文化传承与西安赶超路径思考[J]. 西安财经学院学报, 2018, 31(02): 116-121.
[59] 石易. 王传福创新型企业家思想体系与比亚迪的发展研究[J]. 中国人力资源开发, 2016, 356(14): 94-100.
[60] 侍晓雅. 论文化营销与品牌建设[J]. 昌吉学院学报, 2006(3): 3.
[61] 宋娜. 日本企业文化的特点及其借鉴意义[J]. 经济与社会发展, 2009, 7(07): 95-97.
[62] 宋享娱, 刘婷. 债权人利益保护失效的制度环境分析[J]. 企业家天地, 2005(09): 113-114.
[63] 隋姗姗. 企业文化建设与创新措施分析[J]. 企业改革与管理, 2015(8X): 2.
[64] 谭新政, 褚俊. 企业品牌评价与企业文化建设研究报告[J]. 商品与质量, 2012(28): 7-30.
[65] 唐超, 付常青. 领导者对企业文化影响有多深[J]. 中国医院院长, 2021, 17(08): 91.
[66] 唐任伍, 马宁. 中国企业文化自信与企业发展[J]. 企业文明, 2018(08): 29-31.
[67] 唐子畏. 企业文化理论是行为科学的延伸[J]. 湖南大学学报(社会科学版), 1996(01): 8-11.
[68] 陶海珍. 企业家精神与企业文化关系研究[J]. 江西金融职工大学学报, 2006(S2): 93-94, 108.
[69] 王驰. 企业文化的兴起及其影响[J]. 湖南师范大学社会科学学报, 1991(01): 34-43.
[70] 王海燕, 任恺. 企业伦理对员工忠诚度的影响探讨[J]. 价值工程, 2010, 29(11): 47-48.
[71] 王浩, 陈慧姝. 企业形象设计在滨海新区形象工程中的应用[J]. 中国商贸, 2011, 518(29): 240-241, 243.

[72] 王焕丽, 叶陈毅, 吴国斌. 民营企业国际化进程中的文化"软实力"研究[J]. 企业经济, 2013, 32(08): 102-105.

[73] 王琅. 浅述企业家在企业文化建设中的作用[J]. 企业研究, 2013(24): 50.

[74] 王莉, 邢启. 企业文化创新的基本思路[J]. 内蒙古科技与经济, 2008(22): 133-134.

[75] 王罗. 企业文化是优秀企业家的必修课[J]. 当代电力文化, 2021(01): 13.

[76] 王晓春. 文化创新天地宽[J]. 企业文明, 2014(06): 38-39.

[77] 吴玉琪. 提高企业员工满意度例析[J]. 人才资源开发, 2011(07): 96-98.

[78] 夏忠. 美国企业文化具有哪些基本特色[J]. 商场现代化, 2008(07): 201-202.

[79] 邢小兰. 改革开放40周年1978—2018中国企业文化回顾与展望[J]. 中外企业文化, 2018(10): 20-28.

[80] 许睿, 陈向东. 互联网企业需要怎样的企业文化[J]. 商业文化, 2016(26): 53-59.

[81] 闫春娥. 儒家思想对当代企业文化的影响[J]. 石油化工管理干部学院学报, 2006(03): 52-55.

[82] 杨娟. 基于矢量理论的企业家异质性耦合研究[J]. 湖北经济学院学报(人文社会科学版), 2014, 11(01): 56-58.

[83] 姚建文. 社会文化与企业伦理模式的变迁[J]. 商业经济, 2011(18): 6-8, 45.

[84] 姚荣君. 双循环经济新发展格局下企业家精神的重塑[J]. 现代商贸工业, 2021, 42(33): 30-32.

[85] 尹传高. 为什么要呼唤房地产业的社会责任?[J]. 城市开发, 2007(03): 34-35.

[86] 余行. 呼唤企业家精神[J]. 上海商业, 2015(10): 4.

[87] 张景彬, 李姗. 网络信息资源背景下的人力资源管理趋势[J]. 东方企业文化, 2014(19): 136-137, 140.

[88] 张军. 浅谈企业文化建设与企业精神文明建设两者关系[J]. 知识经济, 2010(05): 104, 145.

[89] 张丽娟. 浅谈现代企业形象的塑造[J]. 现代营销(学苑版), 2011, 73(01): 11-12.

[90] 张同信. 论金融企业文化建设[J]. 南京广播电视大学学报, 2002(03): 85-88.

[91] 张晓校. 网络文化负面效应的文化批判[J]. 现代远距离教育, 2007(06): 75-77.

[92] 张新安. 网络时代的企业文化建设[J]. 理论前沿, 2008(15): 40-41.

[93] 张永成, 郝冬冬. 开放式创新下的网络愿景能力建构机制[J]. 情报杂志, 2011, 30(11): 201-207.

[94] 张远灯. 简论现代企业形象策划的正效应[J]. 南昌大学, 统计与管理, 2014, 206(09): 140-141.

[95] 张正堂. 对现代企业管理的理性思考[J]. 煤炭企业管理, 1998(05): 49-51.

[96] 赵东辉, 孙新波, 钱雨, 张大鹏. 数字化时代企业家精神的涌现: 基于多案例的扎根研究[J]. 中国人力资源开发, 2021, 38(07): 92-108.

[97] 赵晶. 基于企业经营宗旨打造核心能力——以"宜家"为例[J]. 群文天地, 2011(22): 239-240.

[98] 赵晶晶. 企业外部环境对企业经营的影响[J]. 现代营销: 上, 2022(2): 150-152.

[99] 赵巍. 建立完善企业文化建设评价体系的实践与研究[J]. 建设监理, 2014, 177(03): 28-33.

[100] 赵晓舟. 抓住新特点, 融入一体化 探析新时代企业文化建设的方向与路径[J]. 现代商业银行, 2019(21): 90-95.

[101] 周喜革. 论企业伦理与财务管理目标的相关性[J]. 西藏民族学院学报(哲学社会科学版), 2007(03): 109-113.

[102] 周小菁, 王韵, 宋雁, 周道骅. 多维度战略分析 多元化危机处理——蒙牛走出特仑苏危机策略分析[J]. 中小企业管理与科技(上旬刊), 2009(06): 21-23.

[103] 邹佳. 波动的汇率对企业的影响[J]. 商场现代化, 2008.

[104] 邹文兵. 论企业形象与企业文化的关系[J]. 长江师范学院学报, 2012, 28(07): 48-51.

[105] 左力生. 实事求是做好企业文化的根本[J]. 珠江水运, 2014(10)：88-90.

[106] 左卫锋. 移动互联网时代企业文化建设策略[J]. 企业文明, 2018(09)：77-78.

[107] 张迪. 基于互联网平台的企业文化建设研究[D]. 北京交通大学, 2016.

[108] 陆影. DC公司文化建设研究[D]. 山东大学, 2013.

[109] 高帅. 中小型企业文化软实力与企业绩效关系研究[D]. 南京航空航天大学, 2015.

[110] 曹维俏. 互联网经济时代企业文化创新研究[D]. 湖北大学, 2017.

[111] 杜文娟. 平面设计企业管理模式的研究[D]. 南京林业大学, 2008.

[112] 屠炬. 金融企业形象塑造与公共关系研究[D]. 上海外国语大学, 2007.

[113] 郭入玮. 我国国有企业社会责任研究[D]. 南昌大学, 2014.

[114] 刘婧. 企业形象塑造研究[D]. 山东师范大学, 2013.

[115] 曹羽. 基于"事实—价值"模型下中国企业对外形象建构研究[D]. 兰州财经大学, 2021.

三、网络资源类

[1] 案例网.格力的企业文化案例[EB/OL].[2023-06-29].https://www.hrsee.com/?id=943

[2] 百度百科.CI战略[EB/OL].[2023-06-29].https://baike.baidu.com/

[3] 百度文库.企业文化与企业品牌、形象[EB/OL].[2023-06-29].https://wenku.baidu.com/view/98c1714cdeccda38376baf1ffc4ffe473268fd5e.html?_wkts_=1688025318818

[4] 曹海燕.企业文化是企业灵魂[EB/OL].[2023-06-29].https://www.doc88.com/p-00887762057260.html

[5] 陈彦波.秉持"共创、共享"品牌理念,传音海外诠释企业软实力[EB/OL].[2023-06-29].https://www.cnmo.com/news/718371.html

[6] 方提,尹韵.公县级融媒体中心建设的重要意义[EB/OL].[2023-06-29]. http://media.people.com.cn/n1/2019/0923/c14677-31367108.html

[7] 国家统计局.第七次全国人口普查公报[EB/OL].[2023-6-29]. https://www.gov.cn/guoqing/2021-05/13/content_5606149.htm.

[8] 贺斌. 京东离不开"兄弟",更需要科学的企业治理体系[EB/OL].[2023-06-29]. https://gongyi.ifeng.com/c/8LIp85kMIhD

[9] 贺觉渊. 最高人民法院：加强对平台、企业垄断的司法规制 [EB/OL].[2023-6-29]. https://baijiahao.baidu.com/s?id=1739378132817722699&wfr=spider&for=pc.

[10] 贺明全. 企业家精神与企业文化关系初探[EB/OL].[2023-6-29].https://www.doc88.com/p-7903706562592.html.

[11] 华略咨询.增强企业团队凝聚力[EB/OL].[2023-6-29]. https://www.docin.com/p-2542320628.html.

[12] 今日头条.企业家形象与企业品牌形象[EB/OL].[2023-06-29]. https://www.toutiao.com/article/6735634286650589708/.

[13] 经管百科. 企业价值观[EB/OL]. [2023-06-29]. http://wiki.pinggu.org/index.php?doc-innerlink-%E4%BC%81%E4%B8%9A%E4%BB%B7%E5%80%BC%E8%A7%82

[14] 经济日报.全球产业链供应链深度调整 主导权之争日趋激烈[EB/OL].[2023-06-29]. https://world.gmw.cn/2022-12/29/content_36264714.htm

[15] 经济日报.深圳：把最活跃的组织和人群紧紧团结凝聚在党的周围[EB/OL]. [2023-06-29]. http://www.ce.cn/xwzx/gnsz/gdxw/202203/19/t20220319_37417104.shtml

[16] 刘典."一带一路"推动构建人类命运共同体[EB/OL].[2023-06-29]. https://www.toutiao.com/article/6683038457398297101/?&source=m_redirect

[17] 刘和鸣.企业精神与企业价值观的人格化塑造——茅台集团创新新时期党建工作的思考与实践[EB/OL]. [2023-6-29].https://news.sciencenet.cn/sbhtmlnews/2011/7/246277.html?id=246277.

[18] 刘旷.败光370亿后，聚美优品踏上新的不归路?[EB/OL].[2020-4-21]. https://zhuanlan.zhihu.com/p/133912434.

[19]刘祥.创新与企业家精神[EB/OL].[2023-6-29].https://wenku.baidu.com/view/4d68dcabcaaedd3382c4d3bd?aggId=4d68dcabcaaedd3382c4d3bd&fr=catalogMain_&_wkts_=1688014528988.

[20] 陆晶君.网络时代企业文化建设论文[EB/OL].[2023-6-29].https://www.gwyoo.com/lunwen/whztlw/qywhlw/201711/657454.html.

[21] 马晓娟.企业文化理论文献综述 [EB/OL].[2023-6-29].https://www.doc88.com/p-3542525845873.html.

[22] MBA智库.CI设计与策划.[EB/OL].[2023-06-29].https://doc.mbalib.com/view/664510b6749fd18859cedee0200d5dd7.html

[23] 南方都市报.警惕"重技术、轻价值"!商业面前价值观先行，企业方能行稳致远[EB/OL]. [2023-06-10]. https://www.sohu.com/a/330000453_161795

[24] 人民网.回归"互联互通"，互联网不能任由巨头"设卡屏蔽"[EB/OL].[2023-06-29]. https://news.iresearch.cn/content/202112/409342.shtml

[25] 锐品华.管理者讲故事系列：看战神吴起如何打造优秀团队——魏武卒[EB/OL].[2018-3-9]. https://k.sina.com.cn/article_6407822197_17def9b75001004e0d.html.

[26] 深潜.面对猝死和人命，从来就没有也不该有公关的胜利[EB/OL].[2023-06-29]. https://www.36kr.com/p/1040983477124612

[27] 宋心宇.企业内训的四个黄金法则[EB/OL].[2009-4-13]. https://www.neixun.cn/peixun_qiyeneixun/382.htm.

[28] 谭长春.苹果VS华为，不同企业文化助力企业成功[EB/OL].[2023-6-29]. https://mp.weixin.qq.com/s?src=11&timestamp=1688013894&ver=4619&signature=URtImQADgcZBQPfOOvsdTYLZ-6ZkmxlV7vcp-goLIYj4nFmRcxNWC9f6AvbvAWdLPvQhtPQrmqwdyjP8HN1oxWL1GmIFJwbFEAtUe3FNlUQE0pI3nk9IF7H*RkwunCVz&new=1.

[29] 王琳,陈桥辉,习睿.大厂环伺小红书，抖音淘宝之后，网易也来了[EB/OL].[2023-6-29]. https://baijiahao.baidu.com/s?id=1731355642249153936&wfr=spider&for=pc.

[30] 王轩,李鑫."追梦少年"在路上[EB/OL].[2023-6-29].https://www.sohu.com/a/483129376_407274.

[31] 未知作者.华为公司成功关键因素分析论文范文[EB/OL].[2023-6-29]. https://wenku.baidu.com/view/46f63787d1f34693daef3e40.html?fr=sogou&_wkts_=1688013535442.

[32] 未知作者.浅析经济环境对企业营销的影响[EB/OL].[2023-6-29]. https://www.docin.com/p-571325644.html?nb=3.

[33] 未知作者.企业文化的兴起[EB/OL].[2023-6-29].https://www.docin.com/p-2136427001.html.

[34] 翁波,毛晨熙,郑榕青.中国质量奖"五朵金花"落福清[EB/OL].[2023-6-29].https://baijiahao.baidu.com/s?id=1724245418306679314&wfr=spider&for=pc.

[35] 相欣. 百度开放百度 Hi 企业智能远程办公平台[EB/OL].[2023-06-29]. https://tech.qq.com/a/20200211/004680.htm

[36] 新华社.牢牢把握以中国式现代化推进中华民族伟大复兴的使命任务[EB/OL].[2023-06-29]. https://www.gov.cn/xinwen/2022-10/20/content_5720105.htm

[37] 新华社. 中国代表团：将与国际社会一道推动全球气候治理[EB/OL].[2023-6-29]. https://www.gov.cn/xinwen/2022-11/09/content_5725535.htm.

[38] 新华网.最高法发布"司法助力全国统一大市场建设 30 条"[EB/OL].[2023-6-29]. https://baijiahao.baidu.com/s?id=1739308675132411624&wfr=spider&for=pc.

[39] 杨立新."典"亮新时代 | 苟日新,日日新,又日新[EB/OL].[2023-6-29]. https://baijiahao.baidu.com/s?id=1733342437130965910&wfr=spider&for=pc.

[40] 姚悦. 娃哈哈进入"宗馥莉时代"？[EB/OL].[2023-6-29]. https://baijiahao.baidu.com/s?id=1720287614478987970&wfr=spider&for=pc.

[41] 应届毕业生网.海尔：搞好企业文化建设的七个理由[EB/OL].[2023-06-29]. https://www.yjbys.com/hr/qiyewenhua/555266.html

[42] 应届生毕业网.企业文化建设的原则是什么[EB/OL].[2023-06-29]. https://www.yjbys.com/hr/qiyewenhua/1656322.html

[43] 原创力文档. 打造百年精典企业,树公司百年精典形象[EB/OL].[2023-06-29]. https://max.book118.com/html/2020/0722/7164056031002152.shtm

[44] 张发荣.新东航集团改革发展之我见[EB/OL].[2023-6-29].https://www.doc88.com/p-0466644952188.html.

[45] 张国良.竹文化与企业家精[EB/OL].[2023-6-29].https://book.qq.com/book-read/44554818/113.

[46] 张慕琛.国家发展门户:10 年来单位国内生产总值能耗年均下降 3.3%.[EB/OL].[2023-6-29]. https://economy.gmw.cn/2022-10/09/content_36073207.html.

[47] 张向群.工商管理专业创新型人才培养模式改革探析[EB/OL].[2023-6-29].https://wenku.baidu.com/view/95bc312fed630b1c59eeb55c.html?fr=sogou&_wkts_=1688014043040.

[48] 张正平.SSHMC 全系统管理[EB/OL].[2023-6-29]. https://www.globrand.com/2019/605890.shtml.

[49] 赵一甲.企业家精神与企业发展[EB/OL].[2023-6-29].https://ishare.iask.sina.com.cn/f/dSGkMSl5IX.html?utm_source=sgsc.

[50] 正和岛. 方太茅忠群：唯有文化生生不息,方太的文化治企[EB/OL].[2022-8-1]. https://www.sohu.com/a/575723813_104421.

[51] 正和岛.干成百亿企业,就靠这一件事[EB/OL].[2022-8-5].https://new.qq.com/rain/a/20220805A070Y900.

[52] 中国传动网. 半导体关键时刻,中芯国际没有"弯道超车",意味着什么?[EB/OL].[2023-6-29]. https://www.chuandong.com/news/news251467.html.

[53] 中央纪检监察报. 围堵中国高新产业企业意欲何为？如何突围？[EB/OL].[2023-6-29]. https://jjjcb.ccdi.gov.cn/epaper/index.html?guid=1479861006808121345.

[54] 朱金鸿.企业文化类型研究. [EB/OL].[2023-06-29]. https://www.doc88.com/p-3897934729136.html

[55] 左龙右虎艺术馆. 名师名家名人坛：中国不同地域的文化差异[EB/OL].[2023-6-29]. http://www.360doc.com/content/20/0214/15/68570109_891971010.shtml.

[56] 腾讯网. 智能物联：洽洽瓜子安全吗？这些信息给你想要的答案[EB/OL].[2023-7-08]. https://new.qq.com/rain/a/20230509A0606N00.